T&P BOOKS

I0151987

BIRMAN

VOCABULAIRE

FRANÇAIS BIRMAN

Les mots les plus utiles
Pour enrichir votre vocabulaire et aiguiser
vos compétences linguistiques

7000 mots

Vocabulaire Français-Birman pour l'autoformation - 7000 mots
Par Andrey Taranov

Les dictionnaires T&P Books ont pour but de vous aider à apprendre, à mémoriser et à réviser votre vocabulaire en langue étrangère. Ce dictionnaire thématique couvre tous les grands domaines du quotidien: l'économie, les sciences, la culture, etc ...

Acquérir du vocabulaire avec les dictionnaires thématiques T&P Books vous offre les avantages suivants:

- Les données d'origine sont regroupées de manière cohérente, ce qui vous permet une mémorisation lexicale optimale
- La présentation conjointe de mots ayant la même racine vous permet de mémoriser des groupes sémantiques entiers (plutôt que des mots isolés)
- Les sous-groupes sémantiques vous permettent d'associer les mots entre eux de manière logique, ce qui facilite votre consolidation du vocabulaire
- Votre maîtrise de la langue peut être évaluée en fonction du nombre de mots acquis

T&P Books Publishing
www.tpbooks.com

ISBN: 978-1-83955-050-8

Ce livre existe également en format électronique.
Pour plus d'informations, veuillez consulter notre site: www.tpbooks.com ou rendez-vous sur ceux des grandes librairies en ligne.

VOCABULAIRE BIRMAN POUR L'AUTOFORMATION
Dictionnaire thématique

Les dictionnaires T&P Books ont pour but de vous aider à apprendre, à mémoriser et à réviser votre vocabulaire en langue étrangère. Ce lexique présente, de façon thématique, plus de 7000 mots les plus fréquents de la langue.

- Ce livre comporte les mots les plus couramment utilisés
- Son usage est recommandé en complément de l'étude de toute autre méthode de langue
- Il répond à la fois aux besoins des débutants et à ceux des étudiants en langues étrangères de niveau avancé
- Il est idéal pour un usage quotidien, des séances de révision ponctuelles et des tests d'auto-évaluation
- Il vous permet de tester votre niveau de vocabulaire

Spécificités de ce dictionnaire thématique:

- Les mots sont présentés de manière sémantique, et non alphabétique
- Ils sont répartis en trois colonnes pour faciliter la révision et l'auto-évaluation
- Les groupes sémantiques sont divisés en sous-groupes pour favoriser l'apprentissage
- Ce lexique donne une transcription simple et pratique de chaque mot en langue étrangère

Ce dictionnaire comporte 198 thèmes, dont:

les notions fondamentales, les nombres, les couleurs, les mois et les saisons, les unités de mesure, les vêtements et les accessoires, les aliments et la nutrition, le restaurant, la famille et les liens de parenté, le caractère et la personnalité, les sentiments et les émotions, les maladies, la ville et la cité, le tourisme, le shopping, l'argent, la maison, le foyer, le bureau, la vie de bureau, l'import-export, le marketing, la recherche d'emploi, les sports, l'éducation, l'informatique, l'Internet, les outils, la nature, les différents pays du monde, les nationalités, et bien d'autres encore ...

TABLE DES MATIÈRES

GUIDE DE PRONONCIATION

Remarques

Le système de transcription 'The Myanmar Language Commission Transcription System' (MLCTS) est utilisé comme transcription dans ce livre.
Une description de ce système peut être trouvée ici:
https://en.wiktionary.org/wiki/Wiktionary:Burmese_transliteration
https://en.wikipedia.org/wiki/MLC_Transcription_System

ABRÉVIATIONS
employées dans ce livre

Abréviations en français

adj	-	adjective
adv	-	adverbe
anim.	-	animé
conj	-	conjonction
dénombr.	-	dénombrable
etc.	-	et cetera
f	-	nom féminin
f pl	-	féminin pluriel
fam.	-	familiar
fem.	-	féminin
form.	-	formal
inanim.	-	inanimé
indénombr.	-	indénombrable
m	-	nom masculin
m pl	-	masculin pluriel
m, f	-	masculin, féminin
masc.	-	masculin
math	-	mathematics
mil.	-	militaire
pl	-	pluriel
prep	-	préposition
pron	-	pronom
qch	-	quelque chose
qn	-	quelqu'un
sing.	-	singulier
v aux	-	verbe auxiliaire
v imp	-	verbe impersonnel
vi	-	verbe intransitif
vi, vt	-	verbe intransitif, transitif
vp	-	verbe pronominal
vt	-	verbe transitif

CONCEPTS DE BASE

Concepts de base. Partie 1

je	ကျွန်ုပ်	kjunou'
tu	သင်	thin

il	သူ	thu
elle	သူမ	thu ma.
ça	၎င်း	jin:

nous	ကျွန်ုပ်တို့	kjunou' tou.
nous (masc.)	ကျွန်တော်တို့	kjun do. dou.
nous (fem.)	ကျွန်မတို့	kjun ma. tou.
vous	သင်တို့	thin dou.
vous (form., sing.)	သင်	thin
vous (form., pl)	သင်တို့	thin dou.

ils	သူတို့	thu dou.
elles	သူမတို့	thu ma. dou.

Bonjour! (fam.)	မင်္ဂလာပါ	min ga. la ba
Bonjour! (form.)	မင်္ဂလာပါ	min ga. la ba
Bonjour! (le matin)	မင်္ဂလာနံနက်ခင်းပါ	min ga. la nan ne' gin: ba
Bonjour! (après-midi)	မင်္ဂလာနေ့လယ်ခင်းပါ	min ga. la nei. le gin: ba
Bonsoir!	မင်္ဂလာညနေခင်းပါ	min ga. la nja nei gin: ba

dire bonjour	နှုတ်ဆက်သည်	hnou' hsei' te
Salut!	ဟိုင်း	hain:
salut (m)	ဟလို	ha. lou
saluer (vt)	နှုတ်ဆက်သည်	hnou' hsei' te
Comment ça va?	နေကောင်းလား	nei gaun: la:
Comment allez-vous?	နေကောင်းပါသလား	nei gaun: ba dha la:
Quoi de neuf?	ဘာထူးသေးလဲ	ba du: dei: le:

Au revoir!	နောက်မှတွေ့ကြမယ်	nau' hma. dwei. gja. me
Au revoir! (form.)	ဂွတ်ဘိုင်	gu' bain
Au revoir! (fam.)	တာတာ	ta. da
À bientôt!	မကြာခင်ပြန်ဆုံကြမယ်	ma gja. gin bjan zoun gja. me
Adieu! (fam.)	နှုတ်ဆက်ပါတယ်	hnou' hsei' pa de
Adieu! (form.)	နှုတ်ဆက်ပါတယ်	hnou' hsei' pa de
dire au revoir	နှုတ်ဆက်သည်	hnou' hsei' te
Salut! (À bientôt!)	တာတာ	ta. da

Merci!	ကျေးဇူးတင်ပါတယ်	kjei: zu: din ba de
Merci beaucoup!	ကျေးဇူးအများကြီးတင်ပါတယ်	kjei: zu: amja: kji: din ba de
Je vous en prie	ရပါတယ်	ja. ba de
Il n'y a pas de quoi	ကိစ္စမရှိပါဘူး	kei. sa ma. shi. ba bu:
Pas de quoi	ရပါတယ်	ja. ba de
Excuse-moi!	ဆောရီးနော်	hso: ji: no:
Excusez-moi!	တောင်းပန်ပါတယ်	thaun: ban ba de
excuser (vt)	ခွင့်လွှတ်သည်	khwin. hlu' te
s'excuser (vp)	တောင်းပန်သည်	thaun: ban de
Mes excuses	တောင်းပန်ပါတယ်	thaun: ban ba de
Pardonnez-moi!	ခွင့်လွှတ်ပါ	khwin. hlu' pa
pardonner (vt)	ခွင့်လွှတ်သည်	khwin. hlu' te
C'est pas grave	ကိစ္စမရှိပါဘူး	kei. sa ma. shi. ba bu:
s'il vous plaît	ကျေးဇူးပြု၍	kjei: zu: pju. i.
N'oubliez pas!	မမေ့ပါနဲ့	ma. mei. ba ne.
Bien sûr!	ရတာပေါ့	ja. da bo.
Bien sûr que non!	မဟုတ်တာသေချာတယ်	ma hou' ta dhei gja de
D'accord!	သဘောတူတယ်	dhabo: tu de
Ça suffit!	တော်ပြီ	to bji

3. Les nombres cardinaux. Partie 1

zéro	သုည	thoun nja.
un	တစ်	ti'
deux	နှစ်	hni'
trois	သုံး	thoun:
quatre	လေး	lei:
cinq	ငါး	nga:
six	ခြောက်	chau'
sept	ခုနစ်	khun hni'
huit	ရှစ်	shi'
neuf	ကိုး	kou:
dix	တစ်ဆယ်	ti' hse
onze	တစ်ဆယ့်တစ်	ti' hse. ti'
douze	တစ်ဆယ့်နှစ်	ti' hse. hni'
treize	တစ်ဆယ့်သုံး	ti' hse. thoun:
quatorze	တစ်ဆယ့်လေး	ti' hse. lei:
quinze	တစ်ဆယ့်ငါး	ti' hse. nga:
seize	တစ်ဆယ့်ခြောက်	ti' hse. khau'
dix-sept	တစ်ဆယ့်ခုနစ်	ti' hse. khu ni'
dix-huit	တစ်ဆယ့်ရှစ်	ti' hse. shi'
dix-neuf	တစ်ဆယ့်ကိုး	ti' hse. gou:
vingt	နှစ်ဆယ်	hni' hse
vingt et un	နှစ်ဆယ့်တစ်	hni' hse. ti'
vingt-deux	နှစ်ဆယ့်နှစ်	hni' hse. hni'
vingt-trois	နှစ်ဆယ့်သုံး	hni' hse. thuan:
trente	သုံးဆယ်	thoun: ze

trente et un	သုံးဆယ့်တစ်	thoun: ze. di'
trente-deux	သုံးဆယ့်နှစ်	thoun: ze. hni'
trente-trois	သုံးဆယ့်သုံး	thoun: ze. dhoun:
quarante	လေးဆယ်	lei: hse
quarante et un	လေးဆယ့်တစ်	lei: hse. ti'
quarante-deux	လေးဆယ့်နှစ်	lei: hse. hni'
quarante-trois	လေးဆယ့်သုံး	lei: hse. thaun:
cinquante	ငါးဆယ်	nga: ze
cinquante et un	ငါးဆယ့်တစ်	nga: ze di'
cinquante-deux	ငါးဆယ့်နှစ်	nga: ze hni'
cinquante-trois	ငါးဆယ့်သုံး	nga: ze dhoun:
soixante	ခြောက်ဆယ်	chau' hse
soixante et un	ခြောက်ဆယ့်တစ်	chau' hse. di'
soixante-deux	ခြောက်ဆယ့်နှစ်	chau' hse. hni'
soixante-trois	ခြောက်ဆယ့်သုံး	chau' hse. dhoun:
soixante-dix	ခုနစ်ဆယ်	khun hni' hse.
soixante et onze	ခုနစ်ဆယ့်တစ်	qunxcy•tx
soixante-douze	ခုနစ်ဆယ့်နှစ်	khun hni' hse. hni
soixante-treize	ခုနစ်ဆယ့်သုံး	khu. ni' hse. dhoun:
quatre-vingts	ရှစ်ဆယ်	shi' hse
quatre-vingt et un	ရှစ်ဆယ့်တစ်	shi' hse. ti'
quatre-vingt deux	ရှစ်ဆယ့်နှစ်	shi' hse. hni'
quatre-vingt trois	ရှစ်ဆယ့်သုံး	shi' hse. dhun:
quatre-vingt-dix	ကိုးဆယ်	kou: hse
quatre-vingt et onze	ကိုးဆယ့်တစ်	kou: hse. ti'
quatre-vingt-douze	ကိုးဆယ့်နှစ်	kou: hse. hni'
quatre-vingt-treize	ကိုးဆယ့်သုံး	kou: hse. dhaun:

4. Les nombres cardinaux. Partie 2

cent	တစ်ရာ	ti' ja
deux cents	နှစ်ရာ	hni' ja
trois cents	သုံးရာ	thoun: ja
quatre cents	လေးရာ	lei: ja
cinq cents	ငါးရာ	nga: ja
six cents	ခြောက်ရာ	chau' ja
sept cents	ခုနစ်ရာ	khun hni' ja
huit cents	ရှစ်ရာ	shi' ja
neuf cents	ကိုးရာ	kou: ja
mille	တစ်ထောင်	ti' htaun
deux mille	နှစ်ထောင်	hni' taun
trois mille	သုံးထောင်	thoun: daun
dix mille	တစ်သောင်း	ti' thaun:
cent mille	တစ်သိန်း	ti' thein:
million (m)	တစ်သန်း	ti' than:
milliard (m)	ဘီလီယံ	bi li jan

5. Les nombres. Fractions

fraction (f)	အပိုင်းကိန်း	apain: gein:
un demi	နစ်ပိုင်းတစ်ပိုင်း	hni' bain: di' bain:
un tiers	သုံးပိုင်းတစ်ပိုင်း	thoun: bain: di' bain:
un quart	လေးပိုင်းတစ်ပိုင်း	lei: bain: ti' pain:
un huitième	ရှစ်ပိုင်းတစ်ပိုင်း	shi' bain: di' bain:
un dixième	ဆယ်ပိုင်းတစ်ပိုင်း	hse bain: da' bain:
deux tiers	သုံးပိုင်းနှစ်ပိုင်း	thoun: bain: hni' bain:
trois quarts	လေးပိုင်းသုံးပိုင်း	lei: bain: dhoun: bain:

6. Les nombres. Opérations mathématiques

soustraction (f)	နုတ်ခြင်း	nou' khjin:
soustraire (vt)	နုတ်သည်	nou' te
division (f)	စားခြင်း	sa: gjin:
diviser (vt)	စားသည်	sa: de
addition (f)	ပေါင်းခြင်း	paun: gjin:
additionner (vt)	ပေါင်းသည်	paun: de
ajouter (vt)	ထပ်ပေါင်းသည်	hta' paun: de
multiplication (f)	မြှောက်ခြင်း	hmjau' chin:
multiplier (vt)	မြှောက်သည်	hmjau' de

7. Les nombres. Divers

chiffre (m)	ကိန်းဂကန်း	kein: ga nan:
nombre (m)	ကိန်း	kein:
adjectif (m) numéral	ဂဏန်းအတွဲရာ	ganan: e' kha ja
moins (m)	အနုတ်	ahnou'
plus (m)	အပေါင်း	apaun:
formule (f)	ပုံသေနည်း	poun dhei ne:
calcul (m)	တွက်ချက်ခြင်း	twe' che' chin:
compter (vt)	ရေတွက်သည်	jei dwe' te
calculer (vt)	ရေတွက်သည်	jei dwe' te
comparer (vt)	နှိုင်းယှဉ်သည်	hnain: shin de
Combien?	ဘယ်လောက်လဲ	be lau' le:
somme (f)	ပေါင်းလဒ်	paun: la'
résultat (m)	ရလဒ်	jala'
reste (m)	အကြွင်း	akjwin:
quelques ...	အချို့	achou.
peu de ...	အနည်းငယ်	ane: nge
reste (m)	ကျန်သော	kjan de.
un et demi	တစ်ခုခွဲ	ti' khu. khwe:
douzaine (f)	ဒါဇင်	da zin
en deux (adv)	တစ်ဝက်စီ	ti' we' si
en parties égales	ညီတူညီမျှ	nji du nji hmja.

| moitié (f) | တစ်ဝက် | ti' we' |
| fois (f) | ကြိမ် | kjein |

8. Les verbes les plus importants. Partie 1

aider (vt)	ကူညီသည်	ku nji de
aimer (qn)	ချစ်သည်	chi' te
aller (à pied)	သွားသည်	thwa: de
apercevoir (vt)	သတိထားမိသည်	dhadi. da: mi. de
appartenir à ...	ပိုင်ဆိုင်သည်	pain zain de

appeler (au secours)	ခေါ်သည်	kho de
attendre (vt)	စောင့်သည်	saun. de
attraper (vt)	ဖမ်းသည်	hpan: de
avertir (vt)	သတိပေးသည်	dhadi. pei: de

avoir (vt)	ရှိသည်	shi. de
avoir confiance	ယုံကြည်သည်	joun kji de
avoir faim	ဗိုက်ဆာသည်	bai' hsa de
avoir peur	ကြောက်သည်	kjau' te
avoir soif	ရေဆာသည်	jei za de
cacher (vt)	ဖုံးကွယ်သည်	hpoun: gwe de
casser (briser)	ဖျက်ဆီးသည်	hpje' hsi: de
cesser (vt)	ရပ်သည်	ja' te

changer (vt)	ပြောင်းလဲသည်	pjaun: le: de
chasser (animaux)	အမဲလိုက်သည်	ame: lai' de
chercher (vt)	ရှာသည်	sha de
choisir (vt)	ရွေးသည်	jwei: de
commander (~ le menu)	မှာသည်	hma de
commencer (vt)	စတင်သည်	sa. tin de
comparer (vt)	နိုင်းယှဉ်သည်	hnain: shin de
comprendre (vt)	နားလည်သည်	na: le de
compter (dénombrer)	ရေတွက်သည်	jei dwe' te
compter sur ...	အားကိုးသည်	a: kou: de

confondre (vt)	ရောထွေးသည်	jo: dwei: de
connaître (qn)	သိသည်	thi. de
conseiller (vt)	အကြံပေးသည်	akjan bei: de
continuer (vt)	ဆက်လုပ်သည်	hse' lou' te
contrôler (vt)	ထိန်းချုပ်သည်	htein: gjou' te

courir (vi)	ပြေးသည်	pjei: de
coûter (vt)	ကုန်ကျသည်	koun kja de
créer (vt)	ဖန်တီးသည်	hpan di: de
creuser (vt)	တူးသည်	tu: de
crier (vi)	အော်သည်	o de

9. Les verbes les plus importants. Partie 2

| décorer (~ la maison) | အလှဆင်သည် | ahla. zin dhe |
| défendre (vt) | ကာကွယ်သည် | ka gwe de |

16

déjeuner (vi)	နေ့လယ်စာစားသည်	nei. le za za de
demander (~ l'heure)	မေးသည်	mei: de
demander (de faire qch)	တောင်းဆိုသည်	taun: hsou: de

descendre (vi)	ဆင်းသည်	hsin: de
deviner (vt)	မှန်းဆသည်	hman za de
dîner (vi)	ညစာစားသည်	nja. za za: de
dire (vt)	ပြောသည်	pjo: de
diriger (~ une usine)	ညွှန်ကြားသည်	hnjun gja: de
discuter (vt)	ဆွေးနွေးသည်	hswe: nwe: de

donner (vt)	ပေးသည်	pei: de
donner un indice	အရိပ်အမြွက်ပေးသည်	aji' ajmwe' pei: de
douter (vt)	သံသယဖြစ်သည်	than thaja. bji' te
écrire (vt)	ရေးသည်	jei: de
entendre (bruit, etc.)	ကြားသည်	ka: de

entrer (vi)	ဝင်သည်	win de
envoyer (vt)	ပို့သည်	pou. de
espérer (vi)	မျှော်လင့်သည်	hmjo. lin. de
essayer (vt)	စမ်းကြည့်သည်	san: kji. de
être (~ fatigué)	ဖြစ်နေသည်	hpji' nei de

être (~ médecin)	ဖြစ်သည်	hpji' te
être d'accord	သဘောတူသည်	dhabo: tu de
être nécessaire	အလိုရှိသည်	alou' shi. de
être pressé	လောသည်	lo de

étudier (vt)	သင်ယူလေ့လာသည်	thin ju lei. la de
excuser (vt)	ခွင့်လွှတ်သည်	khwin. hlu' te
exiger (vt)	တိုက်တွန်းသည်	tai' tun: de
exister (vi)	တည်ရှိသည်	ti shi. de
expliquer (vt)	ရှင်းပြသည်	shin: bja. de

faire (vt)	ပြုလုပ်သည်	pju. lou' te
faire tomber	ဖျတ်ချသည်	hpjou' cha. de
finir (vt)	ပြီးသည်	pji: de
garder (conserver)	ထိန်းထားသည်	htein: da: de
gronder, réprimander (vt)	ဆူသည်	hsu. de

informer (vt)	အကြောင်းကြားသည်	akjaun: kja: de
insister (vi)	တိုက်တွန်းပြောဆိုသည်	tou' tun: bjo: zou de
insulter (vt)	စော်ကားသည်	so ga: de
inviter (vt)	ဖိတ်သည်	hpi' de
jouer (s'amuser)	ကစားသည်	gaza: de

10. Les verbes les plus importants. Partie 3

libérer (ville, etc.)	လွတ်မြောက်စေသည်	lu' mjau' sei de
lire (vi, vt)	ဖတ်သည်	hpa' te
louer (prendre en location)	ငှားသည်	hnga: de
manquer (l'école)	ပျက်ကွက်သည်	pje' kwe' te
menacer (vt)	ခြိမ်းခြောက်သည်	chein: gjau' te
mentionner (vt)	ဖော်ပြသည်	hpjo bja. de

montrer (vt)	ပြသည်	pja. de
nager (vi)	ရေကူးသည်	jei ku: de
objecter (vt)	ြငင်းသည်	njin: de
observer (vt)	စောင့်ကြည့်သည်	saun. gji. de

ordonner (mil.)	အမိန့်ပေးသည်	amin. bei: de
oublier (vt)	မေ့သည်	mei. de
ouvrir (vt)	ဖွင့်သည်	hpwin. de
pardonner (vt)	ခွင့်လွှတ်သည်	khwin. hlu' te
parler (vi, vt)	ပြောသည်	pjo: de

participer à ...	ပါဝင်သည်	pa win de
payer (régler)	ပေးေရျသည်	pei: gjei de
penser (vi, vt)	ထင်သည်	htin de
permettre (vt)	ခွင့်ပြုသည်	khwin bju. de
plaire (être apprécié)	ကြိုက်သည်	kjai' de

plaisanter (vi)	စနောက်သည်	sanau' te
planifier (vt)	စီစဉ်သည်	si zin de
pleurer (vi)	ငိုသည်	ngou de
posséder (vt)	ပိုင်ဆိုင်သည်	pain zain de
pouvoir (v aux)	တတ်နိုင်သည်	ta' nain de
préférer (vt)	ပိုကြိုက်သည်	pou gjai' te

prendre (vt)	ယူသည်	ju de
prendre en note	ရေးထားသည်	jei: da: de
prendre le petit déjeuner	နံနက်စာစားသည်	nan ne' za za: de
préparer (le dîner)	ချက်ပြုတ်သည်	che' pjou' te
prévoir (vt)	ကြိုမြင်သည်	kjou mjin de

prier (~ Dieu)	ရှိုးသည်	shi. gou: de
promettre (vt)	ကတိပေးသည်	gadi pei: de
prononcer (vt)	အသံထွက်သည်	athan dwe' te
proposer (vt)	အဆိုပြုသည်	ahsou bju. de
punir (vt)	အပြစ်ပေးသည်	apja' pei: de

11. Les verbes les plus importants. Partie 4

recommander (vt)	အကြံပြုထောက်ခံသည်	akjan pju htau' khan de
regretter (vt)	နောင်တရသည်	naun da. ja. de
répéter (dire encore)	ထပ်လုပ်သည်	hta' lou' te
répondre (vi, vt)	ဖြေသည်	hpjei de
réserver (une chambre)	မှာသည်	hma de

rester silencieux	နှုတ်ဆိတ်သည်	hnou' hsei' te
réunir (regrouper)	ပေါင်းစည်းသည်	paun: ze: de
rire (vi)	ရယ်သည်	je de
s'arrêter (vp)	ရပ်သည်	ja' te
s'asseoir (vp)	ထိုင်သည်	htain de

sauver (la vie à qn)	ကယ်ဆယ်သည်	ke ze de
savoir (qch)	သိသည်	thi. de
se baigner (vp)	ရေကူးသည်	jei ku: de
se plaindre (vp)	တိုင်ပြောသည်	tain bjo: de

se refuser (vp)	ြင်းဆန်သည်	njin: zan de
se tromper (vp)	မှားသည်	hma: de
se vanter (vp)	ကြားသည်	kjwa: de
s'étonner (vp)	အံ့ဩသည်	an. o. de
s'excuser (vp)	တောင်းပန်သည်	thaun: ban de
signer (vt)	လက်မှတ်ထိုးသည်	le' hma' htou: de

signifier (vt)	ဆိုလိုသည်	hsou lou de
s'intéresser (vp)	စိတ်ဝင်စားသည်	sei' win za: de
sortir (aller dehors)	ထွက်သည်	htwe' te
sourire (vi)	ြုံးသည်	pjoun: de
sous-estimer (vt)	လျှော့တွက်သည်	sho. dwe' de

suivre ... (suivez-moi)	လိုက်သည်	lai' te
tirer (vi)	ပစ်သည်	pi' te
tomber (vi)	ကျဆင်းသည်	kja zin: de
toucher (avec les mains)	ကိုင်သည်	kain de
tourner (~ à gauche)	ကွေ့သည်	kwei. de

traduire (vt)	ဘာသာြပန်သည်	ba dha bjan de
travailler (vi)	အလုပ်လုပ်သည်	alou' lou' te
tromper (vt)	လိမ်ြောသည်	lain bjo: de
trouver (vt)	ရှာတွေ့သည်	sha dwei. de
tuer (vt)	သတ်သည်	tha' te
vendre (vt)	ရောင်းသည်	jaun: de

venir (vi)	ရောက်သည်	jau' te
voir (vt)	မြင်သည်	mjin de
voler (avion, oiseau)	ပျံသန်းသည်	pjan dan: de
voler (qch à qn)	ခိုးသည်	khou: de
vouloir (vt)	လိုချင်သည်	lou gjin de

12. Les couleurs

couleur (f)	အရောင်	ajaun
teinte (f)	အသွေးအဆင်း	athwei: ahsin:
ton (m)	အရောင်အသွေး	ajaun athwei:
arc-en-ciel (m)	သက်တံ	the' tan

blanc (adj)	အဖြူရောင်	ahpju jaun
noir (adj)	အနက်ရောင်	ane' jaun
gris (adj)	ခဲရောင်	khe: jaun

vert (adj)	အစိမ်းရောင်	asain: jaun
jaune (adj)	အဝါရောင်	awa jaun
rouge (adj)	အနီရောင်	ani jaun

bleu (adj)	အပြာရောင်	apja jaun
bleu clair (adj)	အပြာနုရောင်	apja nu. jaun
rose (adj)	ပန်းရောင်	pan: jaun
orange (adj)	လိမ္မော်ရောင်	limmo jaun
violet (adj)	ခရမ်းရောင်	khajan: jaun
brun (adj)	အညိုရောင်	anjou jaun
d'or (adj)	ရွှေရောင်	shwei jaun

argenté (adj) ‌‌ေ‌ေ‌‌‌ ngwei jaun
beige (adj) ‌‌ ‌ wa njou nu. jaun
crème (adj) ‌‌ nou. hni' jaun
turquoise (adj) ‌‌ sein: bja jaun
rouge cerise (adj) ‌‌ che ji jaun
lilas (adj) ‌‌ khajan: bjo. jaun
framboise (adj) ‌‌ kje' thwei: jaun

clair (adj) ‌‌ ajaun bjo. de.
foncé (adj) ‌‌ ajaun jin. de.
vif (adj) ‌‌ tau' pa. de.

de couleur (adj) ‌‌ ajaun shi. de.
en couleurs (adj) ‌‌ jau' soun
noir et blanc (adj) ‌‌ ahpju ame:
unicolore (adj) ‌‌ ti' jaun te: shi. de.
multicolore (adj) ‌‌ ajaun zoun de.

13. Les questions

Qui? ‌‌ be dhu le:
Quoi? ‌‌ ba le:
Où? (~ es-tu?) ‌‌ be hma le:
Où? (~ vas-tu?) ‌‌ be gou le:
D'où? ‌‌ be ga. le:
Quand? ‌‌ be do. le:
Pourquoi? (~ es-tu venu?) ‌‌ ba atwe' le:
Pourquoi? (~ t'es pâle?) ‌‌ ba gjaun. le:

À quoi bon? ‌‌ ba atwe' le:
Comment? ‌‌ be lau le:
Quel? (à ~ prix?) ‌‌ be lau mjou: le:
Lequel? ‌‌ be ha le:

À qui? (pour qui?) ‌‌ be dhu. gou le:
De qui? ‌‌ be dhu. kjaun: le:
De quoi? ‌‌ ba akjain: le:
Avec qui? ‌‌ be dhu ne. le:

Combien? ‌‌ be lau' le:
À qui? ‌‌ be dhu.

14. Les mots-outils. Les adverbes. Partie 1

Où? (~ es-tu?) ‌‌ be hma le:
ici (c'est ~) ‌‌ di hma
là-bas (c'est ~) ‌‌ hou hma.

quelque part (être) ‌‌ ti' nei ja ja hma
nulle part (adv) ‌‌ be hma hma.
près de ... ‌‌ na: hma
près de la fenêtre ‌‌ badin: pau' hna: hma

Où? (~ vas-tu?)	ဘယ်ကိုလဲ	be gou le:
ici (Venez ~)	ဒီဘက်ကို	di be' kou
là-bas (j'irai ~)	ဟိုဘက်ကို	hou be' kou
d'ici (adv)	ဒီဘက်မှ	di be' hma
de là-bas (adv)	ဟိုဘက်မှ	hou be' hma.
près (pas loin)	နီးသည်	ni: de
loin (adv)	အဝေးမှာ	awei: hma
près de (~ Paris)	နားမှာ	na: hma
tout près (adv)	ဘေးမှာ	bei: hma
pas loin (adv)	မနီးမဝေး	ma. ni ma. wei:
gauche (adj)	ဘယ်	be
à gauche (être ~)	ဘယ်ဘက်မှာ	be be' hma
à gauche (tournez ~)	ဘယ်ဘက်	be be'
droit (adj)	ညာဘက်	nja be'
à droite (être ~)	ညာဘက်မှာ	nja be' hma
à droite (tournez ~)	ညာဘက်	nja be'
devant (adv)	ရှေ့မှာ	shei. hma
de devant (adj)	ရှေ့	shei.
en avant (adv)	ရှေ့	shei.
derrière (adv)	နောက်မှာ	nau' hma
par derrière (adv)	နောက်က	nau' ka.
en arrière (regarder ~)	နောက်	nau'
milieu (m)	အလယ်	ale
au milieu (adv)	အလယ်မှာ	ale hma
de côté (vue ~)	ဘေးမှာ	bei: hma
partout (adv)	နေရာတိုင်းမှာ	nei ja dain: hma
autour (adv)	ပတ်လည်မှာ	pa' le hma
de l'intérieur	အထဲမှ	a hte: hma.
quelque part (aller)	တစ်နေရာရာကို	ti' nei ja ja gou
tout droit (adv)	တိုက်ရိုက်	tai' jai'
en arrière (revenir ~)	အပြန်	apjan
de quelque part (n'import d'où)	တစ်နေရာရာမှ	ti' nei ja ja hma.
de quelque part (on ne sait pas d'où)	တစ်နေရာရာမှ	ti' nei ja ja hma.
premièrement (adv)	ပထမအနေဖြင့်	pahtama. anei gjin.
deuxièmement (adv)	ဒုတိယအနေဖြင့်	du. di. ja. anei bjin.
troisièmement (adv)	တတိယအနေဖြင့်	tati. ja. anei bjin.
soudain (adv)	မတော်တဆ	ma. do da. za.
au début (adv)	အစမှာ	asa. hma
pour la première fois	ပထမဆုံး	pahtama. zoun:
bien avant …	မတိုင်ခင် အတော်လေး အလိုက	ma. dain gin ato lei: alou ga.
de nouveau (adv)	အသစ်တဖန်	athi' da. ban
pour toujours (adv)	အမြဲတမ်း	amje: dan:

jamais (adv)	ဘယ်တော့မှ	be do hma.
de nouveau, encore (adv)	တဖန်	tahpan
maintenant (adv)	အခုတော့	akhu dau.
souvent (adv)	ခဏခဏ	khana. khana.
alors (adv)	လိုသိုဖြစ်လျင်	htou dhou. bji' shin
d'urgence (adv)	အမြန်	aman
d'habitude (adv)	ပုံမှန်	poun hman

à propos, ...	စကားမစပ်	zaga: ma. za'
c'est possible	ဖြင်နိုင်သည်	hpjin nain de
probablement (adv)	ဖြစ်နိုင်သည်	hpji' nein de
peut-être (adv)	ဖြစ်နိုင်သည်	hpji' nein de
en plus, ...	၃အပြင်	da. apjin
c'est pourquoi ...	၃ကြောင့်	da gjaun.
malgré ...	သော်လည်း	tho lei:
grâce à ...	ကြောင့်	kjaun.

quoi (pron)	ဘာ	ba
que (conj)	ဟု	hu
quelque chose (Il m'est arrivé ~)	တစ်ခုခု	ti' khu. gu.
quelque chose (peut-on faire ~)	တစ်ခုခု	ti' khu. gu.
rien (m)	ဘာမှ	ba hma.

qui (pron)	ဘယ်သူ	be dhu.
quelqu'un (on ne sait pas qui)	တစ်ယောက်ယောက်	ti' jau' jau'
quelqu'un (n'importe qui)	တစ်ယောက်ယောက်	ti' jau' jau'

personne (pron)	ဘယ်သူမှ	be dhu hma.
nulle part (aller ~)	ဘယ်ကိုမှ	be gou hma.
de personne	ဘယ်သူမှမဝိုင်သော	be dhu hma ma. bain de.
de n'importe qui	တစ်ယောက်ယောက်ရဲ့	ti' jau' jau' je.

comme ça (adv)	ဒီလို	di lou
également (adv)	ထိုပြင်လည်း	htou. bjin le:
aussi (adv)	လည်းဘဲ	le: be:

15. Les mots-outils. Les adverbes. Partie 2

Pourquoi?	ဘာကြောင့်လဲ	ba gjaun. le:
pour une certaine raison	တစ်ခုခုကြောင့်	ti' khu. gu. gjaun.
parce que ...	အဘယ်ကြောင့်ဆိုသော်	abe gjo:n. zou dho
pour une raison quelconque	တစ်ခုခုအတွက်	ti' khu. gu. atwe'

et (conj)	နှင့်	hnin.
ou (conj)	သို့မဟုတ်	thou. ma. hou'
mais (conj)	ဒါပေမဲ့	da bei me.
pour ... (prep)	အတွက်	atwe'

trop (adv)	အလွန်	alun
seulement (adv)	သာ	tha
précisément (adv)	အတိအကျ	ati. akja.
près de ... (prep)	ခန့်	khan.

approximativement	ခန့်မှန်းခြေအားဖြင့်	khan hman: gjei a: bjin.
approximatif (adj)	ခန့်မှန်းခြေဖြစ်သော	khan hman: gjei bji' te.
presque (adv)	နီးပါး	ni: ba:
reste (m)	ကျန်သော	kjan de.

l'autre (adj)	တခြားသော	tacha: de.
autre (adj)	အခြားသော	apja: de.
chaque (adj)	တိုင်း	tain:
n'importe quel (adj)	မဆို	ma. zou
beaucoup de (dénombr.)	အပြောက်အများ	amjau' amja:
beaucoup de (indénombr.)	အများကြီး	amja: gji:
plusieurs (pron)	များစွာသော	mja: zwa de.
tous	အားလုံး	a: loun:

en échange de ...	အစား	asa:
en échange (adv)	အစား	asa:
à la main (adv)	လက်ဖြင့်	le' hpjin.
peu probable (adj)	ဖြစ်နိုင်ခြေ နည်းသည်	hpji' nain gjei ni: de

probablement (adv)	ဖြစ်နိုင်သည်	hpji' nein de
exprès (adv)	တမင်	tamin
par accident (adv)	အမှတ်တမဲ့	ahma' ta. me.

très (adv)	သိပ်	thei'
par exemple (adv)	ဥပမာအားဖြင့်	upama a: bjin.
entre (prep)	ကြား	kja:
parmi (prep)	ကြားထဲတွင်	ka: de: dwin:
autant (adv)	ဒီလောက်	di lau'
surtout (adv)	အထူးသဖြင့်	a htu: dha. hjin.

Concepts de base. Partie 2

16. Les contraires

riche (adj)	ချမ်းသာသော	chan: dha de.
pauvre (adj)	ဆင်းရဲသော	hsin: je: de.
malade (adj)	နေမကောင်းသော	nei ma. kaun: de.
en bonne santé	ကျန်းမာသော	kjan: ma de.
grand (adj)	ကြီးသော	kji: de.
petit (adj)	သေးသော	thei: de.
vite (adv)	မြန်မြန်	mjan mjan
lentement (adv)	ဖြည်းဖြည်း	hpjei: bjei:
rapide (adj)	မြန်သော	mjan de.
lent (adj)	ဖြည်းသော	hpjei: de.
joyeux (adj)	ပျော်ရွှင်သော	pjo shwin de.
triste (adj)	ဝမ်းနည်းသော	wan: ne: de.
ensemble (adv)	အတူတကွ	atu da. kwa.
séparément (adv)	သီးခြားစီ	thi: gjin: zi
à haute voix	ကျယ်လောင်စွာ	kje laun zwa
en silence	တိတ်ဆိတ်စွာ	tei' hsei' swa
haut (adj)	မြင့်သော	mjin. de.
bas (adj)	ပုသော	pu dho:
profond (adj)	နက်သော	ne' te.
peu profond (adj)	တိမ်သော	tein de
oui (adv)	ဟုတ်တယ်	hou' te
non (adv)	မဟုတ်ဘူး	ma hou' bu:
lointain (adj)	ဝေးသော	wei: de.
proche (adj)	နီးသော	ni: de.
loin (adv)	အဝေးမှာ	awei: hma
près (adv)	အနီးမှာ	ani: hma
long (adj)	ရှည်သော	shei lja: zu: sha. zwa ode
court (adj)	တိုသော	tou de.
bon (au bon cœur)	သဘောကောင်းသော	thabo: kaun: de.
méchant (adj)	ယုတ်မာသော	jou' ma de.

| marié (adj) | မိန်းမရှိသော | mein: ma. shi. de. |
| célibataire (adj) | တစ်ဦးတည်းဖြစ်သော | ti' u: te: hpi' te. |

| interdire (vt) | တားမြစ်သည် | ta: mji' te |
| permettre (vt) | ခွင့်ပြုသည် | khwin bju. de |

| fin (f) | အဆုံး | ahsoun: |
| début (m) | အစ | asa. |

| gauche (adj) | ဘယ် | be |
| droit (adj) | ညာဘက် | nja be' |

| premier (adj) | ပထမ | pahtama. |
| dernier (adj) | နောက်ဆုံးဖြစ်သော | nau' hsoun: bji' te. |

| crime (m) | ရာဇဝတ်မှု | raza. wu' hma. |
| punition (f) | အပြစ်ပေးခြင်း | apja' pei: gjin: |

| ordonner (vt) | အမိန့်ချသည် | amin. gja. de |
| obéir (vt) | နာခံသည် | na gan de |

| droit (adj) | ဖြောင့်တန်းသော | hpjaun. dan: de. |
| courbé (adj) | ကောက်ကွေ့သော | kau' kwe. de. |

| paradis (m) | ကောင်းကင်ဘုံ | kaun: gin boun |
| enfer (m) | ငရဲ | nga. je: |

| naître (vi) | မွေးဖွားသည် | mwei: bwa: de |
| mourir (vi) | ကွယ်လွန်သည် | kwe lun de |

| fort (adj) | သန်မာသော | than ma de. |
| faible (adj) | အားပျော့သော | a: bjo. de. |

| vieux (adj) | အိုမင်းသော | ou min de. |
| jeune (adj) | ငယ်ရွယ်သော | ngwe jwe de. |

| vieux (adj) | အိုဟောင်းသော | ou haun: de. |
| neuf (adj) | သစ်သော | thi' te. |

| dur (adj) | မာသော | ma de. |
| mou (adj) | နူးညံ့သော | nu: njan. de. |

| chaud (tiède) | နွေးသော | nwei: de. |
| froid (adj) | အေးသော | ei: de. |

| gros (adj) | ဝသော | wa. de. |
| maigre (adj) | ပိန်သော | pein de. |

| étroit (adj) | ကျဉ်းသော | kjin de. |
| large (adj) | ကျယ်သော | kje de. |

| bon (adj) | ကောင်းသော | kaun: de. |
| mauvais (adj) | ဆိုးသော | hsou: de. |

| vaillant (adj) | ရဲရင့်သော | je: jin. de. |
| peureux (adj) | ကြောက်တတ်သော | kjau' ta' te. |

17. Les jours de la semaine

lundi (m)	တနင်္လာ	tanin: la
mardi (m)	အင်္ဂါ	in ga
mercredi (m)	ဗုဒ္ဓဟူး	bou' da. hu:
jeudi (m)	ကြာသပတေး	kja dha ba. dei:
vendredi (m)	သောကြာ	thau' kja
samedi (m)	စနေ	sanei
dimanche (m)	တနင်္ဂနွေ	tanin: ganwei
aujourd'hui (adv)	ယနေ့	ja. nei.
demain (adv)	မနက်ဖြန်	mane' bjan
après-demain (adv)	သဘက်ခါ	dhabe' kha
hier (adv)	မနေ့က	ma. nei. ka.
avant-hier (adv)	တနေ့က	ta. nei. ga.
jour (m)	နေ့	nei.
jour (m) ouvrable	ရုံးဖွင့်ရက်	joun: hpwin je'
jour (m) férié	ပွဲတော်ရက်	pwe: do je'
jour (m) de repos	ရုံးပိတ်ရက်	joun: bei' je'
week-end (m)	ရုံးပိတ်ရက်များ	joun: hpwin je' mja:
toute la journée	တနေ့လုံး	ta. nei. loun:
le lendemain	နောက်နေ့	nau' nei.
il y a 2 jours	လွန်ခဲ့သော နှစ်ရက်က	lun ge: de. hni' ja' ka.
la veille	အကြိုနေ့မှာ	akjou nei. hma
quotidien (adj)	နေ့စဉ်	nei. zin
tous les jours	နေ့တိုင်း	nei dain:
semaine (f)	ရက်သတ္တပတ်	je' tha' daba'
la semaine dernière	ပြီးခဲ့တဲ့အပတ်က	pji: ge. de. apa' ka.
la semaine prochaine	လာမယ့်အပတ်မှာ	la. me. apa' hma
hebdomadaire (adj)	အပတ်စဉ်	apa' sin
chaque semaine	အပတ်စဉ်	apa' sin
2 fois par semaine	တစ်ပတ် နှစ်ကြိမ်	ti' pa' hni' kjein
tous les mardis	အင်္ဂါနေ့တိုင်း	in ga nei. dain:

18. Les heures. Le jour et la nuit

matin (m)	နံနက်ခင်း	nan ne' gin:
le matin	နံနက်ခင်းမှာ	nan ne' gin: hma
midi (m)	မွန်းတည့်	mun: de.
dans l'après-midi	နေ့လယ်စာစားရှိန်ပြီးနောက်	nei. le za za: gjein bji: nau'
soir (m)	ညနေခင်း	nja. nei gin:
le soir	ညနေခင်းမှာ	nja. nei gin: hma
nuit (f)	ည	nja
la nuit	ညမှာ	nja hma
minuit (f)	သန်းခေါင်ယံ	than: gaun jan
seconde (f)	စက္ကန့်	se' kan.
minute (f)	မိနစ်	mi. ni'
heure (f)	နာရီ	na ji

demi-heure (f)	နာရီဝက်	na ji we'
un quart d'heure	သယ့်ငါးမိနစ်	hse. nga: mi. ni'
quinze minutes	၁၅ မိနစ်	ta' hse. nga: mi ni'
vingt-quatre heures	နစ်ဆယ်လေးနာရီ	hni' hse lei: na ji
lever (m) du soleil	နေထွက်ချိန်	nei dwe' gjein
aube (f)	အာရုဏ်ဦး	a joun u:
point (m) du jour	နံနက်စောစော	nan ne' so: zo:
coucher (m) du soleil	နေဝင်ချိန်	nei win gjein
tôt le matin	နံနက်အစောပိုင်း	nan ne' aso: bain:
ce matin	ယနေ့နံနက်	ja. nei. nan ne'
demain matin	မနက်ဖြန်နံနက်	mane' bjan nan ne'
cet après-midi	ယနေ့နေ့လယ်	ja. nei. nei. le
dans l'après-midi	နေ့လယ်စာစားချိန်ပြီးနောက်	nei. le za za: gjein bji: nau'
demain après-midi	မနက်ဖြန်မွန်းလွဲပိုင်း	mane' bjan mun: lwe: bain:
ce soir	ယနေ့ညနေ	ja. nei. nja. nei
demain soir	မနက်ဖြန်ညနေ	mane' bjan nja. nei
à 3 heures précises	၃ နာရီတွင်	thoun: na ji dwin
autour de 4 heures	၄ နာရီခန့်တွင်	lei: na ji khan dwin
vers midi	၁၂ နာရီအရောက်	hse. hni' na ji ajau'
dans 20 minutes	နောက် မိနစ် ၂၀ မှာ	nau' mi. ni' hni' se hma
dans une heure	နောက်တစ်နာရီမှာ	nau' ti' na ji hma
à temps	အချိန်ကိုက်	achein kai'
… moins le quart	မတ်တင်း	ma' tin:
en une heure	တစ်နာရီအတွင်း	ti' na ji atwin:
tous les quarts d'heure	၁၅ မိနစ်တိုင်း	ta' hse. nga: mi ni' htain:
24 heures sur 24	၂၄ နာရီလုံး	hna' hse. lei: na ji

19. Les mois. Les saisons

janvier (m)	ဇန်နဝါရီလ	zan na. wa ji la.
février (m)	ဖေဖော်ဝါရီလ	hpei bo wa ji la
mars (m)	မတ်လ	ma' la.
avril (m)	ဧပြီလ	ei bji la.
mai (m)	မေလ	mei la.
juin (m)	ဇွန်လ	zun la.
juillet (m)	ဇူလိုင်လ	zu lain la.
août (m)	ဩဂုတ်လ	o: gou' la.
septembre (m)	စက်တင်ဘာလ	sa' htin ba la.
octobre (m)	အောက်တိုဘာလ	au' tou ba la
novembre (m)	နိုဝင်ဘာလ	nou win ba la.
décembre (m)	ဒီဇင်ဘာလ	di zin ba la.
printemps (m)	နွေဦးရာသီ	nwei: u: ja dhi
au printemps	နွေဦးရာသီမှာ	nwei: u: ja dhi hma
de printemps (adj)	နွေဦးရာသီနှင့်ဆိုင်သော	nwei: u: ja dhi hnin. zain de.
été (m)	နွေရာသီ	nwei: ja dhi

en été	နွေရာသီမှာ	nwei: ja dhi hma
d'été (adj)	နွေရာသီနှင့်ဆိုင်သော	nwei: ja dhi hnin. zain de.
automne (m)	ဆောင်းဦးရာသီ	hsaun: u: ja dhi
en automne	ဆောင်းဦးရာသီမှာ	hsaun: u: ja dhi hma
d'automne (adj)	ဆောင်းဦးရာသီနှင့်ဆိုင်သော	hsaun: u: ja dhi hnin. zain de.
hiver (m)	ဆောင်းရာသီ	hsaun: ja dhi
en hiver	ဆောင်းရာသီမှာ	hsaun: ja dhi hma
d'hiver (adj)	ဆောင်းရာသီနှင့်ဆိုင်သော	hsaun: ja dhi hnin. zain de.
mois (m)	လ	la.
ce mois	ဒီလ	di la.
le mois prochain	နောက်လ	nau' la
le mois dernier	ယခင်လ	jakhin la.
il y a un mois	ပြီးခဲ့တဲ့တစ်လကျော်	pji: ge. de. di' la. gjo
dans un mois	နောက်တစ်လကျော်	nau' ti' la. gjo
dans 2 mois	နောက်နှစ်လကျော်	nau' hni' la. gjo
tout le mois	တစ်လလုံး	ti' la. loun:
tout un mois	တစ်လလုံး	ti' la. loun:
mensuel (adj)	လစဉ်	la. zin
mensuellement	လစဉ်	la. zin
chaque mois	လတိုင်း	la. dain:
2 fois par mois	တစ်လနှစ်ကြိမ်	ti' la. hni' kjein:
année (f)	နှစ်	hni'
cette année	ဒီနှစ်မှာ	di hna' hma
l'année prochaine	နောက်နှစ်မှာ	nau' hni' hnma
l'année dernière	ယခင်နှစ်မှာ	jakhin hni' hma
il y a un an	ပြီးခဲ့တဲ့တစ်နှစ်ကျော်က	pji: ge. de. di' hni' kjo ga.
dans un an	နောက်တစ်နှစ်ကျော်	nau' ti' hni' gjo
dans 2 ans	နောက်နှစ်နှစ်ကျော်	nau' hni' hni' gjo
toute l'année	တစ်နှစ်လုံး	ti' hni' loun:
toute une année	တစ်နှစ်လုံး	ti' hni' loun:
chaque année	နှစ်တိုင်း	hni' tain:
annuel (adj)	နှစ်စဉ်ဖြစ်သော	hni' san bji' te.
annuellement	နှစ်စဉ်	hni' san
4 fois par an	တစ်နှစ်လေးကြိမ်	ti' hni' lei: gjein
date (f) (jour du mois)	နေ့စွဲ	nei. zwe:
date (f) (~ mémorable)	ရက်စွဲ	je' swe:
calendrier (m)	ပြက္ခဒိန်	pje' gadein
six mois	နှစ်ဝက်	hni' we'
semestre (m)	နှစ်ဝက်	hni' we'
saison (f)	ရာသီ	ja dhi
siècle (m)	ရာစု	jazu.

20. La notion de temps. Divers

temps (m)	အချိန်	achein
moment (m)	အချိက်အတန့်	akhai' atan.

instant (m)	၃ကာ	khana.
instantané (adj)	ချက်ချင်း	che' chin:
laps (m) de temps	ကာလအပိုင်းအခြား	ka la apain: acha:
vie (f)	ဘဝ	ba. wa.
éternité (f)	ထာဝရ	hta wa. ja.

époque (f)	ခေတ်	khi'
ère (f)	ခေတ်	khi'
cycle (m)	စက်ဝန်း	se' wun:
période (f)	အချိန်ပိုင်း	achein bain:
délai (m)	သက်တမ်း	the' tan

avenir (m)	အနာဂတ်	ana ga'
prochain (adj)	အနာဂတ်	ana ga'
la fois prochaine	နောက်တစ်ကြိမ်	nau' ti' kjein
passé (m)	အတိတ်	ati'
passé (adj)	လွန်ခဲ့သော	lun ge. de.
la fois passée	ပြီးခဲ့သောတစ်ခေါက်	pji: ge. dho di' gau'
plus tard (adv)	နောက်မှ	nau' hma.
après (prep)	ပြီးနောက်	pji: nau'
à présent (adv)	ယခုအချိန်	jakhu. achein
maintenant (adv)	အခု	akhu.
immédiatement	ချက်ချင်း	che' chin:
bientôt (adv)	မကြာခင်	ma. gja gin
d'avance (adv)	ကြိုတင်	kjou tin

il y a longtemps	တော်တော်ကြာကြာက	to do gja gja
récemment (adv)	သိပ်မကြာခင်က	thei' ma. gja gjin ga.
destin (m)	ကံတရား	kan daja:
souvenirs (m pl)	အမှတ်တရ	ahma' ta ra
archives (f pl)	မော်ကွန်း	mo gun:
pendant ... (prep)	အချိန်အတွင်း	achein atwin
longtemps (adv)	ကြာကြာ	kja gja
pas longtemps (adv)	၃ကာ	khana.
tôt (adv)	စောစော	so: zo:
tard (adv)	နောက်ကျမှ	nau' kja. hma.

pour toujours (adv)	အမြဲတမ်း	amje: dan:
commencer (vt)	စတင်သည်	sa. tin de
reporter (retarder)	ရွှေ့ဆိုင်းသည်	shwei. zain: de

en même temps (adv)	တချိန်တည်းမှာ	takhein de: hma
en permanence (adv)	အမြဲတမ်း	amje: dan:
constant (bruit, etc.)	ဆက်တိုင်ဖြစ်သော	hse' dain bja' de.
temporaire (adj)	ယာယီဖြစ်သော	ja ji bji' te.

parfois (adv)	တခါတလေ	takha talei
rarement (adv)	ရှားရှားပါးပါး	sha: sha: ba: ba:
souvent (adv)	၃ကာ၃ကာ	khana. khana.

21. Les lignes et les formes

| carré (m) | စတုရန်း | satu. jan: |
| carré (adj) | စတုရန်းပုံဖြစ်သော | satu. jan: boun bji' te. |

cercle (m)	အဝိုင်း	awain:
rond (adj)	ဝိုင်းသော	wain: de.
triangle (m)	တြိဂံ	tri. gan
triangulaire (adj)	တြိဂံပုံဖြစ်သော	tri. gan bou hpi' te

ovale (m)	ဘဲဥပုံ	be: u. boun
ovale (adj)	ဘဲဥပုံဖြစ်သော	be: u. boun pja' de.
rectangle (m)	ထောင့်မှန်စတုဂံ	htaun. hman zatu. gan
rectangulaire (adj)	ထောင့်မှန်ဖြစ်သော	htaun. hman hpji' te.

pyramide (f)	ပုရမစ်ပုံ	htu. gjwan: boun
losange (m)	ရွဲ	ran bu
trapèze (m)	ထရာပီးဇီးယမ်း	htaja bi: zi: jan:
cube (m)	ကုဗတုံး	ku ba. toun:
prisme (m)	ပရစ်ဇင်	pa. ji' zan

circonférence (f)	အဝန်း	awun:
sphère (f)	ထုလုံး	htu. loun:
globe (m)	မို့မောင်းလုံးဝန်းသော	mou maun loun: wun: de.
diamètre (m)	အချင်း	achin:
rayon (m)	အချင်းဝက်	achin: we'
périmètre (m)	ပတ်လည်အနား	pa' le ana:
centre (m)	ဗဟို	ba hou

horizontal (adj)	အလျားလိုက်	alja: lai'
vertical (adj)	ဒေါင်လိုက်	daun lou'
parallèle (f)	အပြိုင်	apjain
parallèle (adj)	အပြိုင်ဖြစ်သော	apjain bja' te.

ligne (f)	မျဉ်း	mjin:
trait (m)	ချက်	che'
ligne (f) droite	မျဉ်းဖြောင့်	mjin: baun.
courbe (f)	မျဉ်းကွေး	mjin: gwei:
fin (une ~ ligne)	ပါးသော	pa: de.
contour (m)	ကွန်တိုမျဉ်း	kun tou mjin:

intersection (f)	ဖြတ်မှတ်	hpja' hma'
angle (m) droit	ထောင့်မှန်	htaun. hman
segment (m)	အဝိုင်း	apain:
secteur (m)	စက်ဝိုင်းစိတ်	se' wain: zei'
côté (m)	အနား	ana:
angle (m)	ထောင့်	htaun.

22. Les unités de mesure

poids (m)	အလေးချိန်	alei: gjein
longueur (f)	အရှည်	ashei
largeur (f)	အကျယ်	akje
hauteur (f)	အမြင့်	amjin.
profondeur (f)	အနက်	ane'
volume (m)	ထုထည်	du. de
aire (f)	အကျယ်အဝန်း	akje awun:
gramme (m)	ဂရမ်	ga ran
milligramme (m)	မီလီဂရမ်	mi li ga. jan

kilogramme (m)	ကီလိုဂရမ်	ki lou ga jan
tonne (f)	တန်	tan
livre (f)	ပေါင်	paun
once (f)	အောင်စ	aun sa.
mètre (m)	မီတာ	mi ta
millimètre (m)	မီလီမီတာ	mi li mi ta
centimètre (m)	စင်တီမီတာ	sin ti mi ta
kilomètre (m)	ကီလိုမီတာ	ki lou mi ta
mille (m)	မိုင်	main
pouce (m)	လက်မ	le' ma
pied (m)	ပေ	pei
yard (m)	ကိုက်	kou'
mètre (m) carré	စတုရန်းမီတာ	satu. jan: mi ta
hectare (m)	ဟက်တာ	he' ta
litre (m)	လီတာ	li ta
degré (m)	ဒီဂရီ	di ga ji
volt (m)	ဗို	boi.
ampère (m)	အမ်ပီယာ	an bi ja
cheval-vapeur (m)	မြင်းကောင်ရေအား	mjin: gaun jei a:
quantité (f)	အရေအတွက်	ajei adwe'
un peu de ...	နည်းနည်း	ne: ne:
moitié (f)	တစ်ဝက်	ti' we'
douzaine (f)	ဒါဇင်	da zin
pièce (f)	ခု	khu.
dimension (f)	အတိုင်းအတာ	atain: ata
échelle (f) (de la carte)	စကေး	sakei:
minimal (adj)	အနည်းဆုံး	ane: zoun
le plus petit (adj)	အသေးဆုံး	athei: zoun:
moyen (adj)	အလယ်အလတ်	ale ala'
maximal (adj)	အများဆုံး	amja: zoun:
le plus grand (adj)	အကြီးဆုံး	akji: zoun:

23. Les récipients

bocal (m) en verre	ဖန်ဘူး	hpan bu:
boîte, canette (f)	သံဘူး	than bu:
seau (m)	ရေပုံး	jei boun:
tonneau (m)	စည်ပိုင်း	si bain:
bassine, cuvette (f)	ဇလုံ	za loun
cuve (f)	သံစည်	than zi
flasque (f)	အရက်ပုလင်းပြား	aje' pu lin: pja:
jerrican (m)	တောက်ဆီပုံး	da' hsi boun:
citerne (f)	တိုင်ကီ	tain ki
tasse (f), mug (m)	မတ်ခွက်	ma' khwe'
tasse (f)	ခွက်	khwe'

soucoupe (f)	အောက်ခံပန်းကန်ပြား	au' khan ban: kan pja:
verre (m) (~ d'eau)	ဖန်ခွက်	hpan gwe'
verre (m) à vin	ဝိုင်ခွက်	wain gwe'
faitout (m)	ပေါင်းအိုး	paun: ou:

| bouteille (f) | ပုလင်း | palin: |
| goulot (m) | ပုလင်းလည်ပင်း | palin: le bin: |

carafe (f)	ဖန်ချိုင့်	hpan gjain.
pichet (m)	ကရား	kaja:
récipient (m)	အိုးခွက်	ou: khwe'
pot (m)	မြေအိုး	mjei ou:
vase (m)	ပန်းအိုး	pan: ou:

flacon (m)	ပုလင်း	palin:
fiole (f)	ပုလင်းကလေး	palin: galei:
tube (m)	ဘူး	bu:

sac (m) (grand ~)	ဂုန်အိတ်	goun ni ei'
sac (m) (~ en plastique)	အိတ်	ei'
paquet (m) (~ de cigarettes)	ဘူး	bu:

boîte (f)	စက္ကူဘူး	se' ku bu:
caisse (f)	သေတ္တာ	thi' ta
panier (m)	တောင်း	taun:

24. Les matériaux

matériau (m)	အထည်	a hte
bois (m)	သစ်သား	thi' tha:
en bois (adj)	သစ်သားနှင့်လုပ်သော	thi' tha: hnin. lou' te.

| verre (m) | ဖန် | hpan |
| en verre (adj) | ဖန်နှင့်လုပ်သော | hpan hnin. lou' te |

| pierre (f) | ကျောက် | kjau' |
| en pierre (adj) | ကျောက်ဖြင့်လုပ်ထားသော | kjau' hpjin. lou' hta: de. |

| plastique (m) | ပလတ်စတစ် | pa. la' sa. ti' |
| en plastique (adj) | ပလတ်စတစ်နှင့်လုပ်သော | pa. la' sa. ti' hnin. zain de |

| caoutchouc (m) | ရော်ဘာ | jo ba |
| en caoutchouc (adj) | ရော်ဘာနှင့်လုပ်သော | jo ba hnin. lou' te. |

| tissu (m) | အထည် | a hte |
| en tissu (adj) | အထည်နှင့်လုပ်သော | a hte hnin. lou' te. |

| papier (m) | စက္ကူ | se' ku |
| de papier (adj) | စက္ကူနှင့်လုပ်သော | se' ku hnin. lou' te. |

carton (m)	စက္ကူထူ	se' ku htu
en carton (adj)	စက္ကူထူနှင့်လုပ်သော	se' ku htu hnin. lou' te.
polyéthylène (m)	ပေါလီသင်း	po li thin:
cellophane (f)	မှန်ကြည်စက္ကူ	hman gji se' ku

linoléum (m)	ကျမ်းခင်း၊ ဖယောင်းပုဆိုး	kjan: khin: hpa jaun: pou hsou:
contreplaqué (m)	အထပ်သား	a hta' tha:

porcelaine (f)	ကြွေ	kjwei
de porcelaine (adj)	ကြွေနှင့်လုပ်သော	kjwei hnin. lou' te
argile (f)	မြေစေး	mjei zei:
de terre cuite (adj)	မြေထည်	mjei de
céramique (f)	ကြွေထည်မြေထည်	kjwei de mjei de
en céramique (adj)	ကြွေထည်မြေထည်နှင့်လုပ်သော	kjwei de mjei de hnin. lou' te.

25. Les métaux

métal (m)	သတ္တု	tha' tu.
métallique (adj)	သတ္တုနှင့်လုပ်သော	tha' tu. hnin. lou' te.
alliage (m)	သတ္တုစပ်	tha' tu. za'

or (m)	ရွှေ	shwei
en or (adj)	ရွှေနှင့်လုပ်သော	shwei hnin. lou' te
argent (m)	ငွေ	ngwei
en argent (adj)	ငွေနှင့်လုပ်သော	ngwei hnin. lou' de.

fer (m)	သံ	than
en fer (adj)	သံနှင့်လုပ်သော	than hnin. lou' te.
acier (m)	သံမကို	than mani.
en acier (adj)	သံမကိုနှင့်လုပ်သော	than mani. hnin. lou' te.
cuivre (m)	ကြေးနီ	kjei: ni
en cuivre (adj)	ကြေးနီနှင့်လုပ်သော	kjei: ni hnin. lou. de.

aluminium (m)	အလူမီနီယံ	alu mi ni jan
en aluminium (adj)	အလူမီနီယံနှင့်လုပ်သော	alu mi ni jan hnin. lou' te.
bronze (m)	ကြေးညို	kjei: njou
en bronze (adj)	ကြေးညိုနှင့်လုပ်သော	kjei: njou hnin. lou' de.

laiton (m)	ကြေးဝါ	kjei: wa
nickel (m)	နီကယ်	ni ke
platine (f)	ရွှေဖြူ	shwei bju
mercure (m)	ပြဒါး	bada:
étain (m)	သံဖြူ	than bju
plomb (m)	ခဲ	khe:
zinc (m)	သွပ်	thu'

L'HOMME

L'homme. Le corps humain

26. L'homme. Notions fondamentales

être (m) humain	လူ	lu
homme (m)	အမျိုးသား	amjou: dha:
femme (f)	အမျိုးသမီး	amjou: dhami:
enfant (m, f)	ကလေး	kalei:
fille (f)	ကောင်မလေး	kaun ma. lei:
garçon (m)	ကောင်လေး	kaun lei:
adolescent (m)	ဆယ်ကျော်သက်	hse gjo dhe'
vieillard (m)	လူကြီး	lu gji:
vieille femme (f)	အမျိုးသမီးကြီး	amjou: dhami: gji:

27. L'anatomie humaine

organisme (m)	ဇီဝရုပ်	zi wa ju'
cœur (m)	နှလုံး	hnaloun:
sang (m)	သွေး	thwei:
artère (f)	သွေးလွတ်ကြော	thwei hlwa' kjo:
veine (f)	သွေးပြန်ကြော	thwei: bjan gjo:
cerveau (m)	ဦးနှောက်	oun: hnau'
nerf (m)	အာရုံကြော	a joun gjo:
nerfs (m pl)	အာရုံကြောများ	a joun gjo: mja:
vertèbre (f)	ကျောရိုးအဆစ်	kjo: jou: ahsi'
colonne (f) vertébrale	ကျောရိုး	kjo: jou:
estomac (m)	အစာအိမ်	asa: ein
intestins (m pl)	အူ	au
intestin (m)	အူ	au
foie (m)	အသည်း	athe:
rein (m)	ကျောက်ကပ်	kjau' ka'
os (m)	အရိုး	ajou:
squelette (f)	အရိုးစု	ajou: zu
côte (f)	နံရိုး	nan jou:
crâne (m)	ဦးခေါင်းခွံ	u: gaun: gwan
muscle (m)	ကြွက်သား	kjwe' tha:
biceps (m)	လက်ရှိုးကြွက်သား	le' jou: gjwe' tha:
triceps (m)	လက်မောင်းနောက်သား	le' maun: nau' tha:
tendon (m)	အရွတ်	ajwa'
articulation (f)	အဆစ်	ahsi'

poumons (m pl)	အဆုတ်	ahsou'
organes (m pl) génitaux	အင်္ဂါဇာတ်	in ga za'
peau (f)	အရေပြား	ajei bja:

28. La tête

tête (f)	ခေါင်း	gaun:
visage (m)	မျက်နှာ	mje' hna
nez (m)	နှာခေါင်း	hna gaun:
bouche (f)	ပါးစပ်	pa: zi'

œil (m)	မျက်စိ	mje' si.
les yeux	မျက်စိများ	mje' si. mja:
pupille (f)	သူငယ်အိမ်	thu nge ein
sourcil (m)	မျက်ခုံး	mje' khoun:
cil (m)	မျက်တောင်	mje' taun
paupière (f)	မျက်ခွံ	mje' khwan

langue (f)	လျှာ	sha
dent (f)	သွား	thwa:
lèvres (f pl)	နှုတ်ခမ်း	hna' khan:
pommettes (f pl)	ပါးရိုး	pa: jou:
gencive (f)	သွားဖုံး	thwahpoun:
palais (m)	အာခေါင်	a gaun

narines (f pl)	နှာခေါင်းပေါက်	hna gaun: bau'
menton (m)	မေးစေ့	mei: zei.
mâchoire (f)	မေးရိုး	mei: jou:
joue (f)	ပါး	pa:

front (m)	နဖူး	na. hpu:
tempe (f)	နားထင်	na: din
oreille (f)	နားရွက်	na: jwe'
nuque (f)	နောက်စေ့	nau' sei.
cou (m)	လည်ပင်း	le bin:
gorge (f)	လည်ချောင်း	le gjaun:

cheveux (m pl)	ဆံပင်	zabin
coiffure (f)	ဆံပင်ပုံစံ	zabin boun zan
coupe (f)	ဆံပင်ညှပ်သည့်ပုံစံ	zabin hnja' thi. boun zan
perruque (f)	ဆံပင်တု	zabin du.

moustache (f)	နှုတ်ခမ်းမွေး	hnou' khan: hmwei:
barbe (f)	မုတ်ဆိတ်မွေး	mou' hsei' hmwei:
porter (~ la barbe)	အရှည်ထားသည်	ashei hta: de
tresse (f)	ကျစ်ဆံၿမီး	kji' zan mji:
favoris (m pl)	ပါးသိုင်းမွေး	pa: dhain: hmwei:

roux (adj)	ဆံပင်အနီရောင်ရှိသော	zabin ani jaun shi. de
gris, grisonnant (adj)	အရောင်ဖျော့သော	ajaun bjo. de.
chauve (adj)	ထိပ်ပြောင်သော	htei' pjaun de.
calvitie (f)	ဆံပင်ကျွတ်နေသောနေရာ	zabin kju' nei dho nei ja
queue (f) de cheval	မြင်းၿမီးပုံစံဆံပင်	mjin: mji: boun zan zan bin
frange (f)	ဆံရစ်	hsaji'

35

29. Le corps humain

main (f)	လက်	le'
bras (m)	လက်မောင်း	le' maun:
doigt (m)	လက်ချောင်း	le' chaun:
orteil (m)	ခြေချောင်း	chei gjaun:
pouce (m)	လက်မ	le' ma
petit doigt (m)	လက်သန်း	le' than:
ongle (m)	လက်သည်းခွံ	le' the: dou' tan zin:
poing (m)	လက်သီး	le' thi:
paume (f)	လက်ဝါး	le' wa:
poignet (m)	လက်ကောက်ဝတ်	le' kau' wa'
avant-bras (m)	လက်ဖျံ	le' hpjan
coude (m)	တံတောင်ဆစ်	daduan zi'
épaule (f)	ပခုံး	pakhoun:
jambe (f)	ခြေထောက်	chei htau'
pied (m)	ခြေထောက်	chei htau'
genou (m)	ဒူး	du:
mollet (m)	ခြေသလုံးကြွက်သား	chei dha. loun: gjwe' dha:
hanche (f)	တင်ပါး	tin ba:
talon (m)	ခြေဖနောင့်	chei ba. naun.
corps (m)	ခန္ဓာကိုယ်	khan da kou
ventre (m)	ဗိုက်	bai'
poitrine (f)	ရင်ဘတ်	jin ba'
sein (m)	နို့	nou.
côté (m)	နံပါး	nan ba:
dos (m)	ကျော	kjo:
reins (région lombaire)	ခါးအောက်ပိုင်း	kha: au' pain:
taille (f) (~ de guêpe)	ခါး	kha:
nombril (m)	ချက်	che'
fesses (f pl)	တင်ပါး	tin ba:
derrière (m)	နောက်ပိုင်း	nau' pain:
grain (m) de beauté	မဲ့	hme.
tache (f) de vin	မွေးရာပါအမှတ်	mwei: ja ba ahma'
tatouage (m)	တက်တူး	te' tu:
cicatrice (f)	အမာရွတ်	ama ju'

Les vêtements & les accessoires

vêtement (m)	အဝတ်အစား	awu' aza:
survêtement (m)	အပေါ်ဝတ်အကျႍ	apo we' in: gji
vêtement (m) d'hiver	ဆောင်းတွင်းဝတ်အဝတ်အစား	hsaun: dwin: wu' awu' asa:
manteau (m)	ကုတ်အကျီရှည်	kou' akji shi
manteau (m) de fourrure	သားမွေးအနွေးထည်	tha: mwei: anwei: de
veste (f) de fourrure	အမွေးပွအပေါ်အကျႍ	ahmwei pwa po akji.
manteau (m) de duvet	ငှက်မွေးကုတ်အကျီ	hnge' hmwei: kou' akji.
veste (f) (~ en cuir)	အပေါ်အကျႍ	apo akji.
imperméable (m)	မိုးကာအကျႍ	mou: ga akji
imperméable (adj)	ရေလုံသော	jei loun de.

chemise (f)	ရှပ်အကျႍ	sha' in gji
pantalon (m)	ဘောင်းဘီ	baun: bi
jean (m)	ဂျင်းဘောင်းဘီ	gjin: bain: bi
veston (m)	အပေါ်အကျႍ	apo akji.
complet (m)	အနောက်တိုင်းဝတ်စုံ	anau' tain: wu' saun
robe (f)	ဂါဝန်	ga wun
jupe (f)	စကတ်	saka'
chemisette (f)	ဘလောက်စ်အကျႍ	ba. lau' s in: gji
veste (f) en laine	ကြယ်သီးပါသော အနွေးထည်	kje dhi: ba de. anwei: dhe
jaquette (f), blazer (m)	အပေါ်ဖုံးအကျႍ	apo hpoun akji.
tee-shirt (m)	တီရှပ်	ti shi'
short (m)	ဘောင်းဘီတို	baun: bi dou
costume (m) de sport	အားကစားဝတ်စုံ	a: gaza: wu' soun
peignoir (m) de bain	ရေချိုးခန်းဝတ်စုံ	jei gjou: gan: wu' soun
pyjama (m)	ညအိပ်ဝတ်စုံ	nja a' wu' soun
chandail (m)	ဆွယ်တာ	hswe da
pull-over (m)	ဆွယ်တာ	hswe da
gilet (m)	ဝစ်ကုတ်	wi' kou'
queue-de-pie (f)	တေးလဲကုတ်အကျႍ	tei: l kou' in: gji
smoking (m)	ညစာစားပွဲဝတ်စုံ	nja. za za: bwe: wu' soun
uniforme (m)	တူညီဝတ်စုံ	tu nji wa' soun
tenue (f) de travail	အလုပ်ဝင် ဝတ်စုံ	alou' win wu' zoun
salopette (f)	စက်ရုံဝတ်စုံ	se' joun wu' soun
blouse (f) (d'un médecin)	ဂျူတိကုတ်	gju di gou'

32. Les sous-vêtements

sous-vêtements (m pl)	အတွင်းခံ	atwin: gan
boxer (m)	ယောက်ျားဝတ်အတွင်းခံ	jau' kja: wu' atwin: gan
slip (m) de femme	မိန်းကလေးဝတ်အတွင်းခံ	mein: galei: wa' atwin: gan
maillot (m) de corps	စွပ်ကျယ်	su' kje
chaussettes (f pl)	ခြေအိတ်များ	chei ei' mja:
chemise (f) de nuit	ညအိပ်ဂါဝန်ရှည်	nja a' ga wun she
soutien-gorge (m)	ဘရာစီယာ	ba ra si ja
chaussettes (f pl) hautes	ခြေအိတ်ရှည်	chei ei' shi
collants (m pl)	အသားကပ်-ဘောင်းဘီရှည်	atha: ka' baun: bi shei
bas (m pl)	စတော့ကင်	sato. kin
maillot (m) de bain	ရေကူးဝတ်စုံ	jei ku: wa' zoun

33. Les chapeaux

chapeau (m)	ဦးထုပ်	u: htou'
chapeau (m) feutre	ဦးထုပ်ပျော့	u: htou' pjo.
casquette (f) de base-ball	ရှာဒိုးဦးထုပ်	sha dou: u: dou'
casquette (f)	လူကြီးဆောင်းဦးထုပ်ပြား	lu gji: zaun: u: dou' pja:
béret (m)	ဘယ်ရီဦးထုပ်	be ji u: htu'
capuche (f)	အကျီတွင်ပါသော ခေါင်းစွပ်	akji. twin pa dho: gaun: zu'
panama (m)	ဦးထုပ်အဝိုင်း	u: htou' awain:
bonnet (m) de laine	သိုးမွေးခေါင်းစွပ်	thou: mwei: gaun: zu'
foulard (m)	ခေါင်းစည်းပုဝါ	gaun: zi: bu. wa
chapeau (m) de femme	အမျိုးသမီးဆောင်းဦးထုပ်	amjou: dhami: zaun: u: htou'
casque (m) (d'ouvriers)	ဦးထုပ်အမာ	u: htou' ama
calot (m)	တပ်မတော်သုံးဦးထုပ်	ta' mado dhoun: u: dou'
casque (m) (~ de moto)	အမာစားဦးထုပ်	ama za: u: htou'
melon (m)	ဦးထုပ်လုံး	u: htou' loun:
haut-de-forme (m)	ဦးထုပ်မြင့်	u: htou' mjin.

34. Les chaussures

chaussures (f pl)	ဖိနပ်	hpana'
bottines (f pl)	ရှူးဖိနပ်	shu: hpi. na'
souliers (m pl) (~ plats)	မိန်းကလေးဇိးရှူးဖိနပ်	mein: galei: zi: shu: bi. na'
bottes (f pl)	လည်ရှည်ဖိနပ်	le she bi. na'
chaussons (m pl)	အိမ်တွင်းဖီးကွင်းထိုးဖိနပ်	ein dwin:
tennis (m pl)	အားကစားဖိနပ်	a: gaza: bana'
baskets (f pl)	ပတ္တူဖိနပ်	pa' tu bi. na'
sandales (f pl)	ကြိုးသိုင်းဖိနပ်	kjou: dhain: bi. na'
cordonnier (m)	ဖိနပ်ချုပ်သမား	hpana' chou' tha ma:
talon (m)	ဒေါက်	dau'

paire (f)	အစုံ	asoun.
lacet (m)	ဖိနပ်ကြိုး	hpana' kjou:
lacer (vt)	ဖိနပ်ကြိုးချည်သည်	hpana' kjou: gjin de
chausse-pied (m)	ဖိနပ်စီးရာသွင်သုံးသည့် ဖိနပ်ကော်	hpana' si: ja dhwin dhoun: dhin. hpana' ko
cirage (m)	ဖိနပ်တိုက်ဆေး	hpana' tou' hsei:

35. Le textile. Les tissus

coton (m)	ဝါချည်	wa gji
de coton (adj)	ဝါချည်မှ	wa gji hma.
lin (m)	ချည်ကြမ်း	che kjan:
de lin (adj)	ချည်ကြမ်းမှ	che kjan: hma.
soie (f)	ပိုးချည်	pou: gje
de soie (adj)	ပိုးသားဖြင့်ပြုလုပ်ထားသော	pou: dha: bjin. bju. lou' hta: de.
laine (f)	သိုးမွေးချည်	thou: mwei: gji
en laine (adj)	သိုးမွေးဖြင့်ပြုလုပ်ထားသော	thou: mwei: bjin. bju lou' hta: de.
velours (m)	ကတ္တီပါ	gadi ba
chamois (m)	မျက်နှာပြင်ကြမ်းသောသားရေ	mje' hna bin gjain: dho dha: jei
velours (m) côtelé	ချည်ကတ္တီပါ	che gadi ba
nylon (m)	နိုင်လွန်	nain lun
en nylon (adj)	နိုင်လွန်မှ	nain lun hma
polyester (m)	ပေါ်လီအက်စတာ	po li e' sa. ta
en polyester (adj)	ပေါ်လီအက်စတာ	po li e' sa. ta
cuir (m)	သားရေ	tha: ei
en cuir (adj)	သားရေမှ	tha: jei hma.
fourrure (f)	သားမွေး	tha: mwei:
en fourrure (adj)	သားမွေးဖြင့်ပြုလုပ်ထားသော	tha: mwei: bjin. bju. lou' hta: de.

36. Les accessoires personnels

gants (m pl)	လက်အိတ်	lei' ei'
moufles (f pl)	နှစ်ကန့်လက်အိတ်	hni' kan. le' ei'
écharpe (f)	မာဖလာ	ma ba. la
lunettes (f pl)	မျက်မှန်	mje' hman
monture (f)	မျက်မှန်ကိုင်း	mje' hman gain:
parapluie (m)	ထီး	hti:
canne (f)	တုတ်ကောက်	tou' kau'
brosse (f) à cheveux	ခေါင်းဘီး	gaun: bi:
éventail (m)	ပန်ကန်	pan gan
cravate (f)	လည်စည်း	le zi:
nœud papillon (m)	ဖဲပြားပုံလည်စည်း	hpe: bja: boun le zi:
bretelles (f pl)	ဘောင်းဘီသိုင်းကြိုး	baun: bi dhain: gjou:

mouchoir (m)	လက်ကိုင်ပုဝါ	le' kain bu. wa

peigne (m)	ဘီး	bi:
barrette (f)	ဆံညှပ်	hsan hnja'
épingle (f) à cheveux	ကလစ်	kali'
boucle (f)	ခါးပတ်ခေါင်း	kha: ba' khaun:

| ceinture (f) | ခါးပတ် | kha: ba' |
| bandoulière (f) | ပုခုံးသိုင်းကြိုး | pu. goun: dhain: gjou: |

sac (m)	လက်ကိုင်အိတ်	le' kain ei'
sac (m) à main	မိန်းကလေးပုခုံးလွယ်အိတ်	mein: galei: bou goun: lwe ei'
sac (m) à dos	ကျောပိုးအိတ်	kjo: bou: ei'

37. Les vêtements. Divers

mode (f)	ဖက်ရှင်	hpe' shin
à la mode (adj)	ခေတ်မီသော	khi' mi de.
couturier, créateur de mode	ဖက်ရှင်ဒီဇိုင်နာ	hpe' shin di zain na

col (m)	အကွဲကော်လာ	akji. ko la
poche (f)	အိတ်ကပ်	ei' ka'
de poche (adj)	အိတ်ဆောင်	ei' hsaun
manche (f)	အကွဲလက်	akji. le'
bride (f)	အကွဲရှိုက်ကွင်း	akji. gjei' kwin:
braguette (f)	ဘောင်းဘီလျှာဆက်	baun: bi ja ze'

fermeture (f) à glissière	ဇစ်	zi'
agrafe (f)	ချိတ်စရာ	che' zaja
bouton (m)	ကြယ်သီး	kje dhi:
boutonnière (f)	ကြယ်သီးပေါက်	kje dhi: bau'
s'arracher (bouton)	ပြုတ်ထွက်သည်	pjou' htwe' te

coudre (vi, vt)	စက်ချုပ်သည်	se' khjou' te
broder (vt)	ပန်းထိုးသည်	pan: dou: de
broderie (f)	ပန်းထိုးခြင်း	pan: dou: gjin:
aiguille (f)	အပ်	a'
fil (m)	အပ်ချည်	a' chi
couture (f)	ချုပ်ရိုး	chou' jou:

se salir (vp)	ညစ်ပေသွားသည်	nji' pei dhwa: de
tache (f)	အစွန်းအထင်း	aswan: ahtin:
se froisser (vp)	တွန့်ကြေစေသည်	tun. gjei zei de
déchirer (vt)	ပေါက်ပြဲသွားသည်	pau' pje: dhwa: de
mite (f)	အဝတ်ပိုးဖလံ	awu' pou: hpa. lan

38. L'hygiène corporelle. Les cosmétiques

dentifrice (m)	သွားတိုက်ဆေး	thwa: tai' hsei:
brosse (f) à dents	သွားတိုက်တံ	thwa: tai' tan
se brosser les dents	သွားတိုက်သည်	thwa: tai' te

rasoir (m)	သင်တုန်းဓား	thin toun: da:
crème (f) à raser	မုတ်ဆိတ်ရိတ် ဆပ်ပြာ	mou' zei' jei' hsa' pja
se raser (vp)	ရိတ်သည်	jei' te
savon (m)	ဆပ်ပြာ	hsa' pja
shampooing (m)	ခေါင်းလျှော်ရည်	gaun: sho je
ciseaux (m pl)	ကတ်ကြေး	ka' kjei:
lime (f) à ongles	လက်သည်းတိုက်တံစဉ်း	le' the:
pinces (f pl) à ongles	လက်သည်းညှပ်	le' the: hnja'
pince (f) à épiler	ဇာဂနာ	za ga. na
produits (m pl) de beauté	အလှကုန်ပစ္စည်း	ahla. koun pji' si:
masque (m) de beauté	မျက်နှာပေါင်းတင်ခြင်း	mje' hna baun: din gjin:
manucure (f)	လက်သည်းအလှပြင်ခြင်း	le' the: ahla bjin gjin
se faire les ongles	လက်သည်းအလှပြင်သည်	le' the: ahla bjin de
pédicurie (f)	ခြေသည်းအလှပြင်သည်	chei dhi: ahla. pjin de
trousse (f) de toilette	မိတ်ကပ်အိတ်	mi' ka' ei'
poudre (f)	ပေါင်ဒါ	paun da
poudrier (m)	ပေါင်ဒါဘူး	paun da bu:
fard (m) à joues	ပါးနီ	pa: ni
parfum (m)	ရေမွှေး	jei mwei:
eau (f) de toilette	ရေမွှေး	jei mwei:
lotion (f)	လိုးရှင်း	lou shin:
eau de Cologne (f)	အော်ဒီကလုန်းရေမွှေး	o di ka lun: jei mwei:
fard (m) à paupières	မျက်ခွံဆိုးဆေး	mje' khwan zou: zei:
crayon (m) à paupières	အိုင်းလိုင်နာတောင့်	ain: lain: na daun.
mascara (m)	မျက်တောင်ခြယ်ဆေး	mje' taun gje zei:
rouge (m) à lèvres	နှုတ်ခမ်းနီ	hna' khan: ni
vernis (m) à ongles	လက်သည်းဆိုးဆေး	le' the: azou: zei:
laque (f) pour les cheveux	ဆံပင်သုံး စပရေး	zabin dhoun za. ba. jei:
déodorant (m)	ချွေးနံ့ပျောက်ဆေး	chwei: nan. bjau' hsei:
crème (f)	ခရင်မ်	khajin m
crème (f) pour le visage	မျက်နှာခရင်မ်	mje' hna ga. jin m
crème (f) pour les mains	ဟန်ခရင်မ်	han kha. rin m
crème (f) anti-rides	အသားခြောက်ကာကွယ်ဆေး	atha: gjau' ka gwe zei:
crème (f) de jour	နေ့လိမ်းခရင်မ်	nei. lein: ga jin'm
crème (f) de nuit	ညလိမ်းခရင်မ်	nja lein: khajinm
de jour (adj)	နေ့လယ်ဘက်သုံးသော	nei. le be' thoun: de.
de nuit (adj)	ညဘက်သုံးသော	nja. be' thoun: de.
tampon (m)	အတောင့်	ataun.
papier (m) de toilette	အိမ်သာသုံးစက္ကူ	ein dha dhoun: se' ku
sèche-cheveux (m)	ဆံပင်အခြောက်ခံစက်	zabin achou' hsan za'

39. Les bijoux. La bijouterie

bijoux (m pl)	လက်ဝတ်ရတနာ	le' wa' ja. da. na
précieux (adj)	အဖိုးတန်	ahpou: dan
poinçon (m)	ရွှေကဲငွေကဲမှတ်	shwei ge: ngwei ge: hma'

bague (f)	လက်စွပ်	le' swa'
alliance (f)	လက်ထပ်လက်စွပ်	le' hta' le' swa'
bracelet (m)	လက်ကောက်	le' kau'
boucles (f pl) d'oreille	နားကပ်	na: ka'
collier (m) (de perles)	လည်ဆွဲ	le zwe:
couronne (f)	သရဖူ	tharahpu:
collier (m) (en verre, etc.)	လည်ဆွဲပုတီး	le zwe: bu. di:

diamant (m)	စိန်	sein
émeraude (f)	မြ	mja.
rubis (m)	ပတ္တမြား	pa' ta. mja:
saphir (m)	နီလာ	ni la
perle (f)	ပုလဲ	pale:
ambre (m)	ပယင်း	pajin:

40. Les montres. Les horloges

montre (f)	နာရီ	na ji
cadran (m)	နာရီဒိုက်ခွက်	na ji dai' hpwe'
aiguille (f)	နာရီလက်တံ	na ji le' tan
bracelet (m)	နာရီကြိုး	na ji gjou:
bracelet (m) (en cuir)	နာရီကြိုး	na ji gjou:

pile (f)	ဓာတ်ခဲ	da' khe:
être déchargé	အားကုန်သည်	a: kun de
changer de pile	ဘတ်ထရီလဲသည်	ba' hta ji le: de
avancer (vi)	မြန်သည်	mjan de
retarder (vi)	နောက်ကျသည်	nau' kja. de

pendule (f)	တိုင်ကပ်နာရီ	tain ka' na ji
sablier (m)	သဲနာရီ	the: naji
cadran (m) solaire	နေနာရီ	nei na ji
réveil (m)	နှိုးစက်	hnou: ze'
horloger (m)	နာရီပြင်ဆရာ	ma ji bjin zaja
réparer (vt)	ပြင်သည်	pjin de

42

Les aliments. L'alimentation

41. Les aliments

viande (f)	အသား	atha:
poulet (m)	ကြက်သား	kje' tha:
poulet (m) (poussin)	ကြက်ကလေး	kje' ka. lei:
canard (m)	ဘဲသား	be: dha:
oie (f)	ဘဲငန်းသား	be: ngan: dha:
gibier (m)	တောကောင်သား	to: gaun dha:
dinde (f)	ကြက်ဆင်သား	kje' hsin dha:
du porc	ဝက်သား	we' tha:
du veau	နွားကလေးသား	nwa: ga. lei: dha:
du mouton	သိုးသား	thou: tha:
du bœuf	အမဲသား	ame: dha:
lapin (m)	ယုန်သား	joun dha:
saucisson (m)	ဝက်အူချောင်း	we' u gjaun:
saucisse (f)	အသားချောင်း	atha: gjaun:
bacon (m)	ဝက်ဆားနယ်ခြောက်	we' has: ne gjau'
jambon (m)	ဝက်ပေါင်ခြောက်	we' paun gjau'
cuisse (f)	ဝက်ပေါင်ကြက်တိုက်	we' paun gje' tai'
pâté (m)	အနှစ်အခဲပျော	ahni' akhe pjo.
foie (m)	အသည်း	athe:
farce (f)	ကြိတ်သား	kjei' tha:
langue (f)	လျှာ	sha
œuf (m)	ဥ	u.
les œufs	ဥများ	u. mja:
blanc (m) d'œuf	အကာ	aka
jaune (m) d'œuf	အနှစ်	ahni'
poisson (m)	ငါး	nga:
fruits (m pl) de mer	ပင်လယ်အစားအစာ	pin le asa: asa
crustacés (m pl)	အခွံမာရေနေသတ္တဝါ	akhun ma jei nei dha' ta. wa
caviar (m)	ငါးဥ	nga: u.
crabe (m)	ကကန်း	kanan:
crevette (f)	ပုစွန်	bazun
huître (f)	ကမာကောင်	kama kaun
langoustine (f)	ကျောက်ပုစွန်	kjau' pu. zun
poulpe (m)	ရေဘဝဲသား	jei ba. we: dha:
calamar (m)	ပြည်ကြီးငါး	pjei gji: nga:
esturgeon (m)	စတာဂျင်ငါး	sata gjin nga:
saumon (m)	ဆော်လမွန်ငါး	hso: la. mun nga:
flétan (m)	ပင်လယ်ငါးကြီးသား	pin le nga: gji: dha:
morue (f)	ငါးကြီးဆီထုတ်သောငါး	nga: gji: zi dou' de. nga:

maquereau (m)	မက်ကရယ်လ်ငါး	me' ka. je nga:
thon (m)	တူနာငါး	tu na nga:
anguille (f)	ငါးရှဉ့်	nga: shin.

truite (f)	ထရောက်ငါး	hta. jau' nga:
sardine (f)	ငါးသေတ္တာငါး	nga: dhei ta' nga:
brochet (m)	ပိုက်ငါး	pai' nga
hareng (m)	ငါးသလောက်	nga: dha. lau'

pain (m)	ပေါင်မုန့်	paun moun.
fromage (m)	ဒိန်ခဲ	dain ge:
sucre (m)	သကြား	dhagja:
sel (m)	ဆား	hsa:

riz (m)	ဆန်စပါး	hsan zaba
pâtes (m pl)	အီတလီခေါက်ဆွဲ	ita. li khau' hswe:
nouilles (f pl)	ခေါက်ဆွဲ	gau' hswe:

beurre (m)	ထောပတ်	hto: ba'
huile (f) végétale	ဆီ	hsi
huile (f) de tournesol	နေကြာပန်းဆီ	nei gja ban: zi
margarine (f)	ဟင်းရှုက်အဆီခဲ	hin: jwe' ahsi khe:

olives (f pl)	သံလွင်သီး	than lun dhi:
huile (f) d'olive	သံလွင်ဆီ	than lun zi

lait (m)	နွားနို့	nwa: nou.
lait (m) condensé	နို့ဆီ	ni. zi
yogourt (m)	ဒိန်ချဉ်	dain gjin
crème (f) aigre	နို့ချဉ်	nou. gjin
crème (f) (de lait)	မလိုင်	ma. lain

sauce (f) mayonnaise	ခပ်ပျစ်ပျစ်စားမြိန်ရည်	kha' pji' pji' sa: mjein jei
crème (f) au beurre	ထောပတ်မလိုင်	hto: ba' ma. lein

gruau (m)	နှံစားစေ့	nhnan za: zei.
farine (f)	ဂျုံမှုန့်	gjoun hmoun.
conserves (f pl)	စည်သွပ်ဘူးများ	si dhwa' bu: mja:

pétales (m pl) de maïs	ပြောင်းဖူးမှုန့်.ဆန်း	pjaun: bu: moun. zan:
miel (m)	ပျားရည်	pja: je
confiture (f)	ယို	jou
gomme (f) à mâcher	ပီကေ	pi gei

42. Les boissons

eau (f)	ရေ	jei
eau (f) potable	သောက်ရေ	thau' jei
eau (f) minérale	ဓာတ်ဆားရည်	da' hsa: ji

plate (adj)	ဂတ်စ်မပါသော	ga' s ma. ba de.
gazeuse (l'eau ~)	ဂတ်စ်ပါသော	ga' s ba de.
pétillante (adj)	ပွက်ကလင်	saba ga. lin
glace (f)	ရေခဲ	jei ge:

avec de la glace	ရေခဲနှင့်	jei ge: hnin.
sans alcool	အယ်ကိုဟောမပါသော	e kou ho: ma. ba de.
boisson (f) non alcoolisée	အယ်ကိုဟောမပှတ်သော ဖောက်စရာ	e kou ho: ma. hou' te. dhau' sa. ja
rafraîchissement (m)	အအေး	aei:
limonade (f)	လီမွန်ဖျော်ရည်	li mun hpjo ji
boissons (f pl) alcoolisées	အယ်ကိုဟောပါဝင်သော ဖောက်စရာ	e kou ho: ba win de. dhau' sa. ja
vin (m)	ဝိုင်	wain
vin (m) blanc	ဝိုင်ဖြူ	wain gju
vin (m) rouge	ဝိုင်နီ	wain ni
liqueur (f)	အရက်ရှိပြင်း	aje' gjou pjin
champagne (m)	ရှန်ပိန်	shan pein
vermouth (m)	ရန်သင်းသောဆေးစိမ်ဝိုင်	jan dhin: dho: zei: zein wain
whisky (m)	ဝိစကီ	wi sa. gi
vodka (f)	ဗော့ကာ	bo ga
gin (m)	ဂျင်	gjin
cognac (m)	ကော့ညက်	ko. nja'
rhum (m)	ရမ်	ran
café (m)	ကော်ဖီ	ko hpi
café (m) noir	ဘလက်ကော်ဖီ	ba. le' ko: phi
café (m) au lait	ကော်ဖီနို့ရော	ko hpi ni. jo:
cappuccino (m)	ကပူချီနို	ka. pu chi ni.
café (m) soluble	ကော်ဖီမှုန့်	ko hpi mi'
lait (m)	နွားနို့	nwa: nou.
cocktail (m)	ကော့တေး	ko. dei:
cocktail (m) au lait	မစ်ရှိတ်	mi' shei'
jus (m)	အချိုရည်	achou ji
jus (m) de tomate	ခရမ်းချဉ်သီးအချိုရည်	khajan: chan dhi: achou jei
jus (m) d'orange	လိမ္မော်ရည်	limmo ji
jus (m) pressé	အသီးဖျော်ရည်	athi: hpjo je
bière (f)	ဘီယာ	bi ja
bière (f) blonde	အရောင်ဖျော့သောဘီယာ	ajaun bjau. de. bi ja
bière (f) brune	အရောင်ရင့်သောဘီယာ	ajaun jin. de. bi ja
thé (m)	လက်ဖက်ရည်	le' hpe' ji
thé (m) noir	လက်ဖက်နက်	le' hpe' ne'
thé (m) vert	လက်ဖက်စိမ်း	le' hpe' sein:

43. Les légumes

légumes (m pl)	ဟင်းသီးဟင်းရွက်	hin: dhi: hin: jwe'
verdure (f)	ဟင်းခတ်အမွှေးရွက်	hin: ga' ahmwei: jwe'
tomate (f)	ခရမ်းချဉ်သီး	khajan: chan dhi:
concombre (m)	သခွားသီး	thakhwa: dhi:
carotte (f)	မုန်လာဥနီ	moun la u. ni

45

pomme (f) de terre	အာလူး	a lu:
oignon (m)	ကြက်သွန်နီ	kje' thwan ni
ail (m)	ကြက်သွန်ဖြူ	kje' thwan bju

chou (m)	ဂေါ်ဖီ	go bi
chou-fleur (m)	ပန်းဂေါ်ဖီ	pan: gozi
chou (m) de Bruxelles	ဂေါ်ဖီထုပ်အသေးစား	go bi dou' athei: za:
brocoli (m)	ပန်းဂေါ်ဖီအစိမ်း	pan: gozi asein:

betterave (f)	မုန်လာဥနီလုံး	moun la u. ni loun:
aubergine (f)	ခရမ်းသီး	khajan: dhi:
courgette (f)	ဘူးသီး	bu: dhi:
potiron (m)	ဖရုံသီး	hpa joun dhi:
navet (m)	တရုတ်မုန်လာဥ	tajou' moun la u.

persil (m)	တရုတ်နံနံပင်	tajou' nan nan bin
fenouil (m)	စမြိတ်ပင်	samjei' pin
laitue (f) (salade)	ဆလပ်ရွက်	hsa. la' jwe'
céleri (m)	တရုတ်နံနံကြီး	tajou' nan nan gji:
asperge (f)	ကညွတ်မာပင်	ka. nju' ma bin
épinard (m)	ဒေါက်ခွ	dau' khwa.

pois (m)	ပဲစေ့	pe: zei.
fèves (f pl)	ပဲအမျိုးမျိုး	pe: amjou: mjou:
maïs (m)	ပြောင်းဖူး	pjaun: bu:
haricot (m)	ပိုလ်စားပဲ	bou za: be:

poivron (m)	ငရုတ်သီး	nga jou' thi:
radis (m)	မုန်လာဥသေး	moun la u. dhei:
artichaut (m)	အာတီရှော့	a ti cho.

44. Les fruits. Les noix

fruit (m)	အသီး	athi:
pomme (f)	ပန်းသီး	pan: dhi:
poire (f)	သစ်တော်သီး	thi' to dhi:
citron (m)	သံပုလိုသီး	than bu. jou dhi:
orange (f)	လိမ္မော်သီး	limmo dhi:
fraise (f)	စတော်ဘယ်ရီသီး	sato be ri dhi:

mandarine (f)	ပျားလိမ္မော်သီး	pja: lein mo dhi:
prune (f)	သီးသီး	hsi: dhi:
pêche (f)	မက်မွန်သီး	me' mwan dhi:
abricot (m)	တရုတ်ဆီးသီး	jau' hsi: dhi:
framboise (f)	ရာစပဘယ်ရီ	re' sa be ji
ananas (m)	နာနတ်သီး	na na' dhi:

banane (f)	ငှက်ပျောသီး	hnge' pjo: dhi:
pastèque (f)	ဖရဲသီး	hpa. je: dhi:
raisin (m)	စပျစ်သီး	zabji' thi:
merise (f), cerise (f)	ချယ်ရီသီး	che ji dhi:
cerise (f)	ချယ်ရီချစ်သီး	che ji gjin dhi:
merise (f)	ချယ်ရီချိုသီး	che ji gjou dhi:
melon (m)	သခွားမွေးသီး	thakhwa: hmwei: dhi:

pamplemousse (m)	ဂရိတ်ဖရုသီး	ga. ri' hpa. ju dhi:
avocat (m)	ထောပတ်သီး	hto: ba' thi:
papaye (f)	သင်္ဘောသီး	thin: bo: dhi:
mangue (f)	သရက်သီး	thaje' thi:
grenade (f)	တလည်းသီး	tale: dhi:
groseille (f) rouge	အနီရောင်ဘယ်ရီသီး	ani jaun be ji dhi:
cassis (m)	ဘလက်ကားရန့်	ba. le' ka: jan.
groseille (f) verte	ကလားဆီးဖြူ	ka. la: his: hpju
myrtille (f)	ဘီဘယ်ရီအသီး	bi: be ji athi:
mûre (f)	ရှမ်းဆီးသီး	shan: zi: di:
raisin (m) sec	စပျစ်သီးခြောက်	zabji' thi: gjau'
figue (f)	သဖန်းသီး	thahpjan: dhi:
datte (f)	စွန်ပလွံသီး	sun palun dhi:
cacahuète (f)	မြေပဲ	mjei be:
amande (f)	ဗာဒံသီး	ba dan di:
noix (f)	သစ်ကြားသီး	thi' kja: dhi:
noisette (f)	ဟေဇယ်သီး	ho: ze dhi:
noix (f) de coco	အုန်းသီး	aun: dhi:
pistaches (f pl)	ခွံမာသီး	khwan ma dhi:

45. Le pain. Les confiseries

confiserie (f)	မုန့်ချို	moun. gjou
pain (m)	ပေါင်မုန့်	paun moun.
biscuit (m)	ဘီစကစ်	bi za. ki'
chocolat (m)	ချောကလက်	cho: ka. le'
en chocolat (adj)	ချောကလက်အရသာရှိသော	cho: ka. le' aja. dha shi. de.
bonbon (m)	သကြားလုံး	dhagja: loun:
gâteau (m), pâtisserie (f)	ကိတ်	kei'
tarte (f)	ကိတ်မုန့်	kei' moun.
gâteau (m)	ပိုင်မုန့်	pain hmoun.
garniture (f)	သွပ်ထားသောအစာ	thu' hta: dho: asa
confiture (f)	ယို	jou
marmelade (f)	အထူးပြုလုပ်ထားသော ယို	a htu: bju. lou' hta: de. jou
gaufre (f)	ဝေဖာ	wei hpa
glace (f)	ရေခဲမုန့်	jei ge: moun.
pudding (m)	ပူတင်း	pu tin:

46. Les plats cuisinés

plat (m)	ဟင်းပွဲ	hin: bwe:
cuisine (f)	အစားအသောက်	asa: athau'
recette (f)	ဟင်းချက်နည်း	hin: gji' ne:
portion (f)	တစ်ယောက်စာဟင်းပွဲ	ti' jau' sa hin: bwe:
salade (f)	အသုပ်	athou'
soupe (f)	စွပ်ပြုတ်	su' pjou'

bouillon (m)	ဟင်းရည်	hin: ji
sandwich (m)	အသားညှပ်ပေါင်မုန့်	atha: hnja' paun moun.
les œufs brouillés	ကြက်ဥကြော်	kje' u. kjo

| hamburger (m) | ဟန်ဘာဂါ | han ba ga |
| steak (m) | အမဲသားတုံး | ame: dha: doun: |

garniture (f)	အရံဟင်း	ajan hin:
spaghettis (m pl)	အီတလီခေါက်ဆွဲ	ita. li khau' hswe:
purée (f)	အာလူးနွားနို့ဖျော်	a luu: nwa: nou. bjo
pizza (f)	ပီဇာ	pi za
bouillie (f)	အုတ်ဂျုံယာဂု	ou' gjoun ja gu.
omelette (f)	ကြက်ဥခေါက်ကြော်	kje' u. khau' kjo

cuit à l'eau (adj)	ပြုတ်ထားသော	pjou' hta: de.
fumé (adj)	ကွပ်တင်ထားသော	kja' tin da: de.
frit (adj)	ကြော်ထားသော	kjo da de.
sec (adj)	ခြောက်နေသော	chau' nei de.
congelé (adj)	အေးခဲနေသော	ei: khe: nei de.
mariné (adj)	ဆားရည်စိမ်ထားသော	hsa:

sucré (adj)	ချိုသော	chou de.
salé (adj)	ငန်သော	ngan de.
froid (adj)	အေးသော	ei: de.
chaud (adj)	ပူသော	pu dho:
amer (adj)	ခါးသော	kha: de.
bon (savoureux)	အရသာရှိသော	aja. dha shi. de.

cuire à l'eau	ပြုတ်သည်	pjou' te
préparer (le dîner)	ချက်သည်	che' de
faire frire	ကြော်သည်	kjo de
réchauffer (vt)	အပူပေးသည်	apu bei: de

saler (vt)	ဆားထည့်သည်	hsa: hte. de
poivrer (vt)	အစပ်ထည့်သည်	asin hte. dhe
râper (vt)	ခြစ်သည်	chi' te
peau (f)	အခွံ	akhun
éplucher (vt)	အခွံနွာသည်	akhun hnwa de

47. Les épices

sel (m)	ဆား	hsa:
salé (adj)	ငန်သော	ngan de.
saler (vt)	ဆားထည့်သည်	hsa: hte. de

poivre (m) noir	ငရုတ်ကောင်း	nga jou' kaun:
poivre (m) rouge	ငရုတ်သီး	nga jou' thi:
moutarde (f)	မုန်ညှင်း	moun njin:
raifort (m)	သခင်္ဘောဒန့်သလွန်	thin: bo: dan. dha lun

condiment (m)	ဟင်းခတ်အမှုန့်အမျိုးမျိုး	hin: ga' ahnun. amjou: mjou:
épice (f)	ဟင်းခတ်အမွှေးအကြိုင်	hin: ga' ahmwei: akjain
sauce (f)	ဆော့	hso.
vinaigre (m)	ရှာလကာရည်	sha la. ga je

anis (m)	စမုန်စပါးပင်	samoun zaba: bin
basilic (m)	ပင်စိမ်း	pin zein:
clou (m) de girofle	လေးညှင်း	lei: hnjin:
gingembre (m)	ဂျင်း	gjin:
coriandre (m)	နံနံပင်	nan nan bin
cannelle (f)	သစ်ကြံပိုးခေါက်	thi' kjan bou: gau'

sésame (m)	နှမ်း	hnan:
feuille (f) de laurier	ကရဝေးရွက်	ka ja wei: jwe'
paprika (m)	ပန်းငရုတ်မှုန့်	pan: nga. jou' hnoun.
cumin (m)	ကရဝေး	ka. ja. wei:
safran (m)	ကုံကုမံ	koun kou man

48. Les repas

nourriture (f)	အစားအစာ	asa: asa
manger (vi, vt)	စားသည်	sa: de

petit déjeuner (m)	နံနက်စာ	nan ne' za
prendre le petit déjeuner	နံနက်စာစားသည်	nan ne' za za: de
déjeuner (m)	နေ့လယ်စာ	nei. le za
déjeuner (vi)	နေ့လယ်စာစားသည်	nei. le za za de
dîner (m)	ညစာ	nja. za
dîner (vi)	ညစာစားသည်	nja. za za: de

appétit (m)	စားချင်စိတ်	sa: gjin zei'
Bon appétit!	စားကောင်းပါစေ	sa: gaun: ba zei

ouvrir (vt)	ဖွင့်သည်	hpwin. de
renverser (liquide)	ဖိတ်ကျသည်	hpi' kja de
se renverser (liquide)	မှောက်သည်	hmau' de
bouillir (vi)	ဆူပွက်သည်	hsu. bwe' te
faire bouillir	ဆူပွက်သည်	hsu. bwe' te
bouilli (l'eau ~e)	ဆူပွက်ထားသော	hsu. bwe' hta: de.
refroidir (vt)	အအေးခံသည်	aei: gan de
se refroidir (vp)	အေးသွားသည်	ei: dhwa: de

goût (m)	အရသာ	aja. dha
arrière-goût (m)	ပအာ်ရှင်း	pa. achin:

suivre un régime	ဝိတ်ချသည်	wei' cha. de
régime (m)	ဓာတ်စာ	da' sa
vitamine (f)	ဗီတာမင်	bi ta min
calorie (f)	ကယ်လိုရီ	ke lou ji
végétarien (m)	သက်သက်လွတ်စားသူ	the' the' lu' za: dhu
végétarien (adj)	သက်သက်လွတ်စားသော	the' the' lu' za: de.

lipides (m pl)	အဆီ	ahsi
protéines (f pl)	အသားဓာတ်	atha: da'
glucides (m pl)	ကစီဓာတ်	ka. zi da'

tranche (f)	အချပ်	acha'
morceau (m)	အတုံး	atoun:
miette (f)	အစအန	asa an

49. Le dressage de la table

cuillère (f)	ဇွန်း	zun:
couteau (m)	ဓား	da:
fourchette (f)	ခက်ရင်း	khajin:

tasse (f)	ခွက်	khwe'
assiette (f)	ပန်းကန်ပြား	bagan: bja:
soucoupe (f)	အောက်ခံပန်းကန်ပြား	au' khan ban: kan pja:
serviette (f)	လက်သုတ်ပုဝါ	le' thou' pu. wa
cure-dent (m)	သွားကြားထိုးတံ	thwa: kja: dou: dan

50. Le restaurant

restaurant (m)	စားသောက်ဆိုင်	sa: thau' hsain
salon (m) de café	ကော်ဖီဆိုင်	ko hpi zain
bar (m)	ဘား	ba:
salon (m) de thé	လက်ဖက်ရည်ဆိုင်	le' hpe' ji zain

serveur (m)	စားပွဲထိုး	sa: bwe: dou:
serveuse (f)	စားပွဲထိုးမိန်းကလေး	sa: bwe: dou: mein: ga. lei:
barman (m)	အရက်ဘားဝန်ထမ်း	aje' ba: wun dan:

carte (f)	စားသောက်ဖွယ်စာရင်း	sa: thau' hpwe za jin:
carte (f) des vins	ဝိုင်စာရင်း	wain za jin:
réserver une table	စားပွဲကြိုတင်မှာယူသည်	sa: bwe: gjou din hma ju de

plat (m)	ဟင်းပွဲ	hin: bwe:
commander (vt)	မှာသည်	hma de
faire la commande	မှာသည်	hma de

apéritif (m)	နှုတ်မြိန်လေး	hna' mjein zei:
hors-d'œuvre (m)	နှုတ်မြိန်စာ	hna' mjein za
dessert (m)	အချိုပွဲ	achou bwe:

addition (f)	ကျသင့်ငွေ	kja. thin. ngwei
régler l'addition	ကုန်ကျငွေရှင်းသည်	koun gja ngwei shin: de
rendre la monnaie	ပြန်အမ်းသည်	pjan an: de
pourboire (m)	မုန့်ဖိုး	moun. bou:

La famille. Les parents. Les amis

51. Les données personnelles. Les formulaires

prénom (m)	အမည်	amji
nom (m) de famille	မိသားစုအမည်	mi. dha: zu. amji
date (f) de naissance	မွေးနေ့	mwei: nei.
lieu (m) de naissance	မွေးရပ်	mwer: ja'
nationalité (f)	လူမျိုး	lu mjou:
domicile (m)	နေရပ်ဒေသ	nei ja' da. dha.
pays (m)	နိုင်ငံ	nain ngan
profession (f)	အလုပ်အကိုင်	alou' akain
sexe (m)	လိင်	lin
taille (f)	အရပ်	aja'
poids (m)	ကိုယ်အလေးချိန်	kou alei: chain

52. La famille. Les liens de parenté

mère (f)	အမေ	amei
père (m)	အဖေ	ahpei
fils (m)	သား	tha:
fille (f)	သမီး	thami:
fille (f) cadette	သမီးအငယ်	thami: ange
fils (m) cadet	သားအငယ်	tha: ange
fille (f) aînée	သမီးအကြီး	thami: akji:
fils (m) aîné	သားအကြီး	tha: akji:
frère (m)	ညီအစ်ကို	nji a' kou
frère (m) aîné	အစ်ကို	akou
frère (m) cadet	ညီ	nji
sœur (f)	ညီအစ်မ	nji a' ma
sœur (f) aînée	အစ်မ	ama.
sœur (f) cadette	ညီမ	nji ma.
cousin (m)	ဝမ်းကွဲအစ်ကို	wan: kwe: i' kou
cousine (f)	ဝမ်းကွဲညီမ	wan: kwe: nji ma.
maman (f)	မေမေ	mei mei
papa (m)	ဖေဖေ	hpei hpei
parents (m pl)	မိဘတွေ	mi. ba. dwei
enfant (m, f)	ကလေး	kalei:
enfants (pl)	ကလေးများ	kalei: mja:
grand-mère (f)	အဘွား	ahpwa
grand-père (m)	အဘိုး	ahpou:

petit-fils (m)	မြေး	mjei:
petite-fille (f)	မြေးမ	mjei: ma.
petits-enfants (pl)	မြေးများ	mjei: mja:
oncle (m)	ဦးလေး	u: lei:
tante (f)	အဒေါ်	ado
neveu (m)	တူ	tu
nièce (f)	တူမ	tu ma.
belle-mère (f)	ယောက္ခမ	jau' khama.
beau-père (m)	ယောက္ခထီး	jau' khadi:
gendre (m)	သားမက်	tha: me'
belle-mère (f)	မိထွေး	mi. dwei:
beau-père (m)	ပထွေး	pahtwei:
nourrisson (m)	နို့စို့ကလေး	nou. zou. galei:
bébé (m)	ကလေးငယ်	kalei: nge
petit (m)	ကလေး	kalei:
femme (f)	မိန်းမ	mein: ma.
mari (m)	ယောက်ျား	jau' kja:
époux (m)	ခင်ပွန်း	khin bun:
épouse (f)	ဇနီး	zani:
marié (adj)	မိန်းမရှိသော	mein: ma. shi. de.
mariée (adj)	ယောက်ျားရှိသော	jau' kja: shi de
célibataire (adj)	လူလွတ်ဖြစ်သော	lu lu' hpji te.
célibataire (m)	လူပျို	lu bjou
divorcé (adj)	တစ်ခုလပ်ဖြစ်သော	ti' khu. la' hpji' te.
veuve (f)	မုဆိုးမ	mu. zou: ma.
veuf (m)	မုဆိုးဖို	mu. zou: bou
parent (m)	ဆွေမျိုး	hswe mjou:
parent (m) proche	ဆွေမျိုးရင်းချာ	hswe mjou: jin: gja
parent (m) éloigné	ဆွေမျိုးနီးစပ်	hswe mjou: ni: za'
parents (m pl)	မွေးချင်းများ	mwei: chin: mja:
orphelin (m), orpheline (f)	မိဘမဲ့	mi. ba me.
orphelin (m)	မိဘမဲ့ကလေး	mi. ba me. ga lei:
orpheline (f)	မိဘမဲ့ကလေးမ	mi. ba me. ga lei: ma
tuteur (m)	အုပ်ထိန်းသူ	ou' htin: dhu
adopter (un garçon)	သားအဖြစ်မွေးစားသည်	tha: ahpji' mwei: za: de
adopter (une fille)	သမီးအဖြစ်မွေးစားသည်	thami: ahpji' mwei: za: de

53. Les amis. Les collègues

ami (m)	သူငယ်ချင်း	thu nge gjin:
amie (f)	မိန်းကလေးသူငယ်ချင်း	mein: galei: dhu nge gjin:
amitié (f)	ခင်မင်ရင်းနှီးမှု	khin min jin: ni: hmu.
être ami	ခင်မင်သည်	khin min de
copain (m)	အပေါင်းအသင်း	apaun: athin:
copine (f)	အပေါင်းအသင်း	apaun: athin:
partenaire (m)	လုပ်ဖော်ကိုင်ဖက်	lou' hpo kain be'

chef (m)	အကြီးအကဲ	akji: ake:
supérieur (m)	အထက်လူကြီး	a hte' lu gji:
propriétaire (m)	ပိုင်ရှင်	pain shin
subordonné (m)	လက်အောက်ခံအမှုထမ်း	le' au' khan ahmu. htan:
collègue (m, f)	လုပ်ဖော်ကိုင်ဖက်	lou' hpo kain be'

connaissance (f)	အကျွမ်းဝင်မှု	akjwan: win hmu.
compagnon (m) de route	ခရီးဖော်	khaji: bo
copain (m) de classe	တစ်တန်းတည်းသား	ti' tan: de: dha:

voisin (m)	အိမ်နီးနားချင်း	ein ni: na: gjin:
voisine (f)	မိန်းကလေးအိမ်နီးနားချင်း	mein: galei: ein: ni: na: gjin:
voisins (m pl)	အိမ်နီးနားချင်းများ	ein ni: na: gjin: mja:

54. L'homme. La femme

femme (f)	အမျိုးသမီး	amjou: dhami:
jeune fille (f)	မိန်းကလေး	mein: ga. lei:
fiancée (f)	သတို့သမီး	dhadou. thami:

| belle (adj) | လှပသော | hla. ba. de. |
| de grande taille | အရပ်မြင့်သော | aja' mjin. de. |

| svelte (adj) | သွယ်လျသော | thwe lja de. |
| de petite taille | အရပ်ပုသော | aja' pu. de. |

| blonde (f) | ဆံပင်ရွှေရောင်ဖျော့မိန်းကလေး | zabin shwei jaun bjo. min: ga lei: |
| brune (f) | ဆံပင်နက်သောမိန်းကလေး | zabin ne' de.min: ga lei: |

de femme (adj)	အမျိုးသမီးနှင့်ဆိုင်သော	amjou: dhami: hnin. zain dho:
vierge (f)	အပျိုစင်	apjou zin
enceinte (adj)	ကိုယ်ဝန်ဆောင်ထားသော	kou wun hsaun da: de.

homme (m)	အမျိုးသား	amjou: dha:
blond (m)	ဆံပင်ရွှေရောင်ဖျောယောက်ျားလေး	zabin shwei jaun bjo. jau' gja: lei:
brun (m)	ဆံပင်နက်သောယောက်ျားလေး	zabin ne' de. jau' gja: lei:

| de grande taille | အရပ်မြင့်သော | aja' mjin. de. |
| de petite taille | အရပ်ပုသော | aja' pu. de. |

rude (adj)	ရှင်းစိုင်းသော	jain: zain: de.
trapu (adj)	တုတ်ခိုင်သော	tou' khain de.
robuste (adj)	တောင့်တင်းသော	taun. din: de

| fort (adj) | သန်မာသော | than ma de. |
| force (f) | ခွန်အား | khwan a: |

| gros (adj) | ဝသော | wa. de. |
| basané (adj) | ညိုသော | njou de. |

| svelte (adj) | သွယ်လျသော | thwe lja de. |
| élégant (adj) | ကျော့ရှင်းသော | kjo. shin: de |

55. L'age

âge (m)	အသက်အရွယ်	athe' ajwe'
jeunesse (f)	ပျိုရွယ်ချိန်	pjou jwe gjein
jeune (adj)	ငယ်ရွယ်သော	ngwe jwe de.
plus jeune (adj)	ပိုငယ်သော	pou nge de.
plus âgé (adj)	အသက်ပိုကြီးသော	athe' pou kji: de.
jeune homme (m)	လူငယ်	lu nge
adolescent (m)	ဆယ်ကျော်သက်	hse gjo dhe'
gars (m)	လူငယ်	lu nge
vieillard (m)	လူကြီး	lu gji:
vieille femme (f)	အမျိုးသမီးကြီး	amjou: dhami: gji:
adulte (m)	အရွယ်ရောက်သော	ajwe' jau' te.
d'âge moyen (adj)	သက်လတ်ပိုင်း	the' la' pain:
âgé (adj)	အိုမင်းသော	ou min de.
vieux (adj)	အသက်ကြီးသော	athe' kji: de.
retraite (f)	အငြိမ်းစားလစာ	anjein: za: la. za
prendre sa retraite	အငြိမ်းစားယူသည်	anjein: za: ju dhe
retraité (m)	အငြိမ်းစား	anjein: za:

56. Les enfants. Les adolescents

enfant (m, f)	ကလေး	kalei:
enfants (pl)	ကလေးများ	kalei: mja:
jumeaux (m pl)	အမွှာ	ahmwa
berceau (m)	ကလေးပုခက်	kalei: pou khe'
hochet (m)	ချောက်ချက်	gjo' gja'
couche (f)	ခါးတောင်းကျိုက်အထည်	kha: daun: gjai' ahte
tétine (f)	ချိုလိမ်	chou lein
poussette (m)	ကလေးလက်တွန်းလှည်း	kalei: le' twan: hle:
école (f) maternelle	ကလေးထိန်းကျောင်း	kalei: din: kjaun:
baby-sitter (m, f)	ကလေးထိန်း	kalei: din:
enfance (f)	ကလေးဘဝ	kalei: ba. wa.
poupée (f)	အရုပ်မ	ajou' ma.
jouet (m)	ကစားစရာအရုပ်	gaza: zaja ajou'
jeu (m) de construction	ပြန်ဆက်ရသော ကလေး ကစားစရာ	pjan za' ja de. galei: gaza: zaja
bien élevé (adj)	လိမ္မာသော	limmo: de
mal élevé (adj)	ဆိုးသွမ်းသော	hsou: dhwan: de.
gâté (adj)	အလိုလိုက်ခံရသော	alou lou' khan ja de.
faire le vilain	ဆိုးသည်	hsou:de
vilain (adj)	ကျိုးဝယ်တတ်သော	kji ze da' de.
espièglerie (f)	ကျိုးဝယ်သည်	kji ze de

vilain (m)	အဆော့မက်သောကလေး	ahsau me' dho: ga. lei:
obéissant (adj)	နာခံတတ်သော	na gan da' te.
désobéissant (adj)	မနာခံသော	ma. na gan de.
sage (adj)	လိမ္မာသော	limmo: de
intelligent (adj)	တော်သော	to de.
l'enfant prodige	ပါရမီရှင်ကလေး	pa rami shin galei:

57. Les couples mariés. La vie de famille

embrasser (sur les lèvres)	နမ်းသည်	nan: de
s'embrasser (vp)	အနမ်းပေးသည်	anan: pei: de
famille (f)	မိသားစု	mi. dha: zu.
familial (adj)	မျိုးရိုး	mjou: jou:
couple (m)	စုံတွဲ	soun dwe:
mariage (m) (~ civil)	အိမ်ထောင်သည်	ein daun de
foyer (m) familial	အိမ်	ein
dynastie (f)	မင်းဆက်	min: ze'
rendez-vous (m)	ချိန်းတွေ့ခြင်း	chein: dwei chin:
baiser (m)	အနမ်း	anan:
amour (m)	အချစ်	akja'
aimer (qn)	ချစ်သည်	chi' te
aimé (adj)	ချစ်လှစွာသော	chi' hla. zwa de.
tendresse (f)	ကြင်နာမှု	kjin na hmu.
tendre (affectueux)	ကြင်နာသော	kjin na hmu. de.
fidélité (f)	သစ္စာ	thi' sa
fidèle (adj)	သစ္စာရှိသော	thi' sa shi. de.
soin (m) (~ de qn)	ဂရုစိုက်ခြင်း	ga ju. sai' chin:
attentionné (adj)	ဂရုစိုက်သော	ga ju. sai' te.
jeunes mariés (pl)	လက်ထပ်ကာစဖြစ်သော	le' hta' ka za. bji' de.
lune (f) de miel	ပျားရည်စမ်းကာလ	pja: je zan: ga la.
se marier (prendre pour époux)	ယောကျ်ားယူသည်	jau' kja: ju de
se marier (prendre pour épouse)	မိန်းမယူသည်	mein: ma. ju de
mariage (m)	မင်္ဂလာဆောင်ပွဲ	min ga. la zaun bwe:
les noces d'or	ရွှေရတု	shwei jadu.
anniversaire (m)	နှစ်ပတ်လည်	hni' ba' le
amant (m)	လင်ငယ်	lin nge
maîtresse (f)	မယားငယ်	ma. ja: nge
adultère (m)	ဖောက်ပြန်ခြင်း	hpau' pjan gjin
commettre l'adultère	ဖောက်ပြန်သည်	hpau' pjan de
jaloux (adj)	သဝန်တိုသော	thawun dou de.
être jaloux	သဝန်တိုသည်	thawun dou de
divorce (m)	ကွာရှင်းခြင်း	kwa shin gjin:
divorcer (vi)	ကွာရှင်းသည်	kwa shin: de
se disputer (vp)	ငြင်းခုံသည်	njin: goun de

55

se réconcilier (vp)	ပြန်လည်သင့်မြတ်သည်	pjan le dhin. mja' te
ensemble (adv)	အတူတကွ	atu da. kwa.
sexe (m)	လိင်ကိစ္စ	lein gei' sa.

bonheur (m)	ပျော်ရွှင်မှု	pjo shwin hmu
heureux (adj)	ပျော်ရွှင်သော	pjo shwin de.
malheur (m)	ကံဆိုးခြင်း	kan hsou: chin:
malheureux (adj)	ကံဆိုးသော	kan hsoun de.

Le caractère. Les émotions

58. Les sentiments. Les émotions

sentiment (m)	စိတ်ခံစားချက်	khan za: che'
sentiments (m pl)	စိတ်ခံစားချက်များ	khan za: che' mja:
sentir (vt)	စိတ်ခံစားရသည်	khan za ja. de

faim (f)	ဆာခြင်း	hsa gjin:
avoir faim	ဗိုက်ဆာသည်	bai' hsa de
soif (f)	ရေဆာခြင်း	jei za gjin:
avoir soif	ရေဆာသည်	jei za de
somnolence (f)	အိပ်ချင်ခြင်း	ei' chin gjin:
avoir sommeil	အိပ်ချင်သည်	ei' chin de

fatigue (f)	ပင်ပန်းခြင်း	pin ban: chin:
fatigué (adj)	ပင်ပန်းသော	pin ban: de.
être fatigué	ပင်ပန်းသည်	pin ban: de

humeur (f) (de bonne ~)	စိတ်ခံစားမှု	sei' khan za: hmu.
ennui (m)	ငြီးငွေ့ခြင်း	ngji: ngwei. chin:
s'ennuyer (vp)	ပျင်းသည်	pjin: de
solitude (f)	မမြင်ကွယ်ရာ	ma. mjin gwe ja
s'isoler (vp)	မျက်ကွယ်ပြုသည်	mje' kwe' pju. de

inquiéter (vt)	စိတ်ပူအောင်လုပ်သည်	sei' pu aun lou' te
s'inquiéter (vp)	စိတ်ပူသည်	sei' pu de
inquiétude (f)	စိုးရိမ်မှု	sou: jein hmu.
préoccupation (f)	စိုးရိမ်ပူပန်မှု	sou: jein bu ban hmu.
soucieux (adj)	ကိစ္စတစ်ခုပ်ရပ်ရပ်တွင်	kei. sa ti' ja' ja' twin
	နပ်မျပ်နေသော	ni' mju' nei de.
s'énerver (vp)	စိတ်လှုပ်ရှား:သည်	sei' hlou' sha: de
paniquer (vi)	တုန်လှုပ်ချောက်ချား:သည်	toun hlou' chau' cha: de

espoir (m)	မျှော်လင့်ချက်	hmjo. lin. gje'
espérer (vi)	မျှော်လင့်သည်	hmjo. lin. de

certitude (f)	ကျိန်းသေ	kjein: dhei
certain (adj)	ကျိန်းသေသော	kjein: dhei de.
incertitude (f)	မရေရာခြင်း	ma. jei ja gjin:
incertain (adj)	မရေရာသော	ma. jei ja de.

ivre (adj)	အရက်မူးသော	aje' mu: de.
sobre (adj)	အရက်မမူးသော	aje' ma mu: de.
faible (adj)	အားပျော့သော	a: bjo. de.
heureux (adj)	ပျော်ရွှင်သော	pjo shwin de.
faire peur	လန့်သည်	lan. de
fureur (f)	ရူးသွပ်ခြင်း	ju: dhu' chin
rage (f), colère (f)	ဒေါသ	do: dha.
dépression (f)	စိတ်ဓာတ်ကျခြင်း	sei' da' cha. gjin:

inconfort (m)	စိတ်ကသိကအောက်ဖြစ်ခြင်း	sei' ka thi ga au' hpji' chin:
confort (m)	စိတ်ချမ်းသာခြင်း	sei' chan: dha gjin:
regretter (vt)	နောင်တရသည်	naun da. ja. de
regret (m)	နောင်တရခြင်း	naun da. ja. gjin:
malchance (f)	ကံဆိုးခြင်း	kan hsou: chin:
tristesse (f)	ဝမ်းနည်းခြင်း	wan: ne: gjin:

honte (f)	အရှက်	ashe'
joie, allégresse (f)	ဝမ်းသာမှ	wan: dha hmu.
enthousiasme (m)	စိတ်အားထက်သန်မှု	sei' a: de' than hmu.
enthousiaste (m)	စိတ်အားထက်သန်သူ	sei' a: de' than hmu
avoir de l'enthousiasme	စိတ်အားထက်သန်မှုပြုသည်	sei' a: de' than hmu. bja. de

59. Le caractère. La personnalité

caractère (m)	စရိုက်	zajai'
défaut (m)	အားနည်းချက်	a: ne: gje'
esprit (m)	ဉီးနှောက်	oun: hnau'
raison (f)	ဆင်ခြင်တုံတရား	hsin gjin doun da. ja:

conscience (f)	အသိတရား	athi. taja:
habitude (f)	အကျင့်	akjin.
capacité (f)	စွမ်းရည်	swan: ji
savoir (faire qch)	လုပ်နိုင်သည်	lou' nain de

patient (adj)	သည်းခံတတ်သော	thi: khan da' te
impatient (adj)	သည်းမခံတတ်သော	thi: ma. gan da' te
curieux (adj)	စပ်စုသော	sa' su. de.
curiosité (f)	စပ်စုခြင်း	sa' su. gjin:

modestie (f)	ကျုံ့ခြေ	ein darei
modeste (adj)	ကျုံ့ခြေရှိသော	ein darei shi. de
vaniteux (adj)	ကျုံ့ခြေမရှိသော	ein darei ma. shi. de

paresse (f)	ပျင်းရိခြင်း	pjin: ji. gjin:
paresseux (adj)	ပျင်းရိသော	pjin: ji. de.
paresseux (m)	လူပျင်း	nga. bjin:

astuce (f)	ကလိမ်ကျစ်လုပ်ခြင်း	kalein kji' lou' chin
rusé (adj)	ကလိမ်ကကျစ်ကျသော	kalein ka. kji' kja de.
méfiance (f)	သံသယဝင်ခြင်း	than thaja.
méfiant (adj)	သံသယဝင်သော	than thaja. win de.

générosité (f)	ရက်ရောမှု	je' jo: hmu.
généreux (adj)	ရက်ရောသော	je' jo: de.
doué (adj)	ပါရမီရှိသော	pa rami shi. de
talent (m)	ပါရမီ	pa rami

courageux (adj)	သတ္တိရှိသော	tha' ti. shi. de.
courage (m)	သတ္တိ	tha' ti.
honnête (adj)	ရိုးသားသော	jou: dha: de.
honnêteté (f)	ရိုးသားမှု	jou: dha: hmu.
prudent (adj)	ဂရုစိုက်သော	ga ju. sai' te.
courageux (adj)	ရဲရင့်သော	je' jin. de.

| sérieux (adj) | လေးနက်သော | lei: ne' de. |
| sévère (adj) | တင်းကျပ်သော | tin: gja' te |

décidé (adj)	တိကျပြတ်သားသော	ti. gja. bja' tha: de.
indécis (adj)	မတိကျမပြတ်သားသော	ma. di. gja. ma. bja' tha: de.
timide (adj)	ရှက်တတ်သော	she' ta' te.
timidité (f)	ရှက်ရွံ့မှု	she' jwan. hmu.

confiance (f)	မိမိကိုယ်မိမိယုံကြည်မှု	mi. mi. kou mi. mi. gji hmu.
croire (qn)	ယုံကြည်သည်	joun kji de
confiant (adj)	အယုံလွယ်သော	ajoun lwe de.

sincèrement (adv)	ဟန်မဆောင်ဘဲ	han ma. zaun be:
sincère (adj)	ဟန်မဆောင်တတ်သော	han ma. zaun da' te
sincérité (f)	ရိုးသားမှု	jou: dha: hmu.
ouvert (adj)	ပွင့်လင်းသော	pwin: lin: de.

calme (adj)	တိတ်ဆိတ်သော	tei' hsei' te
franc (sincère)	ပွင့်လင်းသော	pwin: lin: de.
naïf (adj)	အယုံလွယ်သော	ajoun lwe de.
distrait (adj)	စဉ်းစားဉာဏ်မရှိသော	sin: za: njan ma. shi. de.
drôle, amusant (adj)	ရယ်စရာကောင်းသော	je zaja gaun: de.

avidité (f)	လောဘကြီးခြင်း	lau ba. gji: gjin:
avare (adj)	လောဘကြီးသော	lau ba. gji: de.
radin (adj)	တွန့်တိုသော	tun. dou de.
méchant (adj)	ယုတ်မာသော	jou' ma de.
têtu (adj)	ခေါင်းမာသော	gaun: ma de.
désagréable (adj)	မဖွယ်မရာဖြစ်သော	ma. bwe ma. ja bji' te.

égoïste (m)	တစ်ကိုယ်ကောင်းဆန်သူ	ti' kai gaun: zan dhu
égoïste (adj)	တစ်ကိုယ်ကောင်းဆန်သော	ti' kai gaun: zan de.
peureux (m)	ငကြောက်	nga. gjau'
peureux (adj)	ကြောက်တတ်သော	kjau' ta' te.

60. Le sommeil. Les rêves

dormir (vi)	အိပ်သည်	ei' ja de
sommeil (m)	အိပ်ခြင်း	ei' chin:
rêve (m)	အိပ်မက်	ei' me'
rêver (en dormant)	အိပ်မက်မက်သည်	ei' me' me' te
endormi (adj)	အိပ်ချင်သော	ei' chin de.

lit (m)	ခုတင်	khu. din
matelas (m)	မွေ့ယာ	mwei. ja
couverture (f)	စောင်	saun
oreiller (m)	ခေါင်းအုံး	gaun: oun:
drap (m)	အိပ်ရာခင်း	ei' ja khin:

insomnie (f)	အိပ်မပျော်နိုင်ခြင်း	ei' ma. bjo nain gjin:
sans sommeil (adj)	အိပ်မပျော်သော	ei' ma. bjo de.
somnifère (m)	အိပ်ဆေး	ei' hsei:
prendre un somnifère	အိပ်ဆေးသောက်သည်	ei' hsei: thau' te
avoir sommeil	အိပ်ချင်သည်	ei' chin de

bâiller (vi)	သမ်းသည်	than: de
aller se coucher	အိပ်ရာဝင်သည်	ei' ja win de
faire le lit	အိပ်ရာခင်းသည်	ei' ja khin: de
s'endormir (vp)	အိပ်ပျော်သွားသည်	ei' pjo dhwa: de

cauchemar (m)	အိပ်မက်ဆိုး	ei' me' hsou:
ronflement (m)	ဟောက်သံ	hau' than
ronfler (vi)	ဟောက်သည်	hau' te

réveil (m)	နှိုးစက်	hnou: ze'
réveiller (vt)	နှိုးသည်	hnou: de
se réveiller (vp)	နှိုးသည်	nou: de
se lever (tôt, tard)	အိပ်ရာထသည်	ei' ja hta. de
se laver (le visage)	မျက်နှာသစ်သည်	mje' hna dhi' te

61. L'humour. Le rire. La joie

humour (m)	ဟာသ	ha dha.
sens (m) de l'humour	ဟာသအမြင်	ha dha. amjin
s'amuser (vp)	ပျော်ရွှင်သည်	pjo shwin de
joyeux (adj)	ပျော်ရွှင်သော	pjo shwin de.
joie, allégresse (f)	ပျော်ရွှင်မှု	pjo shwin hmu

sourire (m)	အပြုံး	apjoun:
sourire (vi)	ပြုံးသည်	pjoun: de
se mettre à rire	ရယ်လိုက်သည်	je lai' te
rire (vi)	ရယ်သည်	je de
rire (m)	ရယ်သံ	je dhan

anecdote (f)	ဟာသဇာတ်လမ်း	ha dha. za' lan
drôle, amusant (adj)	ရယ်စရာကောင်းသော	je zaja gaun: de.
comique, ridicule (adj)	ရယ်စရာကောင်းသောသူ	je zaja gaun: de. dhu

plaisanter (vi)	စနောက်သည်	sanau' te
plaisanterie (f)	ရယ်စရာ	je zaja
joie (f) (émotion)	ဝမ်းသာမှု	wan: dha hmu.
se réjouir (vp)	ဝမ်းသာသည်	wan: dha de
joyeux (adj)	ဝမ်းသာသော	wan dha de.

62. Dialoguer et communiquer. Partie 1

| communication (f) | ဆက်သံပြောဆိုခြင်း | hse' hsan bjou: zou gjin: |
| communiquer (vi) | ဆက်သံပြောဆိုသည် | hse' hsan bjou: zou de |

conversation (f)	စကားစမြည်	zaga: zamji
dialogue (m)	အပြန်အလှန်ပြောခြင်း	apjan a hlan bau gjin:
discussion (f) (débat)	ဆွေးနွေးခြင်း	hswe: nwe: gjin:
débat (m)	အငြင်းပွားမှု	anjin: bwa: hmu.
discuter (vi)	ငြင်းခုံသည်	njin: goun de

| interlocuteur (m) | ပါဝင်ဆွေးနွေးသူ | pa win zwei: nwei: dhu |
| sujet (m) | ခေါင်းစဉ် | gaun: zin |

60

point (m) de vue	ရှုထောင့်	shu. daun.
opinion (f)	အမြင်	amjin
discours (m)	စကား	zaga:

discussion (f) (d'un rapport)	ဆွေးနွေးခြင်း	hswe: nwe: gjin:
discuter (vt)	ဆွေးနွေးသည်	hswe: nwe: de
conversation (f)	စကားပြောပွဲ	zaga: bjo: boun
converser (vi)	စကားပြောသည်	zaga: bjo: de
rencontre (f)	တွေ့ဆုံမှု	twei. hsoun hmu
se rencontrer (vp)	တွေ့ဆုံသည်	twei. hsoun de

proverbe (m)	စကားပုံ	zaga: boun
dicton (m)	စကားပုံ	zaga: boun
devinette (f)	စကားထာ	zaga: da
poser une devinette	စကားထာဖွက်သည်	zaga: da bwe' te
mot (m) de passe	စကားဝှက်	zaga: hwe'
secret (m)	လျှို့ဝှက်ချက်	shou. hwe' che'

serment (m)	ကျမ်းသစ္စာ	kjan: thi' sa
jurer (de faire qch)	ကျမ်းသစ္စာဆိုသည်	kjan: thi' sa hsou de
promesse (f)	ကတိ	ka ti
promettre (vt)	ကတိပေးသည်	gadi pei: de

conseil (m)	အကြံဉာဏ်	akjan njan
conseiller (vt)	အကြံပေးသည်	akjan bei: de
suivre le conseil (de qn)	အကြံကိုလက်ခံသည်	akjan kou le' khan de
écouter (~ ses parents)	နားထောင်သည်	na: daun de

nouvelle (f)	သတင်း	dhadin:
sensation (f)	သတင်းထူး	dhadin: du:
renseignements (m pl)	သတင်းအချက်အလက်	dhadin: akje' ale'
conclusion (f)	သုံးသပ်ချက်	thoun: dha' che'
voix (f)	အသံ	athan
compliment (m)	ချီးမွမ်းစကား	chi: mun: zaga:
aimable (adj)	ကြင်နာသော	kjin na hmu. de.

mot (m)	စကားလုံး	zaga: loun:
phrase (f)	စကားစု	zaga: zu.
réponse (f)	အဖြေ	ahpei

vérité (f)	အမှန်တရား	ahman da ja:
mensonge (m)	မုသား	mu. dha:

pensée (f)	အတွေး	atwei:
idée (f)	အကြံ	akjan
fantaisie (f)	စိတ်ကူးယဉ်အိပ်မက်	sei' ku: jin ei' me'

63. Dialoguer et communiquer. Partie 2

respecté (adj)	လေးစားရသော	lei: za: ja. de.
respecter (vt)	လေးစားသည်	lei: za: de
respect (m)	လေးစားမှု	lei: za: hmu.
Cher ...	လေးစားရပါသော	lei: za: ja. ba. de.
présenter (faire connaître)	မိတ်ဆက်ပေးသည်	mi' hse' pei: de

faire la connaissance	မိတ်ဆက်သည်	mi' hse' te
intention (f)	ရည်ရွယ်ချက်	ji jwe gje'
avoir l'intention	ရည်ရွယ်သည်	ji jwe de
souhait (m)	ဆန္ဒ	hsan da.
souhaiter (vt)	ဆန္ဒပြုသည်	hsan da. bju de

étonnement (m)	အံ့ဩခြင်း	an. o: chin:
étonner (vt)	အံ့ဩစေသည်	an. o: sei: de
s'étonner (vp)	အံ့ဩသည်	an. o. de

donner (vt)	ပေးသည်	pei: de
prendre (vt)	ယူသည်	ju de
rendre (vt)	ပြန်ပေးသည်	pjan bei: de
retourner (vt)	ပြန်ပေးသည်	pjan bei: de

s'excuser (vp)	တောင်းပန်သည်	thaun: ban de
excuse (f)	တောင်းပန်ခြင်း	thaun: ban gjin:
pardonner (vt)	ခွင့်လွှတ်သည်	khwin. hlu' te

parler (~ avec qn)	အပြန်အလှန်ပြောသည်	apjan a hlan bau de
écouter (vt)	နားထောင်သည်	na: daun de
écouter jusqu'au bout	နားထောင်သည်	na: daun de
comprendre (vt)	နားလည်သည်	na: le de

montrer (vt)	ပြသည်	pja. de
regarder (vt)	ကြည့်သည်	kji. de
appeler (vt)	ခေါ်သည်	kho de
distraire (déranger)	နှောင့်ယှက်သည်	hnaun. hje' te
ennuyer (déranger)	နှောင့်ယှက်သည်	hnaun. hje' te
passer (~ le message)	တဆင့်ပေးသည်	tahsin. bei: de

prière (f) (demande)	တောင်းဆိုချက်	taun: hsou che'
demander (vt)	တောင်းဆိုသည်	taun: hsou: de
exigence (f)	တောင်းဆိုခြင်း	taun: hsou: chin:
exiger (vt)	တိုက်တွန်းသည်	tai' tun: de

taquiner (vt)	ကျီစယ်သည်	kji ze de
se moquer (vp)	သရော်သည်	thajo: de
moquerie (f)	သရော်ခြင်း	thajo: gjin:
surnom (m)	ချစ်စနိုးပေး ထားသောနာမည်	chi' sa. nou: bei: da: dho: na me

allusion (f)	စောင်းပြောမှု	saun: bjo: hmu.
faire allusion	စောင်းပြောသည်	saun: bjo: de
sous-entendre (vt)	ဆိုလိုသည်	hsou lou de

description (f)	ဖော်ပြချက်	hpjo bja. gje'
décrire (vt)	ဖော်ပြသည်	hpjo bja. de
éloge (m)	ချီးမွမ်းခြင်း	chi: mun: gjin:
louer (vt)	ချီးမွမ်းသည်	chi: mun: de

déception (f)	စိတ်ပျက်ခြင်း	sei' pje' chin
décevoir (vt)	စိတ်ပျက်စေသည်	sei' pje' sei de
être déçu	စိတ်ပျက်သည်	sei' pje' te
supposition (f)	ယူဆခြင်း	ju za. chin:
supposer (vt)	ယူဆသည်	ju za. de

avertissement (m)	သတိပေးခြင်း	dhadi. pei: gjin:
prévenir (vt)	သတိပေးသည်	dhadi. pei: de

64. Dialoguer et communiquer. Partie 3

convaincre (vt)	စည်းရုံးသည်	si: joun: de
calmer (vt)	ဖျောင်းဖျသည်	hpjaun: bja de
silence (m) (~ est d'or)	နှုတ်ဆိတ်ခြင်း	hnou' hsei' chin:
rester silencieux	နှုတ်ဆိတ်သည်	hnou' hsei' te
chuchoter (vi, vt)	တီးတိုးပြောသည်	ti: dou: bjo de
chuchotement (m)	တီးတိုးပြောသံ	ti: dou: bjo dhan
sincèrement (adv)	ရှင်းရှင်းပြောရရင်	shin: shin: bjo: ja. jin
à mon avis ...	မိမိအမြင်အားဖြင့်	mi. mi. amjin a: bjin.
détail (m) (d'une histoire)	အသေးစိတ်မှု	athei: zi' hmu.
détaillé (adj)	အသေးစိတ်သော	athei: zi' te.
en détail (adv)	အသေးစိတ်	athei: zi'
indice (m)	အရိပ်အမြွက်	aji' ajmwe'
donner un indice	အရိပ်အမြွက်ပေးသည်	aji' ajmwe' pei: de
regard (m)	အသွင်	athwin
jeter un coup d'oeil	ကြည့်သည်	kji. de
fixe (un regard ~)	မလှုပ်မရှားသော	ma. hlou' sha: de
clignoter (vi)	မျက်တောင်ခတ်သည်	mje' taun ga' te
cligner de l'oeil	မျက်စိတစ်ဖက်မှိတ်သည်	mje' zi. di' hpe' hmei' te
hocher la tête	ခေါင်းညိတ်သည်	gaun: njei' te
soupir (m)	သက်ပြင်းချခြင်း	the' pjin: gja. gjin:
soupirer (vi)	သက်ပြင်းချသည်	the' pjin: gja. de
tressaillir (vi)	သိမ့်သိမ့်တုန်သည်	thein. dhein. doun de
geste (m)	လက်ဟန်ခြေဟန်	le' han hpjei han
toucher (de la main)	ထိသည်	hti. de
saisir (par le bras)	ဖမ်းကိုင်သည်	hpan: gain de
taper (sur l'épaule)	ပုတ်သည်	pou' te
Attention!	ဂရုစိုက်ပါ	ga ju. sai' pa
Vraiment?	တကယ်လား	dage la:
Tu es sûr?	သေချာလား	thei gja la:
Bonne chance!	အောင်မြင်ပါစေ	aun mjin ba zei
Compris!	ရှင်းပါတယ်	shin: ba de
Dommage!	စိတ်မကောင်းပါဘူး	sei' ma. kaun: ba bu:

65. L'accord. Le refus

accord (m)	သဘောတူညီချက်	dhabo: tu nji gje'
être d'accord	သဘောတူသည်	dhabo: tu de
approbation (f)	လက်ခံခြင်း	le' khan gjin:
approuver (vt)	လက်ခံသည်	le' khan de
refus (m)	ငြင်းဆန်ခြင်း	njin: zan gjin:

se refuser (vp)	ြင်းဆန်သည်	njin: zan de
Super!	အရမ်းကောင်း	ajan: gaun:
Bon!	ကောင်းတယ်	kaun: de
D'accord!	ကောင်းပြီ	kaun: bji

interdit (adj)	တားမြစ်ထားသော	ta: mji' hta: te.
c'est interdit	မလုပ်ရ	ma. lou' ja.
c'est impossible	မဖြစ်နိုင်	ma. bji' nain
incorrect (adj)	မှားသော	hma: de.

décliner (vt)	ပယ်ချသည်	pe gja. de
soutenir (vt)	ထောက်ခံသည်	htau' khan de
accepter (condition, etc.)	လက်ခံသည်	le' khan de

confirmer (vt)	အတည်ပြုသည်	ati pju. de
confirmation (f)	အတည်ပြုချက်	ati pju. gje'
permission (f)	ခွင့်ပြုချက်	khwin bju. che'
permettre (vt)	ခွင့်ပြုသည်	khwin bju. de
décision (f)	ဆုံးဖြတ်ချက်	hsoun: hpja' cha'
ne pas dire un mot	နှုတ်ဆိတ်တိတ်သည်	hnou' hsei' te

condition (f)	အခြေအနေ	achei anei
excuse (f) (prétexte)	ဆင်ခြေ	hsin gjei
éloge (m)	ချီးမွမ်းခြင်း	chi: mun: gjin:
louer (vt)	ချီးမွမ်းသည်	chi: mun: de

66. La réussite. La chance. L'échec

succès (m)	အောင်မြင်မှု	aun mjin hmu.
avec succès (adv)	အောင်မြင်စွာ	aun mjin zwa
réussi (adj)	အောင်မြင်သော	aun mjin dho:

chance (f)	ကံကောင်းခြင်း	kan gaun: gjin:
Bonne chance!	အောင်မြင်ပါစေ	aun mjin ba zei
de chance (jour ~)	ကံကောင်းစွာရှိသော	kan gaun: zwa ja. shi. de.
chanceux (adj)	ကံကောင်းသော	kan kaun: de.

échec (m)	မအောင်မြင်ခြင်း	ma. aun mjin gjin:.
infortune (f)	ကံဆိုးခြင်း	kan hsou: chin:
malchance (f)	ကံဆိုးခြင်း	kan hsou: chin:

raté (adj)	မအောင်မြင်သော	ma. aun mjin de.
catastrophe (f)	ကပ်ဘေး	ka' bei:

fierté (f)	ဂုဏ်	goun
fier (adj)	ဂုဏ်ယူသော	goun dhu de.
être fier	ဂုဏ်ယူသည်	goun dhu de

gagnant (m)	အနိုင်ရသူ	anain ja. dhu
gagner (vi)	အနိုင်ရသည်	anain ja de
perdre (vi)	ရှုံးသည်	shoun: de
tentative (f)	ကြိုးစားမှု	kjou: za: hmu.
essayer (vt)	ကြိုးစားသည်	kjou: za: de
chance (f)	အခွင့်အရေး	akhwin. ajei:

67. Les disputes. Les émotions négatives

cri (m)	အော်သံ	o dhan
crier (vi)	အော်သည်	o de
se mettre à crier	စတင်အော်သည်	sa. tin o de
dispute (f)	ငြင်းခုံခြင်း	njin: goun gjin:
se disputer (vp)	ငြင်းခုံသည်	njin: goun de
scandale (m) (dispute)	ရှိုက်ရန်ဖြစ်ခြင်း	khai' jan bji' chin:
faire un scandale	ရှိုက်ရန်ဖြစ်သည်	khai' jan bji' te
conflit (m)	အငြင်းပွားမှု	anjin: bwa: hmu.
malentendu (m)	နားလည်မှုလွဲခြင်း	na: le hmu. lwe: gjin:
insulte (f)	စော်ကားမှု	so ga: hmu
insulter (vt)	စော်ကားသည်	so ga: de
insulté (adj)	အစော်ကားခံရသော	aso ka: gan ja de.
offense (f)	စိတ်နာမှု	sei' na hmu.
offenser (vt)	စိတ်နာအောင်လုပ်သည်	sei' na aun lou' te
s'offenser (vp)	စိတ်နာသည်	sei' na de
indignation (f)	မခံမရပ်နိုင်ဖြစ်ခြင်း	ma. gan ma. ja' nain bji' chin
s'indigner (vp)	မခံမရပ်နိုင်ဖြစ်သည်	ma. gan ma. ja' nain bji' te
plainte (f)	တိုင်ကြောခြင်း	tain bjo: gjin:
se plaindre (vp)	တိုင်ကြောသည်	tain bjo: de
excuse (f)	တောင်းပန်ခြင်း	thaun: ban gjin:
s'excuser (vp)	တောင်းပန်သည်	thaun: ban de
demander pardon	တောင်းပန်သည်	thaun: ban de
critique (f)	ဝေဖန်မှု	wei ban hmu.
critiquer (vt)	ဝေဖန်သည်	wei ban de
accusation (f)	စွပ်စွဲခြင်း	su' swe: chin:
accuser (vt)	စွပ်စွဲသည်	su' swe: de
vengeance (f)	လက်စားချေခြင်း	le' sa: gjei gjin:
se venger (vp)	လက်စားချေသည်	le' sa: gjei de
faire payer (qn)	ပြန်ဆပ်သည်	pjan za' te
mépris (m)	အထင်သေးခြင်း	a htin dhei: gjin:
mépriser (vt)	အထင်သေးသည်	a htin dhei: de
haine (f)	အမုန်း	amun:
haïr (vt)	မုန်းသည်	moun: de
nerveux (adj)	စိတ်လှုပ်ရှားသော	sei' hlou' sha: de.
s'énerver (vp)	စိတ်လှုပ်ရှားသည်	sei' hlou' sha: de
fâché (adj)	စိတ်ဆိုးသော	sei' hsou: de.
fâcher (vt)	ဒေါသထွက်စေသည်	do: dha. dwe' sei de
humiliation (f)	မျက်နှာပျက်ရခြင်း	mje' hna bje' ja gjin:
humilier (vt)	မျက်နှာပျက်စေသည်	mje' hna bje' sei de
s'humilier (vp)	အရှက်ရသည်	ashe' ja. de
choc (m)	တုန်လှုပ်ချောက်ချားခြင်း	toun hlou' chau' cha: gjin:
choquer (vt)	တုန်လှုပ်ချောက်ချားသည်	toun hlou' chau' cha: de
ennui (m) (problème)	ဒုက္ခ	dou' kha.

désagréable (adj)	မဖွယ်မရာဖြစ်သော	ma. bwe ma. ja bji' te.
peur (f)	ကြောက်ရွံ့ခြင်း	kjau' jun. gjin:
terrible (tempête, etc.)	အလွန်	alun
effrayant (histoire ~e)	ထိတ်လန့်သော	htei' lan. de
horreur (f)	ကြောက်မက်ဖွယ်ရာ	kjau' ma' hpwe ja
horrible (adj)	ကြောက်မက်ဖွယ်ဖြစ်သော	kjau' ma' hpwe bja' te.

commencer à trembler	တုန်သည်	toun de
pleurer (vi)	ငိုသည်	ngou de
se mettre à pleurer	မျက်ရည်ဝဲသည်	mje' je we: de
larme (f)	မျက်ရည်	mje' je

faute (f)	အပြစ်	apja'
culpabilité (f)	စိတ်မသန့်ခြင်း	sei' ma. dhan. gjin:
déshonneur (m)	အရှက်	ashe'
protestation (f)	ကန့်ကွက်ချက်	kan gwe' che'
stress (m)	စိတ်ဖိစီးမှု	sei' hpi zi: hmu.

déranger (vt)	နှောင့်ယှက်သည်	hnaun. hje' te
être furieux	ဒေါသထွက်သည်	do: dha. dwe' de
en colère, fâché (adj)	ဒေါသကြီးသော	do: dha. gji: de.
rompre (relations)	အဆုံးသတ်သည်	ahsoun: tha' te
réprimander (vt)	ရှုပူကြိမ်းမောင်းသည်	hsu. bu gjein: maun: de

prendre peur	လန့်သွားသည်	lan. dhwa: de
frapper (vt)	ရိုက်သည်	jai' te
se battre (vp)	ရိုက်ရန်ဖြစ်သည်	khai' jan bji' te

régler (~ un conflit)	ဖျန်ဖြေပေးသည်	hpan bjei bjei: de
mécontent (adj)	မကျေနပ်သော	ma. gjei na' te.
enragé (adj)	ပြင်းထန်သော	pjin: dan dho:

Ce n'est pas bien!	ဒါ မကောင်းဘူး	da ma. gaun: dhu:
C'est mal!	ဒါတော့ဆိုးတယ်	da do. zou: de

La médecine

maladie (f)	ရောဂါ	jo: ga
être malade	ဖျားနာသသည်	hpa: na de
santé (f)	ကျန်းမာရေး	kjan; ma jei:
rhume (m) (coryza)	နာစေးခြင်း	hna zei: gjin:
angine (f)	အာသီးရောင်ခြင်း	a sha. jaun gjin:
refroidissement (m)	အအေးမိခြင်း	aei: mi. gjin:
prendre froid	အအေးမိသည်	aei: mi. de
bronchite (f)	ချောင်းဆိုးရင်ကျပ်နာ	gaun: ou: jin gja' na
pneumonie (f)	အဆုတ်ရောင်ရောဂါ	ahsou' jaun jo: ga
grippe (f)	တုပ်ကွေး	tou' kwei:
myope (adj)	အဝေးမှုန်သော	awei: hmun de.
presbyte (adj)	အနီးမှုန်	ani: hmoun
strabisme (m)	မျက်စိစွေခြင်း	mje' zi. zwei gjin:
strabique (adj)	မျက်စိစွေသော	mje' zi. zwei de.
cataracte (f)	နာမကျန်းဖြစ်ခြင်း	na. ma. gjan: bji' chin:
glaucome (m)	ရေတိမ်	jei dein
insulte (f)	လေသင်တုန်းဖြတ်ခြင်း	lei dhin doun: bja' chin:
crise (f) cardiaque	နှလုံးဖောက်ပြန်မှု	hnaloun: bau' bjan hmu.
infarctus (m) de myocarde	နှလုံးကြွက်သားပုပ်ခြင်း	hnaloun: gjwe' tha: bou' chin:
paralysie (f)	သွက်ချာပါဒ	thwe' cha ba da
paralyser (vt)	ဆိုင်းတွသွားသည်	hsain: dwa dhwa: de
allergie (f)	မတည့်ခြင်း	ma. de. gjin:
asthme (m)	ပန်းနာ	pan: na
diabète (m)	ဆီးချိုရောဂါ	hsi: gjou jau ba
mal (m) de dents	သွားကိုက်ခြင်း	thwa: kai' chin:
carie (f)	သွားပိုးစားခြင်း	thwa: pou: za: gjin:
diarrhée (f)	ဝမ်းလျှောခြင်း	wan: sho: gjin:
constipation (f)	ဝမ်းချုပ်ခြင်း	wan: gjou' chin:
estomac (m) barbouillé	ဗိုက်နာခြင်း	bai' na gjin:
intoxication (f) alimentaire	အစာအဆိပ်သင့်ခြင်း	asa: ahsei' thin. gjin:
être intoxiqué	အစားမှားခြင်း	asa: hma: gjin:
arthrite (f)	အဆစ်ရောင်နာ	ahsi' jaun na
rachitisme (m)	အရိုးပျော့နာ	ajou: bjau. na
rhumatisme (m)	ဒူလာ	du la
athérosclérose (f)	နှလုံးသွေးကြော အဆိပ်ပိတ်ခြင်း	hna. loun: twei: kjau ahsi pei' khin:
gastrite (f)	အစာအိမ်ရောင်ရမ်းနာ	asa: ein jaun jan: na
appendicite (f)	အူအတက်ရောင်ခြင်း	au hte' jaun gjin:

| cholécystite (f) | သည်းခြေပြွန်ရောင်ခြင်း | thi: gjei bjun jaun gjin: |
| ulcère (m) | ဖက်ခွက်နာ | hpe' khwe' na |

rougeole (f)	ဝက်သက်	we' the'
rubéole (f)	ရျက်သိုး	gjou' thou:
jaunisse (f)	အသားဝါရောဂါ	atha: wa jo: ga
hépatite (f)	အသည်းရောင်ရောဂါ	athe: jaun jau ba

schizophrénie (f)	စိတ်ကစဉ့်ကလျားရောဂါ	sei' ga. zin. ga. lja: jo: ga
rage (f) (hydrophobie)	ခွေးရူးပြန်ရောဂါ	khwei: ju: bjan jo: ba
névrose (f)	စိတ်မှုမမှန်ခြင်း	sei' mu ma. hman gjin:
commotion (f) cérébrale	ဦးနှောက်ထိခိုက်ခြင်း	oun: hnau' hti. gai' chin:

cancer (m)	ကင်ဆာ	kin hsa
sclérose (f)	အသားမျှင်ဆက် မာသွားခြင်း	atha: hmjin kha' ma dwa: gjin:
sclérose (f) en plaques	အာရုံကြောပျက်စီး ရောင်ရမ်းသည့်ရောဂါ	a joun gjo: bje' si: jaun jan: dhi. jo: ga

alcoolisme (m)	အရက်နာစွဲခြင်း	aje' na zwe: gjin:
alcoolique (m)	အရက်သမား	aje' dha. ma:
syphilis (f)	ဆစ်ဖလစ်ကာလသားရောဂါ	his' hpa. li' ka la. dha: jo: ba
SIDA (m)	ကိုယ်ခံအားကျကူးစက်ရောဂါ	kou khan a: kja ku: za' jau ba

tumeur (f)	အသားပို	atha: pou
maligne (adj)	ကင်ဆာဖြစ်နေသော	kin hsa bji' nei de.
bénigne (adj)	ပြန့်ပွါးခြင်းမရှိသော	pjan. bwa: gjin: ma. shi. de.

fièvre (f)	အဖျားတက်ရောဂါ	ahpja: de' jo: ga
malaria (f)	၄က်ဖျားရောဂါ	hnge' hpja: jo: ba
gangrène (f)	ဂန်ဂရီနာရောဂါ	gan ga. ji na jo: ba
mal (m) de mer	လှိုင်းမူးခြင်း	hlain: mu: gjin:
épilepsie (f)	ဝက်ရူးပြန်ရောဂါ	we' ju: bjan jo: ga

épidémie (f)	ကပ်ရောဂါ	ka' jo ba
typhus (m)	တိုက်ဖိုက်ရောဂါ	tai' hpai' jo: ba
tuberculose (f)	တီဘီရောဂါ	ti bi jo: ba
choléra (m)	ကာလဝမ်းရောဂါ	ka la. wan: jau ga
peste (f)	ကပ်ဆိုး	ka' hsou:

69. Les symptômes. Le traitement. Partie 1

symptôme (m)	လက္ခဏာ	le' khana
température (f)	အပူရှိန်	apu gjein
fièvre (f)	ကိုယ်အပူရှိန်တက်	kou apu chain de'
pouls (m)	သွေးခုန်နှုန်း	thwei: khoun hnan:

vertige (m)	မူးနောက်ခြင်း	mu: nau' chin:
chaud (adj)	ပူသော	pu dho:
frisson (m)	တုန်ခြင်း	toun gjin:
pâle (adj)	ဖျူရောသော	hpju jo de.

toux (f)	ချောင်းဆိုးခြင်း	gaun: zou: gjin:
tousser (vi)	ချောင်းဆိုးသည်	gaun: zou: de
éternuer (vi)	နှာချေသည်	hna gjei de

| évanouissement (m) | အားနည်းခြင်း | a: ne: gjin: |
| s'évanouir (vp) | သတိလစ်သည် | dhadi. li' te |

bleu (m)	ပွန်းပဲ့ဒဏ်ရာ	pun: be. dan ja
bosse (f)	ဆောင့်မိခြင်း	hsaun. mi. gjin:
se heurter (vp)	ဆောင့်မိသည်	hsaun. mi. de.
meurtrissure (f)	ပွန်းပဲ့ဒဏ်ရာ	pun: be. dan ja
se faire mal	ပွန်းပဲ့ဒဏ်ရာရသည်	pun: be. dan ja ja. de

boiter (vi)	တော့နဲ့တော့နဲ့လျှောက်သည်	hto. ne. hto. ne. shau' te
foulure (f)	အဆစ်လွဲခြင်း	ahsi' lwe: gjin:
se démettre (l'épaule, etc.)	အဆစ်လွဲသည်	ahsi' lwe: de
fracture (f)	ကျိုးအက်ခြင်း	kjou: e' chin:
avoir une fracture	ကျိုးအက်သည်	kjou: e' te

coupure (f)	ရှသည်	sha. de
se couper (~ le doigt)	ရှမိသည်	sha. mi. de
hémorragie (f)	သွေးထွက်ခြင်း	thwei: htwe' chin:

| brûlure (f) | မီးလောင်သည့်ဒဏ်ရာ | mi: laun de. dan ja |
| se brûler (vp) | မီးလောင်ဒဏ်ရာရသည် | mi: laun dan ja ja. de |

se piquer (le doigt)	ဖောက်သည်	hpau' te
se piquer (vp)	ကိုယ်တိုင်ဖောက်သည်	kou tain hpau' te
blesser (vt)	ထိခိုက်ဒဏ်ရာရသည်	hti. gai' dan ja ja. de
blessure (f)	ထိခိုက်ဒဏ်ရာ	hti. gai' dan ja
plaie (f) (blessure)	ဒဏ်ရာ	dan ja
trauma (m)	စိတ်ဒဏ်ရာ	sei' dan ja

délirer (vi)	ကယောင်ကတမ်းဖြစ်သည်	kajaun ka dan: bi' te
bégayer (vi)	တုံ့နေးတုံ့ နေးဖြစ်သည်	toun. hnei: toun. hnei: bji' te
insolation (f)	အပူလျပ်ခြင်း	apu hlja' chin

70. Les symptômes. Le traitement. Partie 2

| douleur (f) | နာကျင်မှု | na gjin hmu. |
| écharde (f) | ပဲ့ထွက်သောအစ | pe. dwe' tho: asa. |

sueur (f)	ချွေး	chwei:
suer (vi)	ချွေးထွက်သည်	chwei: htwe' te
vomissement (m)	အန်ခြင်း	an gjin:
spasmes (m pl)	အကြောလိုက်ခြင်း	akjo: lai' chin:

enceinte (adj)	ကိုယ်ဝန်ဆောင်ထားသော	kou wun hsaun da: de.
naître (vi)	မွေးဖွားသည်	mwei: bwa: de
accouchement (m)	မီးဖွားခြင်း	mi: bwa: gjin:
accoucher (vi)	မီးဖွားသည်	mi: bwa: de
avortement (m)	ကိုယ်ဝန်ဖျက်ချခြင်း	kou wun hpje' cha chin:

respiration (f)	အသက်ရှုခြင်း	athe' shu gjin:
inhalation (f)	ဝင်လေ	win lei
expiration (f)	ထွက်လေ	htwe' lei
expirer (vi)	အသက်ရှုထုတ်သည်	athe' shu dou' te
inspirer (vi)	အသက်ရှုသွင်းသည်	athe' shu dhwin: de

invalide (m)	ကိုယ်အင်္ဂါမသန်စွမ်းသူ	kou an ga ma. dhan swan: dhu
handicapé (m)	မသန်မစွမ်းသူ	ma. dhan ma. zwan dhu
drogué (m)	ဆေးစွဲသူ	hsei: zwe: dhu

sourd (adj)	နားမကြားသော	na: ma. gja: de.
muet (adj)	ဆွံ့အသော	hsun. ade.
sourd-muet (adj)	ဆွံ့.အ နားမကြားသူ	hsun. ana: ma. gja: dhu

fou (adj)	စိတ်မနှံ့သော	sei' ma. hnan. de.
fou (m)	စိတ်မနှံ့သူ	sei' ma. hnan. dhu
folle (f)	စိတ်ဝေဒနာရှင် မိန်းကလေး	sei' wei da. na shin mein: ga. lei:
devenir fou	ရူးသွပ်သည်	ju: dhu' de

gène (m)	မျိုးရိုးဗီဇ	mjou: jou: bi za.
immunité (f)	ကိုယ်ခံအား	kou gan a:
héréditaire (adj)	မျိုးရိုးလိုက်သော	mjou: jou: lou' te.
congénital (adj)	မွေးရာပါဖြစ်သော	mwei: ja ba bji' te.

virus (m)	ဗိုင်းရပ်ပိုးမွှား	bain: ja' pou: hmwa:
microbe (m)	အဏုဇီဝရုပ်	anu zi wa. jou'
bactérie (f)	ဗက်တီးရီးယားပိုး	be' ti: ji: ja: bou:
infection (f)	ရောဂါကူးစက်မှု	jo ga gu: ze' hmu.

71. Les symptômes. Le traitement. Partie 3

| hôpital (m) | ဆေးရုံ | hsei: joun |
| patient (m) | လူနာ | lu na |

diagnostic (m)	ရောဂါစစ်ဆေးခြင်း	jo ga zi' hsei: gjin:
cure (f) (faire une ~)	ဆေးကုထုံး	hsei: ku. doun:
traitement (m)	ဆေးဝါးကုသမှု	hsei: wa: gu. dha. hmu.
se faire soigner	ဆေးကုသမှုခံယူသည်	hsei: ku. dha. hmu. dha de
traiter (un patient)	ပြုစုသည်	pju. zu. de
soigner (un malade)	ပြုစုစောင့်ရှောက်သည်	pju. zu. zaun. shau' te
soins (m pl)	ပြုစုစောင့်ရှောက်ခြင်း	pju. zu. zaun. shau' chin:

opération (f)	ခွဲစိတ်ကုသခြင်း	khwe: zei' ku. dha. hin:
panser (vt)	ပတ်တီးစည်းသည်	pa' ti: ze: de
pansement (m)	ပတ်တီးစည်းခြင်း	pa' ti: ze: gjin:

vaccination (f)	ကာကွယ်ဆေးထိုးခြင်း	ka gwe hsei: dou: gjin:
vacciner (vt)	ကာကွယ်ဆေးထိုးသည်	ka gwe hsei: dou: de
piqûre (f)	ဆေးထိုးခြင်း	hsei: dou: gjin:
faire une piqûre	ဆေးထိုးသည်	hsei: dou: de

crise, attaque (f)	ရောဂါ ရုတ်တရက်ကျရောက်ခြင်း	jo ga jou' ta. je' kja. jau' chin:
amputation (f)	ဖြတ်တောက်ကုသခြင်း	hpja' tau' ku. dha gjin:
amputer (vt)	ဖြတ်တောက်ကုသသည်	hpja' tau' ku. dha de
coma (m)	မေ့မြောခြင်း	mei. mjo: gjin:
être dans le coma	မေ့မြောသည်	mei. mjo: de
réanimation (f)	အသွမ်းကုန်ပြုစုခြင်း	aswan: boun bju. zu. bjin:
se rétablir (vp)	ရောဂါသက်သာလာသည်	jo ga dhe' tha la de

état (m) (de santé)	ကျန်းမာရေးအခြေအနေ	kjan: ma jei: achei a nei
conscience (f)	ပြန်လည်သတိရလာခြင်း	pjan le dhadi. ja. la. gjin:
mémoire (f)	မှတ်ဉာဏ်	hma' njan

arracher (une dent)	နှုတ်သည်	hna' te
plombage (m)	သွားပေါက်ဖာထေးမှု	thwa: bau' hpa dei: hmu.
plomber (vt)	ဖာသည်	hpa de

| hypnose (f) | အိပ်မွေ့ရှုခြင်း | ei' mwei. gja. gjin: |
| hypnotiser (vt) | အိပ်မွေ့ရှုသည် | ei' mwei. gja. de |

72. Les médecins

médecin (m)	ဆရာဝန်	hsa ja wun
infirmière (f)	သူနာပြု	thu na bju.
médecin (m) personnel	ကိုယ်ရေး ဆရာဝန်	kou jei: hsaja wun

dentiste (m)	သွားဆရာဝန်	thwa: hsaja wun
ophtalmologiste (m)	မျက်စိဆရာဝန်	mje' si. za. ja wun
généraliste (m)	ရောဂါရှာဖွေရေးဆရာဝန်	jo ga sha bwei jei: hsaja wun
chirurgien (m)	ခွဲစိတ်ကုဆရာဝန်	khwe: hsei' ku hsaja wun

psychiatre (m)	စိတ်ရောဂါအထူးကုဆရာဝန်	sei' jo: ga ahtu: gu. zaja wun
pédiatre (m)	ကလေးအထူးကုဆရာဝန်	kalei: ahtu: ku. hsaja wun
psychologue (m)	စိတ်ပညာရှင်	sei' pjin nja shin
gynécologue (m)	မီးယပ်ရောဂါအထူး ကုဆရာဝန်	mi: ja' jo: ga ahtu: gu za. ja wun
cardiologue (m)	နှလုံးရောဂါအထူး ကုဆရာဝန်	hnaloun: jo: ga ahtu: gu. zaja wun

73. Les médicaments. Les accessoires

médicament (m)	ဆေးဝါး	hsei: wa:
remède (m)	ကုသခြင်း	ku. dha. gjin:
prescrire (vt)	ဆေးအညွှန်းပေးသည်	hsa: ahnjun: bwe: de
ordonnance (f)	ဆေးညွှန်း	hsei: hnjun:

comprimé (m)	ဆေးပြား	hsei: bja:
onguent (m)	လိမ်းဆေး	lein: zei:
ampoule (f)	လေလုံဖန်ပုလင်းငယ်	lei loun ban bu. lin: nge
mixture (f)	စပ်ဆေးရည်	sa' ei: je
sirop (m)	ဖျော်ရည်ဆီ	hpjo jei zi
pilule (f)	ဆေးတောင့်	hsei: daun.
poudre (f)	အမှုန့်	ahmoun.

bande (f)	ပတ်တီး	pa' ti:
coton (m) (ouate)	ဝွမ်းလိပ်	gwan: lei'
iode (m)	တင်ဂျာအိုင်ဒင်း	tin gja ein din:

sparadrap (m)	ပလာစတာ	pa. la sata
compte-gouttes (m)	မျက်စဉ်းခတ်ကိရိယာ	mje' zin: ba' ki. ji. ja
thermomètre (m)	အပူချိန်တိုင်းကိရိယာ	apu gjein dain: gi. ji. ja

71

seringue (f)	ဆေးထိုးပြွတ်	hsei: dou: bju'
fauteuil (m) roulant	ဘီးတပ်ကုလားထိုင်	bi: da' ku. la: dain
béquilles (f pl)	ချိုင်းထောက်	chain: dau'
anesthésique (m)	အကိုက်အခဲပျောက်ဆေး	akai' akhe: pjau' hsei:
purgatif (m)	ဝမ်းနုတ်ဆေး	wan: hnou' hsei:
alcool (m)	အရက်ပြ	aje' pjan
herbe (f) médicinale	ဆေးဖက်ဝင်အပင်များ	hsei: hpa' win apin mja:
d'herbes (adj)	ဆေးဖက်ဝင်အပင် နှင့်ဆိုင်သော	hsei: hpa' win apin hnin. zain de.

74. Le tabac et ses produits dérivés

tabac (m)	ဆေးရွက်ကြီး	hsei: jwe' kji:
cigarette (f)	စီးကရက်	si: ga. ja'
cigare (f)	ဆေးပြင်းလိပ်	hsei: bjin: li'
pipe (f)	ဆေးတံ	hsei: dan
paquet (m)	ဘူး	bu:
allumettes (f pl)	မီးခြစ်ထံများ	mi: gji' zain mja:
boîte (f) d'allumettes	မီးခြစ်ထံဘူး	mi: gji' zain bu:
briquet (m)	မီးခြစ်	mi: gji'
cendrier (m)	ဆေးလိပ်ပြာခွက်	hsei: lei' pja gwe'
étui (m) à cigarettes	စီးကရက်အလှူး	si: ga. ja' ahla. bu:
fume-cigarette (m)	စီးကရက်ထုထည့်သောက်သည့်ပြွန်တံငယ်	si: ga. ja' hti. dau' thi. bjwan dan nge
filtre (m)	ဖင်စီခံ	hpin zi gan
fumer (vi, vt)	ဆေးလိပ်သောက်သည်	hsei: lei' ma. dhau' te
allumer une cigarette	ဆေးလိပ်မီးညှိသည်	hsei: lei' mi: hni. de
tabagisme (m)	ဆေးလိပ်သောက်ခြင်း	hsei: lei' ma. dhau' chin:
fumeur (m)	ဆေးလိပ်သောက်သူ	hsei: lei' ma. dhau' thu
mégot (m)	ဆေးလိပ်တို	hsei: lei' tou
fumée (f)	မီးခိုး	mi: gou:
cendre (f)	ပြာ	pja

L'HABITAT HUMAIN

La ville

Français	မြန်မာ	Romanisation
ville (f)	မြို့	mjou.
capitale (f)	မြို့တော်	mjou. do
village (m)	ရွာ	jwa
plan (m) de la ville	မြို့လမ်းညွှန်မြေပုံ	mjou. lan hnjun mjei boun
centre-ville (m)	မြို့လယ်ခေါင်	mjou. le gaun
banlieue (f)	ဆင်ခြေဖုံးအရပ်	hsin gjei aja'
de banlieue (adj)	ဆင်ခြေဖုံးအရပ်ဖြစ်သော	hsin gjei hpoun aja' hpa' te.
périphérie (f)	မြို့စွန်	mjou. zun
alentours (m pl)	ပတ်ဝန်းကျင်	pa' wun: gjin:
quartier (m)	စည်ကားရာမြို့လယ်နေရာ	si: ga: ja mjou. le nei ja
quartier (m) résidentiel	လူနေရပ်ကွက်	lu nei ja' kwe'
trafic (m)	ယာဉ်အသွားအလာ	jin athwa: ala
feux (m pl) de circulation	မီးပွိုင့်	mi: bwain.
transport (m) urbain	ပြည်သူ့ပိုင်ခရီးသွား	pji dhu bain gaji: dhwa:
	ပို့ဆောင်ရေး	bou. zaun jei:
carrefour (m)	လမ်းဆုံ	lan: zoun
passage (m) piéton	လူကူးမျဉ်းကြား	lu gu: mji: gja:
passage (m) souterrain	မြေအောက်လမ်းကူး	mjei au' lan: gu:
traverser (vt)	လမ်းကူးသည်	lan: gu: de
piéton (m)	လမ်းသွားလမ်းလာ	lan: dhwa: lan: la
trottoir (m)	လူသွားလမ်း	lu dhwa: lan:
pont (m)	တံတား	dada:
quai (m)	ကမ်းနားတာမံ	kan: na: da. man
fontaine (f)	ရေပန်း	jei ban:
allée (f)	ရိပ်သာလမ်း	jei' tha lan:
parc (m)	ပန်းခြံ	pan: gjan
boulevard (m)	လမ်းဝယ်	lan: ge
place (f)	ရင်ပြင်	jin bjin
avenue (f)	လမ်းမကြီး	lan: mi. gji:
rue (f)	လမ်း	lan:
ruelle (f)	လမ်းသွယ်	lan: dhwe
impasse (f)	လမ်းဆုံး	lan: zoun:
maison (f)	အိမ်	ein
édifice (m)	အဆောက်အဦ	ahsau' au
gratte-ciel (m)	မိုးမျှော်တိုက်	mou: hmjo tou'
façade (f)	အိမ်ရှေ့နံရံ	ein shei. nan jan

toit (m)	အမိုး	amou:
fenêtre (f)	ပြတင်းပေါက်	badin: pau'
arc (m)	မုခ်ဝ	mou' wa.
colonne (f)	တိုင်	tain
coin (m)	ထောင့်	htaun.

vitrine (f)	ဆိုင်ရှေ့ပစ္စည်း အခင်းအကျင်း	hseun shei. bji' si: akhin: akjin:
enseigne (f)	ဆိုင်းဘုတ်	hsain: bou'
affiche (f)	ပိုစတာ	pou sata
affiche (f) publicitaire	ကြော်ငြာပိုစတာ	kjo nja bou sata
panneau-réclame (m)	ကြော်ငြာဆိုင်းဘုတ်	kjo nja zain: bou'

ordures (f pl)	အမှိုက်	ahmai'
poubelle (f)	အမှိုက်ပုံး	ahmai' poun:
jeter à terre	လွှင့်ပစ်သည်	hlwin. bi' te
décharge (f)	အမှိုက်ပုံ	ahmai' poun

cabine (f) téléphonique	တယ်လီဖုန်းဆက်ရန်နေရာ	te li hpoun: ze' jan nei ja
réverbère (m)	လမ်းမီး	lan: mi:
banc (m)	ခုံတန်းရှည်	khoun dan: shei

policier (m)	ရဲ	je:
police (f)	ရဲ	je:
clochard (m)	သူတောင်းစား	thu daun: za:
sans-abri (m)	အိမ်ယာမဲ့	ein ja me.

76. Les institutions urbaines

magasin (m)	ဆိုင်	hsain
pharmacie (f)	ဆေးဆိုင်	hsei: zain
opticien (m)	မျက်မှန်ဆိုင်	mje' hman zain
centre (m) commercial	ရေးဝင်စင်တာ	zei: wun zin da
supermarché (m)	ကုန်တိုက်ကြီး	koun dou' kji:

boulangerie (f)	မုန့်တိုက်	moun. dai'
boulanger (m)	ပေါင်မုန့်ဖုတ်သူ	paun moun. bou' dhu
pâtisserie (f)	မုန့်ဆိုင်	moun. zain
épicerie (f)	ကုန်စုံဆိုင်	koun zoun zain
boucherie (f)	အသားဆိုင်	atha: ain

magasin (m) de légumes	ဟင်းသီးဟင်းရွက်ဆိုင်	hin: dhi: hin: jwe' hsain
marché (m)	ဈေး	zei:

salon (m) de café	ကော်ဖီဆိုင်	ko hpi zain
restaurant (m)	စားသောက်ဆိုင်	sa: thau' hsain
brasserie (f)	ဘီယာဆိုင်	bi ja zain:
pizzeria (f)	ပီဇာမုန့်ဆိုင်	pi za moun. zain

salon (m) de coiffure	ဆံပင်ညှပ်ဆိုင်	zain hnja' hsain
poste (f)	စာတိုက်	sa dai'
pressing (m)	အဝတ်အခြောက်လျှော်လုပ်ငန်း	awu' achou' hlo: lou' ngan:
atelier (m) de photo	ဓာတ်ပုံရိုက်ခန်း	da' poun jai' khan:
magasin (m) de chaussures	ဖိနပ်ဆိုင်	hpana' sain

| librairie (f) | စာအုပ်ဆိုင် | sa ou' hsain |
| magasin (m) d'articles de sport | အားကစားပစ္စည်းဆိုင် | a: gaza: pji' si: zain |

atelier (m) de retouche	စက်ပြင်ဆိုင်	se' pjin zain
location (f) de vêtements	ဝတ်စုံအငှါးဆိုင်	wa' zoun ahnga: zain
location (f) de films	အခွေငှါးဆိုင်	akhwei hnga: zain:

cirque (m)	ဆပ်ကပ်	hsa' ka'
zoo (m)	တိရစ္ဆာန်ဥယျာဉ်	tharei' hsan u. jin
cinéma (m)	ရုပ်ရှင်ရုံ	jou' shin joun
musée (m)	ပြတိုက်	pja. dai'
bibliothèque (f)	စာကြည့်တိုက်	sa gji. dai'

théâtre (m)	ကဇာတ်ရုံ	ka. za' joun
opéra (m)	အော်ပရာဇာတ်ရုံ	o pa ra za' joun
boîte (f) de nuit	နိုက်ကလပ်	nai' ka. la'
casino (m)	လောင်းကစားရုံ	laun: gaza: joun

mosquée (f)	ဗလီ	bali
synagogue (f)	ဂျူးဘိုရား ရှိန်ကျောင်း	ja. hu di bu. ja: shi. gou' gjaun:
cathédrale (f)	ဘုရားရှိခိုးကျောင်းတော်	hpaja: gjaun: do:
temple (m)	ဘုရားကျောင်း	hpaja: gjaun:
église (f)	ဘုရားကျောင်း	hpaja: gjaun:

institut (m)	တက္ကသိုလ်	te' kathou
université (f)	တက္ကသိုလ်	te' kathou
école (f)	စာသင်ကျောင်း	sa dhin gjaun:

préfecture (f)	စီရင်စုနယ်	si jin zu. ne
mairie (f)	မြို့တော်ခန်းမ	mjou. do gan: ma.
hôtel (m)	ဟိုတယ်	hou te
banque (f)	ဘဏ်	ban

ambassade (f)	သံရုံး	than joun:
agence (f) de voyages	ခရီးသွားလုပ်ငန်း	khaji: thwa: lou' ngan:
bureau (m) d'information	သတင်းအချက်အလက်ဌာန	dhadin: akje' ale' hta. na.
bureau (m) de change	ငွေလဲရန်နေရာ	ngwei le: jan nei ja

| métro (m) | မြေအောက်ဉမင်လမ်း | mjei au' u. min lan: |
| hôpital (m) | ဆေးရုံ | hsei: joun |

| station-service (f) | ဆီဆိုင် | hsi: zain |
| parking (m) | ကားပါကင် | ka: pa kin |

77. Les transports en commun

autobus (m)	ဘတ်စ်ကား	ba's ka:
tramway (m)	တတ်ရထား	da' ja hta:
trolleybus (m)	တတ်ကား	da' ka:
itinéraire (m)	လမ်းကြောင်း	lan: gjaun:
numéro (m)	ကားနံပါတ်	ka: nan ba'
prendre ...	ယဉ်စီးသည်	jin zi: de
monter (dans l'autobus)	ထိုင်သည်	htain de

descendre de ...	ကားပေါ်မှဆင်းသည်	ka: bo hma. zin: de
arrêt (m)	မှတ်တိုင်	hma' tain
arrêt (m) prochain	နောက်မှတ်တိုင်	nau' hma' tain
terminus (m)	အဆုံးမှတ်တိုင်	ahsoun: hma' tain
horaire (m)	အချိန်ဇယား	achein zaja:
attendre (vt)	စောင့်သည်	saun. de

| ticket (m) | လက်မှတ် | le' hma' |
| prix (m) du ticket | ယာဉ်စီးခ | jin zi: ga. |

caissier (m)	ငွေကိုင်	ngwei gain
contrôle (m) des tickets	လက်မှတ်စစ်ဆေးခြင်း	le' hma' ti' hsei: chin
contrôleur (m)	လက်မှတ်စစ်ဆေးသူ	le' hma' ti' hsei: dhu:

être en retard	နောက်ကျသည်	nau' kja. de
rater (~ le train)	ကားနောက်ကျသည်	ka: nau' kja de
se dépêcher	အမြန်လုပ်သည်	aman lou' de

taxi (m)	တက္ကစီ	te' kasi
chauffeur (m) de taxi	တက္ကစီမောင်းသူ	te' kasi maun: dhu
en taxi	တက္ကစီဖြင့်	te' kasi hpjin.
arrêt (m) de taxi	တက္ကစီစုရပ်	te' kasi zu. ja'
appeler un taxi	တက္ကစီခေါ်သည်	te' kasi go de
prendre un taxi	တက္ကစီငှားသည်	te' kasi hnga: de

trafic (m)	ယာဉ်အသွားအလာ	jin athwa: ala
embouteillage (m)	ယာဉ်ကြောပိတ်ဆို့မှု	jin gjo: bei' hsou. hmu.
heures (f pl) de pointe	အလုပ်ဆင်းချိန်	alou' hsin: gjain
se garer (vp)	ယာဉ်ရပ်နားရန်နေရာယူသည်	jin ja' na: jan nei ja ju de
garer (vt)	ကားအားပါကင်ထိုးသည်	ka: a: pa kin dou: de
parking (m)	ပါကင်	pa gin

métro (m)	မြေအောက်ဥမင်လမ်း	mjei au' u. min lan:
station (f)	ဘူတာရုံ	bu da joun
prendre le métro	မြေအောက်ရထားဖြင့်သွားသည်	mjei au' ja. da: bjin. dhwa: de
train (m)	ရထား	jatha:
gare (f)	ရထားဘူတာရုံ	jatha: buda joun

78. Le tourisme

monument (m)	ရုပ်တု	jou' tu.
forteresse (f)	ခံတပ်ကြီး	khwan da' kji:
palais (m)	နန်းတော်	nan do
château (m)	ရဲတိုက်	je: dai'
tour (f)	မျှော်စင်	hmjo zin
mausolée (m)	ဂူဗိမာန်	gu bi. man

architecture (f)	ဗိသုကာပညာ	bi. thu. ka pjin nja
médiéval (adj)	အလယ်ခေတ်နှင့်ဆိုင်သော	ale khei' hnin. zain de.
ancien (adj)	ရှေးကျသော	shei: gja. de
national (adj)	အမျိုးသားနှင့်ဆိုင်သော	amjou: dha: hnin. zain de.
connu (adj)	နာမည်ကြီးသော	na me gji: de.
touriste (m)	ကမ္ဘာလှည့်ခရီးသည်	ga ba hli. kha. ji: de
guide (m) (personne)	လမ်းညွှန်	lan: hnjun

Français	Birman	Prononciation
excursion (f)	လှေလှာရေးခရီး	lei. la jei: gaji:
montrer (vt)	ပြသည်	pja. de
raconter (une histoire)	ပြောပြသည်	pjo: bja. de
trouver (vt)	ရှာတွေ့သည်	sha dwei. de
se perdre (vp)	ပျောက်သည်	pjau' te
plan (m) (du metro, etc.)	မြေပုံ	mjei boun
carte (f) (de la ville, etc.)	မြေပုံ	mjei boun
souvenir (m)	အမှတ်တရလက်ဆောင်ပစ္စည်း	ahma' ta ra le' hsaun pji' si:
boutique (f) de souvenirs	လက်ဆောင်ပစ္စည်းဆိုင်	le' hsaun pji' si: zain
prendre en photo	ဓာတ်ပုံရိုက်သည်	da' poun jai' te
se faire prendre en photo	ဓာတ်ပုံရိုက်သည်	da' poun jai' te

79. Le shopping

Français	Birman	Prononciation
acheter (vt)	ဝယ်သည်	we de
achat (m)	ဝယ်စရာ	we zaja
faire des achats	ဈေးဝယ်ထွက်ခြင်း	zei: we htwe' chin:
shopping (m)	ရှော့ပင်း	sho. bin:
être ouvert	ဆိုင်ဖွင့်သည်	hsain bwin. de
être fermé	ဆိုင်ပိတ်သည်	hseun bi' te
chaussures (f pl)	ဖိနပ်	hpana'
vêtement (m)	အဝတ်အစား	awu' aza:
produits (m pl) de beauté	အလှကုန်ပစ္စည်း	ahla. koun pji' si:
produits (m pl) alimentaires	စားသောက်ကုန်	sa: thau' koun
cadeau (m)	လက်ဆောင်	le' hsaun
vendeur (m)	ရောင်းသူ	jaun: dhu
vendeuse (f)	ရောင်းသူ	jaun: dhu
caisse (f)	ငွေရှင်းရန်နေရာ	ngwei shin: jan nei ja
miroir (m)	မှန်	hman
comptoir (m)	ကောင်တာ	kaun da
cabine (f) d'essayage	အဝတ်လဲခန်း	awu' le: gan:
essayer (robe, etc.)	တိုင်းကြည့်သည်	tain: dhi. de
aller bien (robe, etc.)	သင့်တော်သည်	thin. do de
plaire (être apprécié)	ကြိုက်သည်	kjai' de
prix (m)	ဈေးနှုန်း	zei: hnan:
étiquette (f) de prix	ဈေးနှုန်းကတ်ပြား	zei: hnan: ka' pja:
coûter (vt)	ကုန်ကျသည်	koun mja. de
Combien?	ဘယ်လောက်လဲ	be lau' le:
rabais (m)	လျှော့ဈေး	sho. zei:
pas cher (adj)	ဈေးမကြီးသော	zei: ma. kji: de.
bon marché (adj)	ဈေးပေါသော	zei: po: de.
cher (adj)	ဈေးကြီးသော	zei: kji: de.
C'est cher	ဒါဈေးကြီးတယ်	da zei: gji: de
location (f)	ငှားရမ်းခြင်း	hna: jan: chin:
louer (une voiture, etc.)	ငှားရမ်းသည်	hna: jan: de

| crédit (m) | အကြွေးဝနစ် | akjwei: sani' |
| à crédit (adv) | အကြွေးဝနစ်ဖြင့် | akjwei: sa ni' hpjin. |

80. L'argent

argent (m)	ပိုက်ဆံ	pai' hsan
échange (m)	လဲလှယ်ခြင်း	le: hle gjin:
cours (m) de change	ငွေလဲနှုန်း	ngwei le: hnan:
distributeur (m)	အလိုအလျောက်ငွေထုတ်စက်	alou aljau' ngwei htou' se'
monnaie (f)	အကြွေစေ့	akjwei zei.

| dollar (m) | ဒေါ်လာ | do la |
| euro (m) | ယူရို | ju rou |

lire (f)	အီတလီ လိုင်ရာငွေ	ita. li lain ja ngwei
mark (m) allemand	ဂျာမန်မတ်ငွေ	gja man ma' ngwei
franc (m)	ဖရန့်	hpa. jan.
livre sterling (f)	စတာလင်ပေါင်	sata lin baun
yen (m)	ယန်း	jan:

dette (f)	အကြွေး	akjwei:
débiteur (m)	မြီစား	mji za:
prêter (vt)	ချေးသည်	chei: de
emprunter (vt)	အကြွေးယူသည်	akjwei: ju de

banque (f)	ဘဏ်	ban
compte (m)	ငွေစာရင်း	ngwei za jin:
verser (dans le compte)	ထည့်သည်	hte de.
verser dans le compte	ငွေသွင်းသည်	ngwei dhwin: de
retirer du compte	ငွေထုတ်သည်	ngwei dou' te

carte (f) de crédit	အကြွေးဝယ်ကဒ်ပြား	akjwei: we ka' pja
espèces (f pl)	လက်ငင်း	le' ngin:
chèque (m)	ချက်	che'
faire un chèque	ချက်ရေးသည်	che' jei: de
chéquier (m)	ချက်စာအုပ်	che' sa ou'

portefeuille (m)	ပိုက်ဆံအိတ်	pai' hsan ei'
bourse (f)	ပိုက်ဆံအိတ်	pai' hsan ei'
coffre fort (m)	မီးခံသေတ္တာ	mi: gan dhi' ta

héritier (m)	အမွေစားအမွေခံ	amwei za: amwei gan
héritage (m)	အမွေဆက်ခံခြင်း	amwei ze' khan gjin:
fortune (f)	အခွင့်အလမ်း	akhwin. alan:

location (f)	အိမ်ငှါး	ein hnga:
loyer (m) (argent)	အခန်းငှါးခ	akhan: hnga: ga
louer (prendre en location)	ငှါးသည်	hnga: de

prix (m)	ဈေးနှုန်း	zei: hnan:
coût (m)	ကုန်ကျစရိတ်	koun gja. za. ji'
somme (f)	ပေါင်းလဒ်	paun: la'
dépenser (vt)	သုံးစွဲသည်	thoun: zwe: de
dépenses (f pl)	စရိတ်စက	zaei' zaga.

| économiser (vt) | ချွေတာသည် | chwei da de |
| économe (adj) | တွက်ခြေကိုက်သော | twe' chei kai' te. |

payer (régler)	ပေးချေသည်	pei: gjei de
paiement (m)	ပေးချေသည့်ငွေ	pei: gjei de. ngwei
monnaie (f) (rendre la ~)	ပြန်အမ်းငွေ	pjan an: ngwe

impôt (m)	အခွန်	akhun
amende (f)	ဒဏ်ငွေ	dan ngwei
mettre une amende	ဒဏ်ရိုက်သည်	dan jai' de

81. La poste. Les services postaux

poste (f)	စာတိုက်	sa dai'
courrier (m) (lettres, etc.)	မေးလ်	mei: l
facteur (m)	စာပို့သမား	sa bou. dhama:
heures (f pl) d'ouverture	ဖွင့်ချိန်	hpwin. gjin

lettre (f)	စာ	sa
recommandé (m)	မှတ်ပုံတင်ပြီးသောစာ	hma' poun din bji: dho: za:
carte (f) postale	ပို့စကဒ်	pou. sa. ka'
télégramme (m)	ကြေးနန်း	kjei: nan:
colis (m)	ပါဆယ်	pa ze
mandat (m) postal	ငွေလွှဲခြင်း	ngwei hlwe: gjin:

recevoir (vt)	လက်ခံရရှိသည်	le' khan ja. shi. de
envoyer (vt)	ပို့သည်	pou. de
envoi (m)	ပို့ခြင်း	pou. gjin:

adresse (f)	လိပ်စာ	lei' sa
code (m) postal	စာပို့သင်္ကေတ	sa bou dhin kei ta.
expéditeur (m)	ပို့သူ	pou. dhu
destinataire (m)	လက်ခံသူ	le' khan dhu

| prénom (m) | အမည် | amji |
| nom (m) de famille | မိသားစု မျိုးရိုးနာမည် | mi. dha: zu. mjou: jou: na mji |

tarif (m)	စာပို့ခ နှုန်းထား	sa bou. kha. hnan: da:
normal (adj)	စံနှုန်းသတ်မှတ်ထားသော	san hnoun: dha' hma' hta: de.
économique (adj)	ကုန်ကျငွေသက်သာသော	koun gja ngwe dhe' dha de.

poids (m)	အလေးချိန်	alei: gjein
peser (~ les lettres)	ချိန်သည်	chein de
enveloppe (f)	စာအိတ်	sa ei'
timbre (m)	တံဆိပ်ခေါင်း	da zei' khaun:
timbrer (vt)	တံဆိပ်ခေါင်းကပ်သည်	da zei' khaun: ka' te

Le logement. La maison. Le foyer

82. La maison. Le logis

maison (f)	အိမ်	ein
chez soi	အိမ်မှာ	ein hma
cour (f)	ခြံမြေကွက်လပ်	chan mjei gwe' la'
clôture (f)	ခြံစည်းရိုး	chan zi: jou:
brique (f)	အုတ်	ou'
en brique (adj)	အုတ်ဖြင့်လုပ်ထားသော	ou' hpjin. lou' hta: de.
pierre (f)	ကျောက်	kjau'
en pierre (adj)	ကျောက်ဖြင့်လုပ်ထားသော	kjau' hpjin. lou' hta: de.
béton (m)	ကွန်ကရစ်	kun ka. ji'
en béton (adj)	ကွန်ကရစ်လောင်းထားသော	kun ka. ji' laun: da: de.
neuf (adj)	သစ်သော	thi' te.
vieux (adj)	ဟောင်းသော	haun: de.
délabré (adj)	အိုဟောင်းပျက်စီးနေသော	ou haun: pje' si: nei dho:
moderne (adj)	ခေတ်မီသော	khi' mi de.
à plusieurs étages	အထပ်များစွာပါသော	a hta' mja: swa ba de.
haut (adj)	မြင့်သော	mjin. de.
étage (m)	အထပ်	a hta'
sans étage (adj)	အထပ်တစ်ထပ်တည်းဖြစ်သော	a hta' ta' hta' te: hpja' tho:
rez-de-chaussée (m)	မြေညီထပ်	mjei nji da'
dernier étage (m)	အပေါ်ဆုံးထပ်	apo zoun: da'
toit (m)	အမိုး	amou:
cheminée (f)	မီးခိုးခေါင်းတိုင်	mi: gou: gaun: dain
tuile (f)	အုတ်ကြွပ်ပြား	ou' gju' pja:
en tuiles (adj)	အုတ်ကြွပ်ဖြင့်မိုးထားသော	ou' gju' hpjin: mou: hta: de.
grenier (m)	ထပ်ခိုး	hta' khou:
fenêtre (f)	ပြတင်းပေါက်	badin: pau'
vitre (f)	ဖန်	hpan
rebord (m)	ပြတင်းအောက်ခြေဘောင်	badin: au' chei dhaun
volets (m pl)	ပြတင်းကာ	badin: ga
mur (m)	နံရံ	nan jou:
balcon (m)	ဝရန်တာ	wa jan da
gouttière (f)	ရေဆင်းပိုက်	jei zin: bai'
en haut (à l'étage)	အပေါ်မှာ	apo hma
monter (vi)	တက်သည်	te' te
descendre (vi)	ဆင်းသည်	hsin: de
déménager (vi)	အိမ်ပြောင်းသည်	ein bjaun: de

83. La maison. L'entrée. L'ascenseur

entrée (f)	ဝင်ပေါက်	win bau'
escalier (m)	လှေကား	hlei ga:
marches (f pl)	လှေကားထစ်	hlei ga: di'
rampe (f)	လှေကားလက်ရန်း	hlei ga: le' jan:
hall (m)	ညွှန်းမ	e. gan: ma.
boîte (f) à lettres	စာတိုက်ပုံး	sa dai' poun:
poubelle (f) d'extérieur	အမှိုက်ပုံး	ahmai' poun:
vide-ordures (m)	အမှိုက်ဆင်းပိုက်	ahmai' hsin: bai'
ascenseur (m)	ဓာတ်လှေကား	da' hlei ga:
monte-charge (m)	ဝန်တင်ဓာတ်လှေကား	wun din da' hlei ga:
cabine (f)	ကုန်တင်ဓာတ်လှေကား	koun din ga' hlei ga:
prendre l'ascenseur	ဓာတ်လှေကားစီးသည်	da' hlei ga: zi: de
appartement (m)	တိုက်ခန်း	tai' khan:
locataires (m pl)	နေထိုင်သူများ	nei dain dhu mja:
voisin (m)	အိမ်နီးနားချင်း	ein ni: na: gjin:
voisine (f)	မိန်းကလေးအိမ်နီးနားချင်း	mein: galei: ein: ni: na: gjin:
voisins (m pl)	အိမ်နီးနားချင်းများ	ein ni: na: gjin: mja:

84. La maison. La porte. La serrure

porte (f)	တံခါး	daga:
portail (m)	ဂိတ်	gei'
poignée (f)	တံခါးလက်ကိုင်	daga: le' kain
déverrouiller (vt)	သော့ဖွင့်သည်	tho. bwin. de
ouvrir (vt)	ဖွင့်သည်	hpwin. de
fermer (vt)	ပိတ်သည်	pei' te
clé (f)	သော့	tho.
trousseau (m), jeu (m)	အတွဲ	atwe:
grincer (la porte)	တကျီကျီမြည်သည်	ta kjwi. kjwi. mji de
grincement (m)	တကျီကျီမြည်သံ	ta kjwi. kjwi. mji dhan
gond (m)	ပတ္တာ	pa' ta
paillasson (m)	ခြေသုတ်ဖုံ	chei dhou' goun
serrure (f)	တံခါးချက်	daga: gje'
trou (m) de la serrure	သော့ပေါက်	tho. bau'
verrou (m)	မင်းတုံး	min: doun:
loquet (m)	တံခါးချက်	daga: che'
cadenas (m)	သော့ခလောက်	tho. ga. lau'
sonner (à la porte)	ခေါင်းလောင်းမြည်သည်	gaun: laun: mje de
sonnerie (f)	ခေါင်းလောင်းမြည်သံ	gaun: laun: mje dhan
sonnette (f)	လူခေါ်ခေါင်းလောင်း	lu go gaun: laun:
bouton (m)	လူခေါ်ခေါင်းလောင်းခလုတ်	lu go gaun: laun: khalou'
coups (m pl) à la porte	တံခါးခေါက်သံ	daga: khau' than
frapper (~ à la porte)	တံခါးခေါက်သည်	daga: khau' te
code (m)	သင်္ကေတဝှက်	thin gei ta. hwe'
serrure (f) à combinaison	ကုဒ်သော့	kou' tho.

interphone (m)	အိမ်တွင်းဆက်သွယ်မှုစနစ်	ein dwin: ze' dhwe hmu. zani'
numéro (m)	နံပါတ်	nan ba'
plaque (f) de porte	အိမ်တံခါးရှေ့ ဆိုင်းဘုတ်	ein da ga: shei. hsain: bou'
judas (m)	ချောင်းကြည့်ပေါက်	chaun: gje. bau'

85. La maison de campagne

village (m)	ရွာ	jwa
potager (m)	အသီးအရွက်စိုက်ခင်း	athi: ajwe' sai' khin:
palissade (f)	ခြံစည်းရိုး	chan zi: jou:
clôture (f)	ခြံစည်းရိုးတိုင်	chan zi: jou: dain
portillon (m)	မလွယ်ပေါက်	ma. lwe bau'
grange (f)	ကျီ	kji
cave (f)	မြေအောက် အစာသိုလှောင်ခန်း	mjei au' asa dhou hlaun gan:
abri (m) de jardin	ဝိုင်းဒေါင်	gou daun
puits (m)	ရေတွင်း	jei dwin:
poêle (m) (~ à bois)	မီးဖို	mi: bou
chauffer le poêle	မီးပြင်းအောင်ထိုးသည်	mi: bjin: aun dou: de
bois (m) de chauffage	ထင်း	htin:
bûche (f)	ထင်းတုံး	tin: doun:
véranda (f)	ဝရန်တာ	wa jan da
terrasse (f)	စကြႍ	sin gja.
perron (m) d'entrée	အိမ်ရှေ့လှေကား	ein shei. hlei ga:
balançoire (f)	ဒန်း	dan:

86. Le château. Le palais

château (m)	ရဲတိုက်	je: dai'
palais (m)	နန်းတော်	nan do
forteresse (f)	ခံတပ်ကြီး	khwan da' kji:
muraille (f)	ရဲတိုက်နံရံပိုင်း	je: dai' nan jan wain:
tour (f)	မျှော်စင်	hmjo zin
donjon (m)	ရဲတိုက်ဗဟို မျှော်စင်ခံတပ်ကြီး	je: dai' ba. hou hmjo zin gan ta' kji:
herse (f)	ဆိုင်းကြိုးသုံးသံ ကွန်ရက်တံခါးကြီး	hsain: kjou: dhoun: dhan kwan ja' dan ga: kji:
souterrain (m)	မြေအောက်လမ်း	mjei au' lan:
douve (f)	ကျုံး	kjun:
chaîne (f)	ကြိုး	kjou:
meurtrière (f)	မြားတံလွှတ်ပေါက်	hmja: dan hlwa' pau'
magnifique (adj)	ခမ်းနားသော	khan: na: de.
majestueux (adj)	နှံညားထည့်ဝါသော	khan nja: hte wa de.
inaccessible (adj)	မထိုးဖောက်နိုင်သော	ma. dou: bau' nein de.
médiéval (adj)	အလယ်ခေတ်နှင့်ဆိုင်သော	ale khei' hnin. zain de.

87. L'appartement

appartement (m)	တိုက်ခန်း	tai' khan:
chambre (f)	အခန်း	akhan:
chambre (f) à coucher	အိပ်ခန်း	ei' khan:
salle (f) à manger	ထမင်းစားခန်း	htamin: za: gan:
salon (m)	ဧည့်ခန်း	e. gan:
bureau (m)	အိမ်တွင်းရုံးခန်းလေး	ein dwin: joun: gan: lei:
antichambre (f)	ဝင်ပေါက်	win bau'
salle (f) de bains	ရေချိုးခန်း	jei gjou gan:
toilettes (f pl)	အိမ်သာ	ein dha
plafond (m)	မျက်နှာကြက်	mje' hna gje'
plancher (m)	ကြမ်းပြင်	kan: pjin
coin (m)	ထောင့်	htaun.

88. L'appartement. Le ménage

faire le ménage	သန့်ရှင်းရေးလုပ်သည်	than. shin: jei: lou' te
ranger (jouets, etc.)	သန့်ရှင်းရေးလုပ်သည်	than. shin: jei: lou' te
poussière (f)	ဖုန်	hpoun
poussiéreux (adj)	ဖုန်ထူသော	hpoun du de.
essuyer la poussière	ဖုန်သုတ်သည်	hpoun dou' te
aspirateur (m)	ဖုန်စုပ်စက်	hpoun zou' se'
passer l'aspirateur	ဖုန်စုပ်စက်ဖြင့် စုပ်သည်	hpoun zou' se' chin. zou' te
balayer (vt)	တံမြက်စည်းလှည်းသည်	tan mje' si: hle: de
balayures (f pl)	အမှိုက်များ	ahmai' mja:
ordre (m)	စနစ်တကျ	sani' ta. gja.
désordre (m)	ရှုပ်ပွခြင်း	shou' pwei gjin:
balai (m) à franges	လက်ကိုင်ရှည်ကြမ်းသုတ်ဖတ်	le' kain she gjan: dhou' hpa'
torchon (m)	ဖုန်သုတ်အဝတ်	hpoun dou' awu'
balayette (f) de sorgho	တံမြက်စည်း	tan mje' si:
pelle (f) à ordures	အမှိုက်ဂေါ်	ahmai' go

89. Les meubles. L'intérieur

meubles (m pl)	ပရိဘောဂ	pa ri. bo: ga.
table (f)	စားပွဲ	sa: bwe:
chaise (f)	ကုလားထိုင်	kala: dain
lit (m)	ကုတင်	ku din
canapé (m)	ဆိုဖာ	hsou hpa
fauteuil (m)	လက်တင်ပါသောကုလားထိုင်	le' tin ba dho: ku. la: dain
bibliothèque (f) (meuble)	စာအုပ်စင်	sa ou' sin
rayon (m)	စင်	sin
armoire (f)	ဗီရို	bi jou
patère (f)	နံရံကပ်အဝတ်ချိတ်စင်	nan jan ga' awu' gei' zin

portemanteau (m)	အဝတ်ချိတ်စင်	awu' gjei' sin
commode (f)	အံဆွဲပါ မှန်တင်ခုံ	an. zwe: pa hman din khoun
table (f) basse	စားပွဲပု	sa: bwe: bu.

miroir (m)	မှန်	hman
tapis (m)	ကော်ဇော	ko zo:
petit tapis (m)	ကော်ဇော	ko zo:

cheminée (f)	မီးလင်းဗို	mi: lin: bou
bougie (f)	ဖယောင်းတိုင်	hpa. jaun dain
chandelier (m)	ဖယောင်းတိုင်စိုက်သောတိုင်	hpa. jaun dain zou' tho dain

rideaux (m pl)	ခန်းဆီးရှည်	khan: zi: shei
papier (m) peint	နံရံကပ်စက္ကူ	nan jan ga' se' ku
jalousie (f)	ယင်းလိပ်	jin: lei'

lampe (f) de table	စားပွဲတင်မီးအိမ်	sa: bwe: din mi: ein
applique (f)	နံရံကပ်မီး	nan jan ga' mi:
lampadaire (m)	မတ်တင်မီးစလောင်း	ma' ta' mi: za. laun:
lustre (m)	မီးပန်းဆိုင်း	mi: ban: zain:

pied (m) (~ de la table)	ခြေထောက်	chei htau'
accoudoir (m)	လက်တန်း	le' tan:
dossier (m)	နောက်မှီ	nau' mi
tiroir (m)	အံဆွဲ	an. zwe:

90. La literie

linge (m) de lit	အိပ်ရာခင်းများ	ei' ja khin: mja:
oreiller (m)	ခေါင်းအုံး	gaun: oun:
taie (f) d'oreiller	ခေါင်းစွပ်	gaun: zu'
couverture (f)	စောင်	saun
drap (m)	အိပ်ရာခင်း	ei' ja khin:
couvre-lit (m)	အိပ်ရာဖုံး	ei' ja hpoun:

91. La cuisine

cuisine (f)	မီးဖိုခန်း	mi: bou gan:
gaz (m)	ဓာတ်ငွေ့	da' ngwei.
cuisinière (f) à gaz	ဂက်စ်မီးဖို	ga' s mi: bou
cuisinière (f) électrique	လျှပ်စစ်မီးဖို	hlja' si' si: bou
four (m)	မုန့် ဖုတ်ရန်ဖို	moun. bou' jan bou
four (m) micro-ondes	မိုက်ခရိုဝေ့ဗ်	mou' kha. jou wei. b

réfrigérateur (m)	ရေခဲသေတ္တာ	je ge: dhi' ta
congélateur (m)	ရေခဲခန်း	jei ge: gan:
lave-vaisselle (m)	ပန်းကန်ဆေးစက်	bagan: zei: ze'

hachoir (m) à viande	အသားကြိတ်စက်	atha: kjei' za'
centrifugeuse (f)	အသီးဖျော်စက်	athi: hpjo ze'
grille-pain (m)	ပေါင်မုန့်ကင်စက်	paun moun. gin ze'
batteur (m)	မွှေစက်	hmwei ze'

machine (f) à café	ကော်ဖီဖျော်စက်	ko hpi hpjo ze'
cafetière (f)	ကော်ဖီအိုး	ko hpi ou:
moulin (m) à café	ကော်ဖီကြိတ်စက်	ko hpi kjei ze'

bouilloire (f)	ရေနွေးကြားအိုး	jei nwei: gaja: ou:
théière (f)	လက်ဘက်ရည်အိုး	le' be' ji ou:
couvercle (m)	အိုးအဖုံး	ou: ahpoun:
passoire (f) à thé	လက်ဖက်ရည်စစ်	le' hpe' ji zi'

cuillère (f)	ဇွန်း	zun:
petite cuillère (f)	လက်ဖက်ရည်ဇွန်း	le' hpe' ji zwan:
cuillère (f) à soupe	အရည်စောက်ဇွန်း	aja: dhau' zun:
fourchette (f)	ခက်ရင်း	khajin:
couteau (m)	ဓား	da:

vaisselle (f)	အိုးခွက်ပန်းကန်	ou: kwe' pan: gan
assiette (f)	ပန်းကန်ပြား	bagan: bja:
soucoupe (f)	အောက်ခံပန်းကန်ပြား	au' khan ban: kan pja:

verre (m) à shot	ဖန်ခွက်	hpan gwe'
verre (m) (~ d'eau)	ဖန်ခွက်	hpan gwe'
tasse (f)	ခွက်	khwe'

sucrier (m)	သကြားခွက်	dhagja: khwe'
salière (f)	ဆားဘူး	hsa: bu:
poivrière (f)	ငြုတ်ကောင်းဘူး	njou' kaun: bu:
beurrier (m)	ထောပတ်ခွက်	hto: ba' khwe'

casserole (f)	ပေါင်းအိုး	paun: ou:
poêle (f)	ဟင်းကြော်အိုး	hin: gjo ou:
louche (f)	ဟင်းခပ်ဇွန်း	hin: ga' zun
passoire (f)	ဆန်ခါ	zaga
plateau (m)	လင်ပန်း	lin ban:

bouteille (f)	ပုလင်း	palin:
bocal (m) (à conserves)	ဖန်ဘူး	hpan bu:
boîte (f) en fer-blanc	သံဘူး	than bu:

ouvre-bouteille (m)	ပုလင်းဖောက်တံ	pu. lin: bau' tan
ouvre-boîte (m)	သံဘူးဖောက်တံ	than bu: bau' tan
tire-bouchon (m)	ဝက်အူဖောက်တံ	we' u bau' dan
filtre (m)	ရေစစ်	jei zi'
filtrer (vt)	စစ်သည်	si' te

ordures (f pl)	အမှိုက်	ahmai'
poubelle (f)	အမှိုက်ပုံး	ahmai' poun:

92. La salle de bains

salle (f) de bains	ရေချိုးခန်း	jei gjou gan:
eau (f)	ရေ	jei
robinet (m)	ရေပိုက်ခေါင်း	jei bai' khaun:
eau (f) chaude	ရေပူ	jei bu
eau (f) froide	ရေအေး	jei ei:

85

dentifrice (m)	သွားတိုက်ဆေး	thwa: tai' hsei:
se brosser les dents	သွားတိုက်သည်	thwa: tai' te
brosse (f) à dents	သွားတိုက်တံ	thwa: tai' tan

se raser (vp)	ရိတ်သည်	jei' te
mousse (f) à raser	မုတ်ဆိတ်ရိတ်သုံး	mou' hsei' jei' thoun:
	ဆံပိုပြာမြုပ်	za' pja hmjou'
rasoir (m)	သင်တုန်းဓား	thin toun: da:

laver (vt)	ဆေးသည်	hsei: de
se laver (vp)	ရေချိုးသည်	jei gjou: de
douche (f)	ရေပန်း	jei ban:
prendre une douche	ရေချိုးသည်	jei gjou: de

baignoire (f)	ရေချိုးကန်	jei gjou: gan
cuvette (f)	အိမ်သာ	ein dha
lavabo (m)	လက်ဆေးကန်	le' hsei: kan

| savon (m) | ဆပ်ပြာ | hsa' pja |
| porte-savon (m) | ဆပ်ပြာခွက် | hsa' pja gwe' |

éponge (f)	ရေမြွုပ်	jei hmjou'
shampooing (m)	ခေါင်းလျှော်ရည်	gaun: sho je
serviette (f)	တဘက်	tabe'
peignoir (m) de bain	ရေချိုးခန်းဝတ်စုံ	jei gjou: gan: wu' soun

lessive (f) (faire la ~)	အဝတ်လျှော်ခြင်း	awu' sho gjin
machine (f) à laver	အဝတ်လျှော်စက်	awu' sho ze'
faire la lessive	ဒိုဘီလျှော်သည်	dou bi jo de
lessive (f) (poudre)	အဝတ်လျှော်ဆပ်ပြာမှုန်.	awu' sho hsa' pja hmun.

93. Les appareils électroménagers

téléviseur (m)	ရုပ်မြင်သံကြားစက်	jou' mjin dhan gja: ze'
magnétophone (m)	အသံသွင်းစက်	athan dhwin: za'
magnétoscope (m)	ဗီဒီယိုပြုစက်	bi di jou bja. ze'
radio (f)	ရေဒီယို	rei di jou
lecteur (m)	ပလေယာစက်	pa. lei ja ze'

vidéoprojecteur (m)	ဗီဒီယိုပရိုဂျက်တာ	bi di jou pa. jou gje' da
home cinéma (m)	အိမ်တွင်းရုပ်ရှင်ခန်း	ein dwin: jou' shin gan:
lecteur DVD (m)	ဒီဗီဒီလေယာ	di bi di ba lei ja
amplificateur (m)	အသံချဲ့စက်	athan che. zek
console (f) de jeux	ဂိမ်းဆလုတ်	gein: kha lou'

caméscope (m)	ဗွီဒီယိုကင်မရာ	bwi di jou kin ma. ja
appareil (m) photo	ကင်မရာ	kin ma. ja
appareil (m) photo numérique	ဒီဂျစ်တယ်ကင်မရာ	digji' te gin ma. ja

aspirateur (m)	ဖုန်စုပ်စက်	hpoun zou' se'
fer (m) à repasser	မီးပူ	mi: bu
planche (f) à repasser	မီးပူတိုက်ရန်စင်	mi: bu tai' jan zin
téléphone (m)	တယ်လီဖုန်း	te li hpoun:
portable (m)	မိုဘိုင်းဖုန်း	mou bain: hpoun:

| machine (f) à écrire | လက်နှိပ်စက် | le' hnei' se' |
| machine (f) à coudre | အပ်ချုပ်စက် | a' chou' se' |

micro (m)	စကားပြောဂွက်	zaga: bjo: gwe'
écouteurs (m pl)	နားကြပ်	na: kja'
télécommande (f)	အဝေးထိန်းကိရိယာ	awei: htin: ki. ja. ja

CD (m)	စီဒီပြား	si di bja:
cassette (f)	တိပ်ခွေ	tei' khwei
disque (m) (vinyle)	ရေးဆော်သုံးဓာတ်ပြား	shei: gi' thoun da' pja:

94. Les travaux de réparation et de rénovation

rénovation (f)	အသစ်ပြုပြင်ဆောက်လုပ်ခြင်း	athi' pju. bin zau' lou' chin:
faire la rénovation	အသစ်ပြုပြင်ဆောက်လုပ်သည်	athi' pju. bin zau' lou' te
réparer (vt)	ပြန်လည်ပြင်ဆင်သည်	pjan le bjin zin de
remettre en ordre	အစီအစဉ်တကျထားသည်	asi asin da. gja. da: de
refaire (vt)	ပြန်လည်ပြုပြင်သည်	pjan le bju. bjin de

peinture (f)	သုတ်ဆေး	thou' hsei:
peindre (des murs)	ဆေးသုတ်သည်	hsei: dhou' te
peintre (m) en bâtiment	အိမ်ဆေးသုတ်သူ	ein zei: dhou' thu
pinceau (m)	ဆေးသုတ်တံ	hsei: dhou' tan

| chaux (f) | ထုံး | htoun: |
| blanchir à la chaux | ထုံးသုတ်သည် | htoun: dhou' te |

papier (m) peint	နံရံကပ်စက္ကူ	nan jan ga' se' ku
tapisser (vt)	နံရံပ်စက္ကူကပ်သည်	nan ja' se' ku ga' te
vernis (m)	အရောင်တင်ဆီ	ajaun din zi
vernir (vt)	အရောင်တင်သည်	ajaun din de

95. La plomberie

eau (f)	ရေ	jei
eau (f) chaude	ရေပူ	jei bu
eau (f) froide	ရေအေး	jei ei:
robinet (m)	ရေပိုက်ခေါင်း	jei bai' khaun:

goutte (f)	ရေစက်	jei ze'
goutter (vi)	ရေစက်ကျသည်	jei ze' kja. de
fuir (tuyau)	ယိုစိမ့်သည်	jou zein. de
fuite (f)	ယိုပေါက်	jou bau'
flaque (f)	ရေအိုင်	jei ain

tuyau (m)	ရေပိုက်	jei bai'
valve (f)	အဖွင့်အပိတ်လလုတ်	ahpwin apei' khalou'
se boucher (vp)	အပေါက်ဆို့သည်	apau' zou. de

outils (m pl)	ကိရိယာများ	ki. ji. ja mja:
clé (f) réglable	ခွရှင်	khwa shin
dévisser (vt)	ဖြုတ်သည်	hpjei: de

visser (vt)	ဝက်အူကျပ်သသည်	we' u gja' te
déboucher (vt)	ဆို့နေသသည်ကို	hsou. nei de gou
	ပြန်ဖွင့်သသည်	bjan bwin. de
plombier (m)	ပိုက်ပြင်သူ	pai' bjin dhu
sous-sol (m)	မြေအောက်ခန်း	mjei au' khan:
égouts (m pl)	မိလ္လာစနစ်	mein la zani'

96. L'incendie

feu (m)	မီး	mi:
flamme (f)	မီးတောက်	mi: tau'
étincelle (f)	မီးပွါး	mi: bwa:
fumée (f)	မီးခိုး	mi: gou:
flambeau (m)	မီးတုတ်	mi: dou'
feu (m) de bois	မီးပုံ	mi: boun
essence (f)	လောင်စာ	laun za
kérosène (m)	ရေနံဆီ	jei nan zi
inflammable (adj)	မီးလောင်လွယ်သော	mi: laun lwe de.
explosif (adj)	ပေါက်ကွဲစေသော	pau' kwe: zei de.
DÉFENSE DE FUMER	ဆေးလိပ်မသောက်ရ	hsei: lei' ma. dhau' ja.
sécurité (f)	ဘေးကင်းမှု	bei: gin: hmu
danger (m)	အန္တရာယ်	an dare
dangereux (adj)	အန္တရာယ်ရှိသော	an dare shi. de.
prendre feu	မတော်တဆမီးစွဲသည်	ma. do da. za. mi: zwe: de
explosion (f)	ပေါက်ကွဲမှု	pau' kwe: hmu.
mettre feu	မီးရှို့သည်	mi: shou. de
incendiaire (m)	မီးရှို့မှုကျူးလွန်သူ	mi: shou. hmu. gju: lun dhu
incendie (m) prémédité	မီးရှို့မှု	mi: shou. hmu.
flamboyer (vi)	မီးတောက်ကြီး	mi: tau' kji:
brûler (vi)	မီးလောင်သည်	mi: laun de
brûler complètement	မီးကျွမ်းသည်	mi: kjwan: de
appeler les pompiers	မီးသတ်ဌာနသို့	mi: dha' hta. na. dhou
	အကြောင်းကြားသည်	akjaun: gja: de
pompier (m)	မီးသတ်သမား	mi: tha' dhama:
voiture (f) de pompiers	မီးသတ်ကား	mi: tha' ka:
sapeurs-pompiers (pl)	မီးသတ်ဦးစီးဌာန	mi: dha' i: zi: hta. na.
échelle (f) des pompiers	မီးသတ်လှေကား	mi: tha' hlei ga:
tuyau (m) d'incendie	မီးသတ်ပိုက်	mi: tha' bai'
extincteur (m)	မီးသတ်ဘူး	mi: tha' bu:
casque (m)	ဟဲလ်မက်ဦးထုပ်	he: l me u: htou'
sirène (f)	အချက်ပေးဉဩသံ	ache' pei: ou' o: dhan
crier (vi)	အကူအညီအော်ဟစ်တောင်း	aku anji o hi' taun:
	ခံသည်	gan de.
appeler au secours	အကူအညီတောင်းသည်	aku anji daun: de
secouriste (m)	ကယ်ဆယ်သူ	ke ze dhu
sauver (vt)	ကယ်ဆယ်သည်	ke ze de
venir (vi)	ရောက်ရှိသည်	jau' shi. de

éteindre (feu)	မီးသတ်သည်	mi: tha' de
eau (f)	ရေ	jei
sable (m)	သဲ	the:

ruines (f pl)	အပျက်အစီး	apje' asi:
tomber en ruine	ယိုယွင်းသည်	jou jwin: de
s'écrouler (vp)	ပြိုကျသည်	pjou gja. de
s'effondrer (vp)	ပြိုကျသည်	pjou gja de

| morceau (m) (de mur, etc.) | အကျိုးအပဲ့ | akjou: ape. |
| cendre (f) | ပြာ | pja |

| mourir étouffé | အသက်ရှူကျပ်သည် | athe' shu gja' te |
| périr (vi) | အသတ်ခံရသည် | atha' khan ja. de |

LES ACTIVITÉS HUMAINS

Le travail. Les affaires. Partie 1

97. Les opérations bancaires

banque (f)	ဘဏ်	ban
agence (f) bancaire	ဘဏ်ခွဲ	ban gwe:
conseiller (m)	အတိုင်ပင်ခံပုဂ္ဂိုလ်	atain bin gan bou' gou
gérant (m)	မန်နေဂျာ	man nei gji
compte (m)	ဘဏ်ငွေစာရင်း	ban ngwei za jin
numéro (m) du compte	ဘဏ်စာရင်းနံပါတ်	ban zajin: nan. ba'
compte (m) courant	ဘဏ်စာရင်းရှင်	ban zajin: shin
compte (m) sur livret	ဘဏ်ငွေစုစာရင်း	ban ngwei zu. za jin
ouvrir un compte	ဘဏ်စာရင်းဖွင့်သည်	ban zajin: hpwin. de
clôturer le compte	ဘဏ်စာရင်းပိတ်သည်	ban zajin: bi' te
verser dans le compte	ငွေသွင်းသည်	ngwei dhwin: de
retirer du compte	ငွေထုတ်သည်	ngwei dou' te
dépôt (m)	အပ်ငွေ	a' ngwei
faire un dépôt	ငွေအပ်သည်	ngwei a' te
virement (m) bancaire	ကြေးနန်းဖြင့်ငွေလွှဲခြင်း	kjei: nan: bjin. ngwe hlwe: gjin
faire un transfert	ကြေးနန်းဖြင့်ငွေလွှဲသည်	kjei: nan: bjin. ngwe hlwe: de
somme (f)	ပေါင်းလဒ်	paun: la'
Combien?	ဘယ်လောက်လဲ	be lau' le:
signature (f)	လက်မှတ်	le' hma'
signer (vt)	လက်မှတ်ထိုးသည်	le' hma' htou: de
carte (f) de crédit	အကြွေးဝယ်ကဒ်-ခရက်ဒစ်ကဒ်	achwei: we ka' - ka' je' da' ka'
code (m)	ကုဒ်နံပါတ်	kou' nan ba'
numéro (m) de carte de crédit	ခရက်ဒစ်ကဒ်နံပါတ်	kha. je' di' ka' nan ba'
distributeur (m)	အလိုအလျောက်ငွေထုတ်စက်	alou aljau' ngwei htou' se'
chèque (m)	ချက်လက်မှတ်	che' le' hma'
faire un chèque	ချက်ရေးသည်	che' jei: de
chéquier (m)	ချက်စာအုပ်	che' sa ou'
crédit (m)	ချေးငွေ	chei: ngwei
demander un crédit	ချေးငွေလျှောက်လွှာတင်သည်	chei: ngwei shau' hlwa din de
prendre un crédit	ချေးငွေရယူသည်	chei: ngwei ja. ju de
accorder un crédit	ချေးငွေထုတ်ပေးသည်	chei: ngwei htou' pei: de
gage (m)	အာမခံပစ္စည်း	a ma. gan bji' si:

98. Le téléphone. La conversation téléphonique

téléphone (m)	တယ်လီဖုန်း	te li hpoun:
portable (m)	မိုဘိုင်းဖုန်း	mou bain: hpoun:
répondeur (m)	ဖုန်းထူးစက်	hpoun: du: ze'
téléphoner, appeler	ဖုန်းဆက်သည်	hpoun: ze' te
appel (m)	အဝင်ဖုန်း	awin hpun:
composer le numéro	နံပါတ် နှိပ်သည်	nan ba' hnei' te
Allô!	ဟလို	ha. lou
demander (~ l'heure)	မေးသည်	mei: de
répondre (vi, vt)	ဖြေသည်	hpjei de
entendre (bruit, etc.)	ကြားသည်	ka: de
bien (adv)	ကောင်းကောင်း	kaun: gaun:
mal (adv)	အရမ်းမကောင်း	ajan: ma. gaun:
bruits (m pl)	ဖြတ်ဝင်သည့်ဆူညံသံ	hpja' win dhi. zu njan dhan
récepteur (m)	တယ်လီဖုန်းနားကြပ်ပိုင်း	te li hpoun: na: gja' pain:
décrocher (vt)	ဖုန်းကောက်ကိုင်သည်	hpoun: gau' gain de
raccrocher (vi)	ဖုန်းချသည်	hpoun: gja de
occupé (adj)	လိုင်းမအားသော	lain: ma. a: de.
sonner (vi)	မြည်သည်	mji de
carnet (m) de téléphone	တယ်လီဖုန်းလမ်းညွှန်စာအုပ်	te li hpoun: lan: hnjun za ou'
local (adj)	ပြည်တွင်းဒေသတွင်းဖြစ်သော	pji dwin: dei. dha dwin: bji' te.
appel (m) local	ပြည်တွင်းခေါ် ဆိုမှု	pji dwin: go zou hmu.
interurbain (adj)	အဝေးခေါ် ဆိုနိုင်သော	awei: go zou nain de.
appel (m) interurbain	အဝေးခေါ် ဆိုမှု	awei: go zou hmu.
international (adj)	အပြည်ပြည်ဆိုင်ရာဖြစ်သော	apji pji zain ja bja' de.
appel (m) international	အပြည်ပြည်ဆိုင်ရာခေါ် ဆိုမှု	apji pji zain ja go: zou hmu

99. Le téléphone portable

portable (m)	မိုဘိုင်းဖုန်း	mou bain: hpoun:
écran (m)	ပြသာရင်း	pja. dha. gjin:
bouton (m)	ခလုတ်	khalou'
carte SIM (f)	ဆင်းကဒ်	hsin: ka'
pile (f)	ဘတ်ထရီ	ba' hta ji
être déchargé	ဖုန်းအားကုန်သည်	hpoun: a: goun: de
chargeur (m)	အားသွင်းကြိုး	a: dhwin: gjou:
menu (m)	အစားအသောက်စာရင်း	asa: athau' sa jin:
réglages (m pl)	ချိန်ညှိခြင်း	chein hnji. chin:
mélodie (f)	တီးလုံး	ti: loun:
sélectionner (vt)	ရွေးချယ်သည်	jwei: che de
calculatrice (f)	ဂဏန်းပေါင်းစက်	ganan: baun: za'
répondeur (m)	အသံမေးလ်	athan mei:l
réveil (m)	နှိုးစက်	hnou: ze'

contacts (m pl)	ဖုန်းအဆက်အသွယ်များ	hpoun: ase' athwe mja:
SMS (m)	မက်ဆေ့ရျ်	me' zei. gja
abonné (m)	အသုံးပြုသူ	athoun: bju. dhu

100. La papeterie

stylo (m) à bille	ဘောပင်	bo pin
stylo (m) à plume	ဖောင်တိန်	hpaun din
crayon (m)	ခဲတံ	khe: dan
marqueur (m)	အရောင်တောက်မင်တံ	ajaun dau' min dan
feutre (m)	ရေဆေးစုတ်တံ	jei zei: zou' tan
bloc-notes (m)	မှတ်စုစာအုပ်	hma' su. za ou'
agenda (m)	နေ့စဉ်မှတ်တမ်းစာအုပ်	nei. zin hma' tan: za ou'
règle (f)	ပေတံ	pei dan
calculatrice (f)	ဂဏန်းပေါင်းစက်	ganan: baun: za'
gomme (f)	ခဲဖျက်	khe: bje'
punaise (f)	ထိပ်ပြားကြီးသံရို	htei' pja: gji: dhan hmou
trombone (m)	တွယ်ချိတ်	twe gjei'
colle (f)	ကော်	ko
agrafeuse (f)	စတာပ်ပလာ	sate' pa. la
perforateur (m)	အပေါက်ဖောက်စက်	apau' hpau' se'
taille-crayon (m)	ခဲချွန်စက်	khe: chun ze'

Le travail. Les affaires. Partie 2

Français	Birman	Prononciation
journal (m)	သတင်းစာ	dhadin: za
revue (f)	မဂ္ဂဇင်းစာစောင်	ma' ga. zin: za zaun
presse (f)	စာနယ်ဇင်း	sa ne zin:
radio (f)	ရေဒီယို	rei di jou
station (f) de radio	ရေဒီယိုဌာန	rei di jou hta. na.
télévision (f)	ရုပ်မြင်သံကြား	jou' mjin dhan gja:
animateur (m)	အစီအစဉ်တင်ဆက်သူ	asi asin din ze' thu
présentateur (m) de journaux télévisés	သတင်းကြေငြာသူ	dhadin: gjei nja dhu
commentateur (m)	အစီရင်ခံသူ	asi jin gan dhu
journaliste (m)	သတင်းစာဆရာ	dhadin: za zaja
correspondant (m)	သတင်းထောက်	dhadin: dau'
reporter photographe (m)	သတင်းဓာတ်ပုံရိုက်ကူးသူ	dhadin: da' poun jai' ku: dhu
reporter (m)	သတင်းထောက်	dhadin: dau'
rédacteur (m)	အယ်ဒီတာ	e di ta
rédacteur (m) en chef	အယ်ဒီတာချုပ်	e di ta chu'
s'abonner (vp)	ပေးသွင်းသည်	pei: dhwin: de
abonnement (m)	လစဉ်ကြေး	la. zin gjei:
abonné (m)	လစဉ်ကြေးပေးသွင်းသူ	la. zin gjei: bei: dhwin: dhu
lire (vi, vt)	ဖတ်သည်	hpa' te
lecteur (m)	စာဖတ်သူ	sa hpa' thu
tirage (m)	စောင်ရေ	saun jei
mensuel (adj)	လစဉ်	la. zin
hebdomadaire (adj)	အပတ်စဉ်	apa' sin
numéro (m)	အကြိမ်	akjein
nouveau (~ numéro)	အသစ်ဖြစ်သော	athi' hpji' te.
titre (m)	ခေါင်းစဉ်	gaun: zin
entrefilet (m)	ဆောင်းပါးငယ်	hsaun: ba: nge
rubrique (f)	ပင်တိုင်ဆောင်းပါး ရှင်ကဏ္ဍ	pin dain zaun: ba: shin gan da.
article (m)	ဆောင်းပါး	hsaun: ba:
page (f)	စာမျက်နှာ	sa mje' hna
reportage (m)	သတင်းပေးပို့ချက်	dhadin: bei: bou. gje'
événement (m)	အဖြစ်အပျက်	a hpji' apje'
sensation (f)	သတင်းထူး	dhadin: du:
scandale (m)	မကောင်းသတင်း	ma. gaun: dhadin:
scandaleux	ကျော်မကောင်းကြား မကောင်းသော	kjo ma. kaun: pja: ma. kaun de
grand (~ scandale)	ကြီးကျယ်ခမ်းနားသော	kji: kje khin: na: de.

émission (f)   အစီအစဉ်   asi asin
interview (f)   အင်တာဗျူး   in ta bju:
émission (f) en direct   တိုက်ရိုက်ထုတ်လွှင့်မှု   tai' jai' htou' hlwin. hmu.
chaîne (f) (~ payante)   လိုင်း   lain:

102. L'agriculture

agriculture (f)   စိုက်ပျိုးရေး   sai' pjou: jei:
paysan (m)   တောင်သူလယ်သမား   taun dhu le dhama:
paysanne (f)   တောင်သူအမျိုးသမီး   taun dhu amjou: dhami:
fermier (m)   လယ်သမား   le dhama:

tracteur (m)   ထွန်စက်   htun ze'
moissonneuse-batteuse (f)   ရိတ်သိမ်းသီးနှံခြွေစက်   jei' thein:/ thi: hnan gjwei ze'

charrue (f)   ထယ်   hte
labourer (vt)   ထယ်ထိုးသည်   hte dou: de
champ (m) labouré   ထယ်ထိုးစက်   hte dou: ze'
sillon (m)   ထယ်ကြောင်း   hte gjaun:

semer (vt)   မျိုးကြဲသည်   mjou: gje: de
semeuse (f)   မျိုးကြဲစက်   mjou: gje: ze'
semailles (f pl)   မျိုးကြဲခြင်း   mjou: gje: gjin:

faux (f)   မြက်ယမ်းတား   mje' jan: da:
faucher (vt)   မြက်ရိတ်သည်   mje' jei' te

pelle (f)   ကော်ပြား   ko pja:
bêcher (vt)   ထွန်ယက်သည်   htun je' te

couperet (m)   ပေါက်ပြား   pja' bja:
sarcler (vt)   ပေါင်းသင်သည်   paun: dhin de
mauvaise herbe (f)   ပေါင်းပင်   paun: bin

arrosoir (m)   အပင်ရေလောင်းပုံး   apin jei laun: boun:
arroser (plantes)   ရေလောင်းသည်   jei laun: de
arrosage (m)   ရေလောင်းခြင်း   jei laun: gjin:

fourche (f)   ကောက်ဆွ   kau' hswa
râteau (m)   ထွန်ခြစ်   htun gji'

engrais (m)   မြေဩဇာ   mjei o: za
engraisser (vt)   မြေဩဇာကျွေးသည်   mjei o: za gjwei: de
fumier (m)   မြေဩဇာ   mjei o: za

champ (m)   လယ်ကွင်း   le gwin:
pré (m)   မြင်ခင်းပြင်   mjin gin: bjin
potager (m)   အသီးအရွက်စိုက်ခင်း   athi: ajwe' sai' khin:
jardin (m)   သစ်သီးခြံ   thi' thi: gjan
faire paître   စားကျက်တွင်လွှတ်ထားသည်   sa: gja' twin hlu' hta' de
berger (m)   သိုးနွားထိန်းကျောင်းသူ   thou: nwa: ou' kjaun: dhu
pâturage (m)   စားကျက်   sa: gja'
élevage (m)   တိရိစ္ဆာန်မွေး မြူရေးလုပ်ငန်း   tharei' hsan mwei: mju jei: lou' ngan:

élevage (m) de moutons သိုးမွေးပြုရေးလုပ်ငန်း thou: mwei: mju je: lou' ngan:
plantation (f) ခြံ chan
plate-bande (f) ဘောင် baun
serre (f) မှန်လုံအိမ် hman loun ein

sécheresse (f) မိုးခေါင်ခြင်း mou: gaun gjin
sec (l'été ~) ခြောက်သွေ့သော chau' thwei. de.

grains (m pl) နံစားပင်တို့၏အစေ့ hnan za: bin dou. i. asei.
céréales (f pl) မှုယောဝပါး mu. jo za. ba:
récolter (vt) ရိတ်သိမ်းသည် jei' thein: de

meunier (m) ဂျုံလက်ဖိုင်ရှင် gjoun ze' pain shin
moulin (m) သီးနှံကြိတ်စွေက် thi: hnan gji' khwei: ze'
moudre (vt) ကြိတ်သည် kjei' te
farine (f) ဂျုံမှုန့် gjoun hmoun.
paille (f) ကောက်ရိုး kau' jou:

103. Le BTP et la construction

chantier (m) ဆောက်လုပ်ရေးလုပ်ငန်းခွင် hsau' lou' jei: lou' ngan: gwin
construire (vt) ဆောက်လုပ်သည် hsau' lou' te
ouvrier (m) du bâtiment ဆောက်လုပ်ရေးအလုပ်သမား hsau' lou' jei: alou' dha. ma:

projet (m) ပရောဂျက် စီမံကိန်း pa jo: gje' si man gein:
architecte (m) ဗိသုကာပညာရှင် bi. thu. ka pjin nja shin
ouvrier (m) အလုပ်သမား alou' dha ma:

fondations (f pl) အုတ်မြစ် ou' mja'
toit (m) အမိုး amou:
pieu (m) de fondation မြေစိုက်တိုင် mjei zai' tain
mur (m) နံရံ nan jou:

ferraillage (m) ခြင်းစင် njan: zin
échafaudage (m) ခြင်း njan:

béton (m) ကွန်ကရစ် kun ka. ji'
granit (m) နမ်းဖတ်ကျောက် hnan: ba' kjau'
pierre (f) ကျောက် kjau'
brique (f) အုတ် ou'

sable (m) သဲ the:
ciment (m) ဘိလပ်မြေ bi la' mjei
plâtre (m) သရွတ် thaju'
plâtrer (vt) သရွတ်ကိုင်သည် thaju' kain de

peinture (f) သုတ်ဆေး thou' hsei:
peindre (des murs) ဆေးသုတ်သည် hsei: dhou' te
tonneau (m) စည်ပိုင်း si bain:

grue (f) ကရိန်းစက် karein: ze'
monter (vt) မသည် ma. de
abaisser (vt) ချသည် cha. de
bulldozer (m) လမ်းကြိတ်စက် lan: gji' se'

excavateur (m)	မြေတူးစက်	mjei du: ze'
godet (m)	ကော်ရွက်	ko khwe'
creuser (vt)	တူးသည်	tu: de
casque (m)	ဒက်ခံဦးထုပ်	dan gan u: dou'

Les professions. Les métiers

104. La recherche d'emploi. Le licenciement

travail (m)	အလုပ်	alou'
employés (pl)	ဝန်ထမ်းအင်အား	wun dan: in a:
personnel (m)	အမှုထမ်း	ahmu, htan:
carrière (f)	သက်မွေးမှုလုပ်ငန်း	the' hmei: hmu. lou' ngan:
perspective (f)	တက်လမ်း	te' lan:
maîtrise (f)	ကျွမ်းကျင်မှု	kjwan: gjin hmu.
sélection (f)	လက်ရွေးစင်	le' jwei: zin
agence (f) de recrutement	အလုပ်အကိုင်ရှာဖွေရေး-အကျိုးဆောင်လုပ်ငန်း	alou' akain sha hpei jei: akjou: zaun lou' ngan:
C.V. (m)	ပညာရည်မှတ်တမ်းအကျဉ်း	pjin nja je hma' tan: akjin:
entretien (m)	အလုပ်အင်တာဗျူး	alou' in da bju:
emploi (m) vacant	အလုပ်လစ်လပ်နေရာ	alou' li' la' nei ja
salaire (m)	လစာ	la. za
salaire (m) fixe	ပုံသေလစာ	poun dhei la. za
rémunération (f)	ပေးချေသည့်ငွေ	pei: gjei de. ngwei
poste (m) (~ évolutif)	ရာထူး	ja du:
fonction (f)	တာဝန်	ta wun
liste (f) des fonctions	တာဝန်များ	ta wun mja:
occupé (adj)	အလုပ်များသော	alou' mja: de.
licencier (vt)	အလုပ်ထုတ်သည်	alou' htou' de
licenciement (m)	ထုတ်ပယ်ခြင်း	htou' pe gjin:
chômage (m)	အလုပ်လက်မဲ့ဦးရေ	alou' le' me. u: jei
chômeur (m)	အလုပ်လက်မဲ့	alou' le' me.
retraite (f)	အငြိမ်းစားလစာ	anjein: za: la. za
prendre sa retraite	အငြိမ်းစားယူသည်	anjein: za: ju dhe

105. Les hommes d'affaires

directeur (m)	ညွှန်ကြားရေးမှူး	hnjun gja: jei: hmu:
gérant (m)	မန်နေဂျာ	man nei gji
patron (m)	အကြီးအကဲ	akji: ake:
supérieur (m)	အထက်လူကြီး	a hte' lu gji:
supérieurs (m pl)	အထက်လူကြီးများ	a hte' lu gji: mja:
président (m)	ဥက္ကဋ္ဌ	ou' kahta.
président (m) (d'entreprise)	ဥက္ကဋ္ဌ	ou' kahta.
adjoint (m)	ဒုတိယ	du. di. ja.
assistant (m)	လက်ထောက်	le' htau'

secrétaire (m, f)	အတွင်းရေးမှူး	atwin: jei: hmu:
secrétaire (m, f) personnel	ကိုယ်ရေးအရာရှိ	kou jei: aja shi.

homme (m) d'affaires	စီးပွားရေးလုပ်ငန်းရှင်	si: bwa: jei: lou' ngan: shin
entrepreneur (m)	စီးပွားရေးလုပ်ငန်းရှင်	si: bwa: jei: lou' ngan: shin
fondateur (m)	တည်ထောင်သူ	ti daun dhu
fonder (vt)	တည်ထောင်သည်	ti daun de

fondateur (m)	ဖွဲ့စည်းသူ	hpwe. zi: dhu
partenaire (m)	အကျိုးတူလုပ်ဖော်ကိုင်ဘက်	akjou: du lou' hpo kain be'
actionnaire (m)	အစုရှင်	asu. shin

millionnaire (m)	သန်းကြွယ်သူဌေး	than: gjwe dhu dei:
milliardaire (m)	ဘီလျံနာသူဌေး	bi ljan na dhu dei:
propriétaire (m)	ပိုင်ရှင်	pain shin
propriétaire (m) foncier	မြေပိုင်ရှင်	mjei bain shin

client (m)	ဖောက်သည်	hpau' te
client (m) régulier	အမြဲတမ်းဖောက်သည်	amje: dan: zau' te
acheteur (m)	ဝယ်သူ	we dhu
visiteur (m)	ည့်သည်	e. dhe

professionnel (m)	ကျွမ်းကျင်သူ	kjwan: gjin dhu
expert (m)	ကျွမ်းကျင်ပညာရှင်	kjwan: gjin bi nja shin
spécialiste (m)	အထူးကျွမ်းကျင်သူ	a htu: kjwan: gjin dhu

banquier (m)	ဘဏ်လုပ်ငန်းရှင်	ban lou' ngan: shin
courtier (m)	စီးပွဲရေးအကျိုးဆောင်	si: bwa: jei: akjou: zaun

caissier (m)	ငွေကိုင်	ngwei gain
comptable (m)	စာရင်းကိုင်	sajin: gain
agent (m) de sécurité	အစောင့်	asaun.

investisseur (m)	ရင်းနှီးမြှုပ်နှံသူ	jin: hni: hmjou' hnan dhu
débiteur (m)	မြီစား	mji za:
créancier (m)	ကြွေးရှင်	kjwei: shin
emprunteur (m)	ချေးသူ	chei: dhu

importateur (m)	သွင်းကုန်လုပ်ငန်းရှင်	thwin: goun lou' ngan: shin
exportateur (m)	ပို့ကုန်လုပ်ငန်းရှင်	pou. goun lou' ngan: shin

producteur (m)	ထုတ်လုပ်သူ	tou' lou' thu
distributeur (m)	ဖြန့်ဝေသူ	hpjan. wei dhu
intermédiaire (m)	တစ်ဆင့်ခံရောင်းသူ	ti' hsin. gan jaun: dhu

conseiller (m)	အတိုင်ပင်ခံပုဂ္ဂိုလ်	atain bin gan bou' gou
représentant (m)	ကိုယ်စားလှယ်	kou za: hle
agent (m)	ကိုယ်စားလှယ်	kou za: hle
agent (m) d'assurances	အာမခံကိုယ်စားလှယ်	a ma. khan gou za: hle

106. Les métiers des services

cuisinier (m)	စားဖိုမှူး	sa: hpou hmu:
cuisinier (m) en chef	စားဖိုမှူးကြီး	sa: hpou hmu: gji:

boulanger (m)	ပေါင်မုန့်ဖုတ်သူ	paun moun. bou' dhu
barman (m)	အရက်ဘားဝန်ထမ်း	aje' ba: wun dan:
serveur (m)	စားပွဲထိုး	sa: bwe: dou:
serveuse (f)	စားပွဲထိုးမိန်းကလေး	sa: bwe: dou: mein: ga. lei:

avocat (m)	ရှေ့နေ	shei. nei
juriste (m)	ရှေ့နေ	shei. nei
notaire (m)	ရှေ့နေ	shei. nei

électricien (m)	လျှပ်စစ်ပညာရှင်	hlja' si' pa. nja shin
plombier (m)	ပိုက်ပြင်သူ	pai' bjin dhu
charpentier (m)	လက်သမား	le' tha ma:

masseur (m)	အနှိပ်သမား	anei' thama:
masseuse (f)	အနှိပ်သမ	anei' thama.
médecin (m)	ဆရာဝန်	hsa ja wun

chauffeur (m) de taxi	တက္ကစီမောင်းသူ	te' kasi maun: dhu
chauffeur (m)	ယာဉ်မောင်း	jin maun:
livreur (m)	ပစ္စည်းပို့သူ	pji' si: bou. dhu

femme (f) de chambre	ဟိုတယ်သန့်ရှင်းရေးဝန်ထမ်း	hou te than. shin wun dam:
agent (m) de sécurité	အစောင့်	asaun.
hôtesse (f) de l'air	လေယာဉ်မယ်	lei jan me

professeur (m)	ဆရာ	hsa ja
bibliothécaire (m)	စာကြည့်တိုက်ဝန်ထမ်း	sa gji. dai' wun dan:
traducteur (m)	ဘာသာပြန်	ba dha bjan
interprète (m)	စကားပြန်	zaga: bjan
guide (m)	လမ်းညွှန်	lan: hnjun

coiffeur (m)	ဆံသဆရာ	hsan dha. zaja
facteur (m)	စာပို့သမား	sa bou. dhama:
vendeur (m)	ဆိုင်အရောင်းဝန်ထမ်း	hsain ajaun: wun dan:

jardinier (m)	ဥယျာဉ်မှူး	u. jin hmu:
serviteur (m)	အိမ်စေအမှုထမ်း	ein zei ahmu. dan:
servante (f)	အိမ်စေအမျိုးသမီး	ein zei amjou: dhami:
femme (f) de ménage	သန့်ရှင်းရေးသမ	than. shin: jei: dhama.

107. Les professions militaires et leurs grades

soldat (m) (grade)	တပ်သား	ta' tha:
sergent (m)	တပ်ကြပ်ကြီး	ta' kja' kji:
lieutenant (m)	ဗိုလ်	bou
capitaine (m)	ဗိုလ်ကြီး	bou gji

commandant (m)	ဗိုလ်မှူး	bou hmu:
colonel (m)	ဗိုလ်မှူးကြီး	bou hmu: gji:
général (m)	ဗိုလ်ချုပ်	bou gjou'
maréchal (m)	ထိပ်တန်းအရာရှိ	htei' tan: aja shi.
amiral (m)	ရေတပ်ဗိုလ်ချုပ်ကြီး	jei da' bou chou' kji:
militaire (m)	တပ်မတော်နှင့်ဆိုင်သော	ta' mado hnin. zain de.
soldat (m)	စစ်သား	si' tha:

| officier (m) | အရာရှိ | aja shi. |
| commandant (m) | ခေါင်းဆောင် | gaun: zaun |

garde-frontière (m)	နယ်ခြားစောင့်	ne gja: zaun.
opérateur (m) radio	ဆက်သွယ်ရေးတပ်သား	hse' thwe jei: da' tha:
éclaireur (m)	ကင်းထောက်	kin: dau'
démineur (m)	မိုင်းရှင်းသူ	main: shin: dhu
tireur (m)	လက်ဖျောင့်တပ်သား	le' hpaun. da' tha:
navigateur (m)	လေကြောင်းပြ	lei gjaun: bja.

108. Les fonctionnaires. Les prêtres

| roi (m) | ဘုရင် | ba. jin |
| reine (f) | ဘုရင်မ | ba jin ma. |

| prince (m) | အိမ်ရှေ့မင်းသား | ein shei. min: dha: |
| princesse (f) | မင်းသမီး | min: dhami: |

| tsar (m) | ဇာဘုရင် | za bou jin |
| tsarine (f) | ဇာဘုရင်မ | za bou jin ma |

président (m)	သမ္မတ	thamada.
ministre (m)	ဝန်ကြီး	wun: gji:
premier ministre (m)	ဝန်ကြီးချုပ်	wun: gji: gjou'
sénateur (m)	ဆိနိတ်လွှတ်တော်အမတ်	hsi nei' hlwa' do: ama'

diplomate (m)	သံတမန်	than taman.
consul (m)	ကောင်စစ်ဝန်	kaun si' wun
ambassadeur (m)	သံအမတ်	than ama'
conseiller (m)	ကောင်စီဝင်	kaun si wun

fonctionnaire (m)	အမှုဆောင်အရာရှိ	ahmu. zaun aja shi.
préfet (m)	သီ့သန့်နယ်မြေ အုပ်ချုပ်ရေးမှူး	thi: dhan. ne mjei ou' chou' ei: hmu:
maire (m)	မြို့တော်ဝန်	mjou. do wun

| juge (m) | တရားသူကြီး | taja: dhu gji: |
| procureur (m) | အစိုးရရှေ့နေ | asou: ja shei. nei |

missionnaire (m)	သာသနာပြုသူ	tha dha. na bju. dhu
moine (m)	ဘုန်းကြီး	hpoun: gji:
abbé (m)	ကျောင်းထိုင်ဆရာတော်	kjaun: dain zaja do
rabbin (m)	ဂျူးဘာသာရေးခေါင်းဆောင်	gju: ba dha jei: gaun: zaun:

vizir (m)	မွတ်ဆလင်အမတ်	mu' hsa. lin ama'
shah (m)	ရှားဘုရင်	sha: bu. shin
cheik (m)	အာရပ်စော်ဘွား	a ra' so bwa:

109. Les professions agricoles

| apiculteur (m) | ပျားမွေးသူ | pja: mwei: dhu |
| berger (m) | သိုး၊နွားအုပ်ကျောင်းသူ | thou:/ nwa: ou' kjaun: dhu |

agronome (m)	သီးနှံစိုက်ပျိုး ရေးပညာရှင်	thi: hnan zai' pjou: jei: pin nja shin
éleveur (m)	တိရ္ဆာန်မျိုးဖောက်သူ	tharei' hsan mjou: hpau' thu
vétérinaire (m)	တိရ္ဆာန်ဆရာဝန်	tharei' hsan zaja wun
fermier (m)	လယ်သမား	le dhama:
vinificateur (m)	ဝိုင်ဖောက်သူ	wain bau' thu
zoologiste (m)	သတ္တဗေဒပညာရှင်	tha' ta. bei da. pin nja shin
cow-boy (m)	နွားကျောင်းသား	nwa: gjaun: dha:

110. Les professions artistiques

acteur (m)	သရုပ်ဆောင်မင်းသား	thajou' hsaun min: dha:
actrice (f)	သရုပ်ဆောင်မင်းသမီး	thajou' hsaun min: dha:
chanteur (m)	အဆိုတော်	ahsou do
cantatrice (f)	အဆိုတော်	ahsou do
danseur (m)	အကဆရာ	aka. hsa. ja
danseuse (f)	အကဆရာမ	aka. hsa. ja ma
artiste (m)	သရုပ်ဆောင်သူ	thajou' hsaun dhu
artiste (f)	သရုပ်ဆောင်သူ	thajou' hsaun dhu
musicien (m)	ဂီတပညာရှင်	gi ta. bjin nja shin
pianiste (m)	စန္တရားဆရာ	san daja: zaja
guitariste (m)	ဂစ်တာပညာရှင်	gi' ta bjin nja shin
chef (m) d'orchestre	ဂီတမှူး	gi ta. hmu
compositeur (m)	တေးရေးဆရာ	tei: jei: hsaja
imprésario (m)	ဇာတ်ဆရာ	za' hsaja
metteur (m) en scène	ရုပ်ရှင်ဒါရိုက်တာ	jou' shin da jai' ta
producteur (m)	ထုတ်လုပ်သူ	htou' lou' thu
scénariste (m)	ဇာတ်ညွှန်းဆရာ	za' hnjun: za ja
critique (m)	ဝေဖန်သူ	wei ban dhu
écrivain (m)	စာရေးဆရာ	sajei: zaja
poète (m)	ကဗျာဆရာ	ka. bja zaja
sculpteur (m)	ပန်းပုဆရာ	babu hsaja
peintre (m)	ပန်းချီဆရာ	bagji zaja
jongleur (m)	လက်လှည့်ဆရာ	le' hli. za. ja.
clown (m)	လူရွှင်တော်	lu shwin do
acrobate (m)	ကျွမ်းဘားပြသူ	kjwan: ba: bja dhu
magicien (m)	မျက်လှည့်ဆရာ	mje' hle. zaja

111. Les différents métiers

médecin (m)	ဆရာဝန်	hsa ja wun
infirmière (f)	သူနာပြု	thu na bju.
psychiatre (m)	စိတ်ရောဂါအထူးကုဆရာဝန်	sei' jo: ga ahtu: gu. zaja wun

stomatologue (m)	သွားဆရာဝန်	thwa: hsaja wun
chirurgien (m)	ခွဲစိတ်ကုဆရာဝန်	khwe: hsei' ku hsaja wun
astronaute (m)	အာကာသယာဉ်မှူး	akatha. jin hmu:
astronome (m)	နက္ခတ္တဗေဒပညာရှင်	ne' kha' ta. bei da. pji nja shin
pilote (m)	လေယာဉ်မှူး	lei jan hmu:
chauffeur (m)	ယာဉ်မောင်း	jin maun:
conducteur (m) de train	ရထားမောင်းသူ	jatha: maun: dhu
mécanicien (m)	စက်ပြင်ဆရာ	se' pjin zaja
mineur (m)	သတ္တုတွင်း အလုပ်သမား	tha' tu. dwin: alou' thama:
ouvrier (m)	အလုပ်သမား	alou' dha ma:
serrurier (m)	သော့ပြင်ဆရာ	tho. bjin zaja
menuisier (m)	ကျူးပေါင်းဆွေလက်သမား	kji: baun: gwei le' dha ma:
tourneur (m)	တွင်နီအလုပ်သမား	twin goun alou' dhama:
ouvrier (m) du bâtiment	ဆောက်လုပ်ရေးအလုပ်သမား	hsau' lou' jei: alou' dha. ma:
soudeur (m)	ဂဟောဆော်သူ	gahei hso dhu
professeur (m) (titre)	ပါမောက္ခ	pamau' kha
architecte (m)	ဗိသုကာပညာရှင်	bi. thu. ka pjin nja shin
historien (m)	သမိုင်းပညာရှင်	thamain: pin nja shin
savant (m)	သိပ္ပံပညာရှင်	thei' pan pin nja shin
physicien (m)	ရူပဗေဒပညာရှင်	ju bei da. bin nja shin
chimiste (m)	ဓါတုဗေဒပညာရှင်	da tu. bei da. bjin nja shin
archéologue (m)	ရှေးဟောင်းသုတေသ နပညာရှင်	shei: haun thu. dei dha. na. bji nja shin
géologue (m)	ဘူမိဗေဒပညာရှင်	buu mi. bei da. bjin nja shin
chercheur (m)	သုတေသနပညာရှင်	thu. tei thana pin nja shin
baby-sitter (m, f)	ကလေးထိန်း	kalei: din:
pédagogue (m, f)	ဆရာ	hsa ja
rédacteur (m)	အယ်ဒီတာ	e di ta
rédacteur (m) en chef	အယ်ဒီတာချုပ်	e di ta chu'
correspondant (m)	သတင်းထောက်	dhadin: dau'
dactylographe (f)	လက်နှိပ်စက်ရိုက်သူ	le' ni' se' jou' thu
designer (m)	ဒီဇိုင်နာ	di zain na
informaticien (m)	ကွန်ပျူတာပညာရှင်	kun pju ta ba. nja shin
programmeur (m)	ပရိုဂရမ်မာ	pa. jou ga. jan ma
ingénieur (m)	အင်ဂျင်နီယာ	in gjin ni ja
marin (m)	သင်္ဘောသား	thin: bo: dha:
matelot (m)	သင်္ဘောသား	thin: bo: dha:
secouriste (m)	ကယ်ဆယ်သူ	ke ze dhu
pompier (m)	မီးသတ်သမား	mi: tha' dhama:
policier (m)	ရဲ	je:
veilleur (m) de nuit	အစောင့်	asaun.
détective (m)	စုံထောက်	soun dau'
douanier (m)	အကောက်ခွန်အရာရှိ	akau' khun aja shi.
garde (m) du corps	သက်တော်စောင့်	the' to zaun.
gardien (m) de prison	ထောင်စောင့်	htaun zaun.

inspecteur (m)	ရဲအုပ်	je: ou'
sportif (m)	အားကစားသမား	a: gaza: dhama:
entraîneur (m)	နည်းပြ	ne: bja.
boucher (m)	သားသတ်သမား	tha: dha' thama:
cordonnier (m)	ဖိနပ်ချုပ်သမား	hpana' chou' tha ma:
commerçant (m)	ကုန်သည်	koun de
chargeur (m)	ကုန်ထမ်းသမား	koun din dhama:
couturier (m)	ဖက်ရှင်ဒီဇိုင်နာ	hpe' shin di zain na
modèle (f)	မော်ဒယ်	mo de

112. Les occupations. Le statut social

écolier (m)	ကျောင်းသား	kjaun: dha:
étudiant (m)	ကျောင်းသား	kjaun: dha:
philosophe (m)	အသာနပညာရှင်	da' thana. pjin nja shin
économiste (m)	ဘောဂဗေဒပညာရှင်	bo ga bei da ba nja shin
inventeur (m)	တီထွင်သူ	ti htwin dhu
chômeur (m)	အလုပ်လက်မဲ့	alou' le' me.
retraité (m)	အငြိမ်းစား	anjein: za:
espion (m)	သူလျှို	thu shou
prisonnier (m)	ထောင်သား	htaun dha:
gréviste (m)	သပိတ်မှောက်သူ	thabei' hmau' thu
bureaucrate (m)	ဗျူရိုကရက်အရာရှိ	bju jou ka. je' aja shi.
voyageur (m)	ခရီးသွား	khaji: thwa:
homosexuel (m)	လိင်တူချင်းဆက်ဆံသူ	lein du cjin: ze' hsan dhu
hacker (m)	ဟက်ကာ	he' ka
hippie (m, f)	လူမှုလေ့များကို ေသွဖယ်သူ	lu hmu. da. lei. mja: gou
bandit (m)	ဓားပြ	damja.
tueur (m) à gages	လူသတ်သမား	lu dha' thama:
drogué (m)	ဆေးစွဲသူ	hsei: zwe: dhu
trafiquant (m) de drogue	မူးယစ်ဆေးေရာင်းဝယ်သူ	mu: ji' hsei: jaun we dhu
prostituée (f)	ပြည့်တန်ဆာ	pjei. dan za
souteneur (m)	ဖာခေါင်း	hpa gaun:
sorcier (m)	မှော်ဆရာ	hmo za. ja
sorcière (f)	မှော်ဆရာမ	hmo za. ja ma.
pirate (m)	ပင်လယ်ဓားပြ	pin le da: bja.
esclave (m)	ကျွန်	kjun
samouraï (m)	ဆာမူရိုင်း	hsa mu jain:
sauvage (m)	လူရိုင်း	lu jain:

103

Le sport

sportif (m)	အားကစားသမား	a: gaza: dhama:
type (m) de sport	အားကစားအမျိုးအစား	a: gaza: amjou: asa:
basket-ball (m)	ဘတ်စကက်ဘော	ba' sa. ka' bo:
basketteur (m)	ဘတ်စကက်ဘောကစားသမား	ba' sa. ka' bo ka. za: dha ma:
base-ball (m)	ဘေ့စ်ဘောအားကစား	bei'. bo a: gaza
joueur (m) de base-ball	ဘေ့စ်ဘောကစားသမား	bei'. bo a: gaza dha ma:
football (m)	ဘောလုံးအားကစား	bo loun: a: gaza:
joueur (m) de football	ဘောလုံးကစားသမား	bo loun: gaza: dhama:
gardien (m) de but	ဂိုးသမား	gou: dha ma:
hockey (m)	ဟော်ကီ	hou ki
hockeyeur (m)	ဟော်ကီကစားသမား	hou ki gaza: dha ma:
volley-ball (m)	ဘော်လီဘောအားကစား	bo li bo: a: gaza:
joueur (m) de volley-ball	ဘောလီဘောကစားသမား	bo li bo: a: gaza: dhama:
boxe (f)	လက်ဝှေ့	le' hwei.
boxeur (m)	လက်ဝှေ့သမား	le' hwei. dhama:
lutte (f)	နပမ်းကစားခြင်း	naban: gaza: gjin:
lutteur (m)	နပမ်းသမား	naban: dhama:
karaté (m)	ကရာတေးအားကစား	ka. ra tei: a: gaza:
karatéka (m)	ကရာတေးကစားသမား	ka. ra tei: a: gaza: ma:
judo (m)	ဂျူဒိုအားကစား	gju dou a: gaza:
judoka (m)	ဂျူဒိုကစားသမား	gju dou a: gaza: dhama:
tennis (m)	တင်းနစ်	tin: ni'
joueur (m) de tennis	တင်းနစ်ကစားသူ	tin: ni' gaza: dhu
natation (f)	ရေကူးအားကစား	jei ku: a: gaza:
nageur (m)	ရေကူးသူ	jei ku: dhu
escrime (f)	ဓားရေးယှဉ်ပြိုင်ကစားခြင်း	da: jei: shin bjain ga. za: gjin
escrimeur (m)	ဓားရေးယှဉ်ပြိုင်ကစားသူ	da: jei: shin bjain ga. za: dhu
échecs (m pl)	စစ်တုရင်	si' tu. jin
joueur (m) d'échecs	စစ်တုရင်ကစားသမား	si' tu. jin gaza: dhama:
alpinisme (m)	တောင်တက်ခြင်း	taun de' chin:
alpiniste (m)	တောင်တက်သမား	taun de' thama:
course (f)	အပြေး	apjei:

coureur (m)	အပြေးသမား	apjei: dha. ma:
athlétisme (m)	ပြေးခုန်ပစ်	pjei: goun bi'
athlète (m)	ပြေးခုန်ပစ်ကစားသူ	pjei: goun bi' gaza: dhu
équitation (f)	မြင်းစီးခြင်း	mjin: zi: gjin:
cavalier (m)	မြင်းစီးသူ	mjin: zi: dhu
patinage (m) artistique	စက်တ်စီးကပြခြင်း	sakei' si: ga. bja. gjin:
patineur (m)	စက်တ်စီးကပြသူ	sakei' si: ga. bja. dhu
patineuse (f)	စက်တ်စီးကပြမယ်	sakei' si: ga. bja. me
haltérophilie (f)	အလေးမ	a lei: ma
haltérophile (m)	အလေးမသူ	a lei: ma dhu
course (f) automobile	ကားမောင်းပြိုင်ခြင်း	ka: maun: bjein gjin:
pilote (m)	ပြိုင်ကားမောင်းသူ	pjain ga: maun: dhu
cyclisme (m)	စက်ဘီးစီးခြင်း	se' bi: zi: gjin
cycliste (m)	စက်ဘီးစီးသူ	se' bi: zi: dhu
sauts (m pl) en longueur	အလျားခုန်	alja: khun
sauts (m pl) à la perche	တုတ်ထောက်ခုန်	tou' htau' khoun
sauteur (m)	ခုန်သူ	khoun dhu

114. Les types de sports. Divers

football (m) américain	အမေရိကန်ဘောလုံး	amei ji kan dho: loun:
badminton (m)	ကြက်တောင်	kje' daun
biathlon (m)	သေနတ်ပစ်	thei na' pi'
billard (m)	ဘိလိယက်	bi li je'
bobsleigh (m)	ပြိုင်စွတ်ဖား	pjain zwa' hpa:
bodybuilding (m)	ကာယဗလ	ka ja ba. la.
water-polo (m)	ဝါတာပိုလို	wa ta pou lou
handball (m)	လက်ပစ်ဘောလုံးကစားနည်း	le' pi' bo: loun: gaza: ne:
golf (m)	ဂေါက်ရိုက်ခြင်း	gou' jai' chin:
aviron (m)	လှေလှော်ခြင်း	hlei hlo gjin:
plongée (f)	ရေငုပ်ခြင်း	jei ngou' chin:
course (f) à skis	နှင်းလျှောစက်တ်စီးပြိုင်ပွဲ	hnin: sho: zakei' si: bjain bwe:
tennis (m) de table	စားပွဲတင်တင်းနစ်	sa: bwe: din din: ni'
voile (f)	ရွက်လွှင့်ခြင်း	jwe' hlwn. jgin:
rallye (m)	ကားပြိုင်ခြင်း	ka: bjain gjin:
rugby (m)	ရတ်ဘီဘောလုံးအားကစား	re' bi bo: loun: a: gaza:
snowboard (m)	နှင်းလျှောစက်တ်စီးခြင်း	hnin: sho: zakei' si: gjin:
tir (m) à l'arc	မြား ပစ်	hmja: bi'

115. La salle de sport

barre (f) à disques	အလေးတန်း	a lei: din:
haltères (m pl)	ဒမ်ဘယ်အလေးတုန်း	dan be alei: doun:

appareil (m) d'entraînement	လေ့ကျင့်ခန်းပြုလုပ်ရန်စက်	lei. kjin. gan: pju. lou' jan ze'
vélo (m) d'exercice	လေ့ကျင့်ခန်းစက်ဘီး	lei. kjin. gan: ze' bi:
tapis (m) roulant	ပြေးစက်	pjei: ze'
barre (f) fixe	ဘားတန်း	ba: din:
barres (pl) parallèles	ပြိုင်တန်း	pjain dan:
cheval (m) d'Arçons	မြင်းခုံ	mjin: goun
tapis (m) gymnastique	အားကစားဖျာ	a: gaza: bja
corde (f) à sauter	ကြိုး	kjou:
aérobic (m)	အေရိုးဘစ်	e jou: bi'
yoga (m)	ယောဂ	jo: ga.

116. Le sport. Divers

Jeux (m pl) olympiques	အိုလံပစ်အားကစားပွဲ	ou lan bi' a: gaza: bwe
gagnant (m)	အနိုင်ရသူ	anain ja. dhu
remporter (vt)	အနိုင်ရသည်	anain ja de
gagner (vi)	နိုင်သည်	nain de
leader (m)	ခေါင်းဆောင်	gaun: zaun
prendre la tête	ဦးဆောင်သည်	u: zaun de
première place (f)	ပထမဆု	pahtama. zu.
deuxième place (f)	ဒုတိယဆု	du. di. ja. zou
troisième place (f)	တတိယဆု	tati. ja. zu.
médaille (f)	ဆုတံဆိပ်	hsu. dazei'
trophée (m)	ဒိုင်းဆု	dain: zu.
coupe (f) (trophée)	ဆုဖလား	hsu. bala:
prix (m)	ဆု	hsu.
prix (m) principal	အဓိကဆု	adi. ka. zu.
record (m)	မှတ်တမ်း	hma' tan:
établir un record	မှတ်တမ်းတင်သည်	hma' tan: din de
finale (f)	ဗိုလ်လုပွဲ	bou lu. bwe:
final (adj)	နောက်ဆုံးဖြစ်သော	nau' hsoun: bji' te.
champion (m)	ချန်ပီယံ	chan pi jan
championnat (m)	တံခွန်စိုက်ပြိုင်ပွဲ	dagun zai' pjein bwe:
stade (m)	အားကစားရုံ	a: gaza: joun
tribune (f)	ပွဲကြည့်စင်	pwe: gje. zi'
supporteur (m)	ပရိသတ်သတ်	pa. rei' tha'
adversaire (m)	ပြိုင်ဘက်	pjain be'
départ (m)	စမှတ်	sahma'
ligne (f) d'arrivée	ဆုံးမှတ်	hsoun: hma'
défaite (f)	လက်လျော့ခြင်း	le' sho. gjin:
perdre (vi)	ရှုံးသည်	shoun: de
arbitre (m)	ဒိုင်လူကြီး	dain dhu gji:
jury (m)	အကဲဖြတ်ဒိုင်လူကြီးအဖွဲ့	ake: hpja dain lu gji: ahpwe.

score (m)	ရလဒ်	jala'
match (m) nul	သရေ	thajei
faire match nul	သရေကျသည်	tha. jei gja. de
point (m)	ရမှတ်	ja. hma'
résultat (m)	ရလဒ်	jala'

période (f)	အပိုင်း	apain:
mi-temps (f) (pause)	ပွဲလယ်နားချိန်	pwe: le na: gjein

dopage (m)	ဆေးသုံးခြင်း	hsei: dhoun: gjin:
pénaliser (vt)	ပြစ်ဒက်ပေးသည်	pji' dan bei: de
disqualifier (vt)	ဝတ်ပင်သည်	pei' pin de

agrès (m)	တန်ဆာပလာ	tan za ba. la
lance (f)	လှံ	hlan
poids (m) (boule de métal)	သံလုံး	than loun:
bille (f) (de billard, etc.)	ဘောလုံး	bo loun:

but (cible)	ချိန်သီး	chein dhi:
cible (~ en papier)	ပစ်မှတ်	pi' hma'
tirer (vi)	ပစ်သည်	pi' te
précis (un tir ~)	တိတိကျကျဖြစ်သော	ti. ti. kja. kja. hpji te.

entraîneur (m)	နည်းပြ	ne: bja.
entraîner (vt)	လေ့ကျင့်ပေးသည်	lei. kjin. bei: de
s'entraîner (vp)	လေ့ကျင့်သည်	lei. kjin. de
entraînement (m)	လေ့ကျင့်ခြင်း	lei. kjin. gjin

salle (f) de gym	အားကစားခန်းမ	a: gaza: gan: ma.
exercice (m)	လေ့ကျင့်ခန်း	lei. kjin. gan:
échauffement (m)	သွေးပူလေ့ကျင့်ခန်း	thwei: bu lei. gjin. gan:

L'éducation

école (f)	စာသင်ကျောင်း	sa dhin gjaun:
directeur (m) d'école	ကျောင်းအုပ်ကြီး	ko: ou' kji:
élève (m)	ကျောင်းသား	kjaun: dha:
élève (f)	ကျောင်းသူ	kjaun: dhu
écolier (m)	ကျောင်းသား	kjaun: dha:
écolière (f)	ကျောင်းသူ	kjaun: dhu
enseigner (vt)	သင်ကြားသည်	thin kja: de
apprendre (~ l'arabe)	သင်ယူသည်	thin ju de
apprendre par cœur	အလွတ်ကျက်သည်	alu' kje' de
apprendre (à faire qch)	သင်ယူသည်	thin ju de
être étudiant, -e	ကျောင်းတက်သည်	kjaun: de' de
aller à l'école	ကျောင်းသွားသည်	kjaun: dhwa: de
alphabet (m)	အက္ခရာ	e' kha ja
matière (f)	ဘာသာရပ်	ba da ja'
salle (f) de classe	စာသင်ခန်း	sa dhin gan:
leçon (f)	သင်ခန်းစာ	thin gan: za
récréation (f)	အနားချိန်	ana: gjain
sonnerie (f)	ခေါင်းလောင်းသံ	gaun: laun: dhan
pupitre (m)	စာရေးခုံ	sajei: khoun
tableau (m) noir	ကျောက်သင်ပုန်း	kjau' thin boun:
note (f)	အမှတ်	ahma'
bonne note (f)	အမှတ်အဆင့်မြင့်	ahma' ahsin. mjin.
mauvaise note (f)	အမှတ်အဆင့်နိမ့်	ahma' ahsin. nin.
donner une note	အမှတ်ပေးသည်	ahma' pei: de
faute (f)	အမှား	ahma:
faire des fautes	အမှားလုပ်သည်	ahma: lou' te
corriger (une erreur)	အမှားပြင်သည်	ahma: pjin de
antisèche (f)	ခိုးကူးရန်စာ	khou: gu: jan za
	ရှက်အပိုင်းအစ	jwe' apain: asa.
devoir (m)	အိမ်စာ	ein za
exercice (m)	လေ့ကျင့်ခန်း	lei. kjin. qan;
être présent	ရှိသည်	shi. de
être absent	ပျက်ကွက်သည်	pje' kwe' te
manquer l'école	အတန်းပျက်ကွက်သည်	atan: bje' kwe' te
punir (vt)	အပြစ်ပေးသည်	apja' pei: de
punition (f)	အပြစ်ပေးခြင်း	apja' pei: gjin:

108

conduite (f)	အပြုအမူ	apju amu
carnet (m) de notes	စာမေးပွဲမှတ်တမ်း	sa mei: hma' tan:
crayon (m)	ခဲတံ	khe: dan
gomme (f)	ခဲဖျက်	khe: bje'
craie (f)	မြေဖြူ	mjei bju
plumier (m)	ခဲတံပူး	khe: dan bu:

cartable (m)	ကျောင်းသုံးလွယ်အိတ်	kjaun: dhoun: lwe ji'
stylo (m)	ဘောပင်	bo pin
cahier (m)	လေ့ကျင့်ခန်းစာအုပ်	lei. kjin. gan: za ou'
manuel (m)	ဖတ်စာအုပ်	hpa' sa au'
compas (m)	ထောက်ဆွဲ	htau' hsu:

dessiner (~ un plan)	ပုံကြမ်းဆွဲသည်	poun: gjam: zwe: de
dessin (m) technique	နည်းပညာဆိုင်ရာပုံကြမ်း	ne bi nja zain ja boun gjan:

poésie (f)	ကဗျာ	ka. bja
par cœur (adv)	အလွတ်	alu'
apprendre par cœur	အလွတ်ကျက်သည်	alu' kje' de

vacances (f pl)	ကျောင်းပိတ်ရက်	kjaun: bi' je'
être en vacances	အားလပ်ရက်ရသည်	a: la' je' ja. de
passer les vacances	အားလပ်ရက်ဖြတ်သန်းသည်	a: la' je' hpja' than: de

interrogation (f) écrite	အခန်းဆုံးစစ်ဆေးမှု	akhan: zain zi' hsei: hmu
composition (f)	စာစီစာကုံး	sa zi za koun:
dictée (f)	သတ်ပုံခေါ်ပေးခြင်း	tha' poun go bei: gjin:
examen (m)	စာမေးပွဲ	sa mei: bwe:
passer les examens	စာမေးပွဲဖြေသည်	sa mei: bwe: bjei de
expérience (f) (~ de chimie)	လက်တွေ့လုပ်ဆောင်မှု	le' twei. lou' zaun hma.

118. L'enseignement supérieur

académie (f)	အထူးပညာသင်ကျောင်း	a htu: bjin nja dhin kjaun:
université (f)	တက္ကသိုလ်	te' kathou
faculté (f)	ဌာန	hta. na,

étudiant (m)	ကျောင်းသား	kjaun: dha:
étudiante (f)	ကျောင်းသူ	kjaun: dhu
enseignant (m)	သင်ကြားပို့ချသူ	thin kja: bou. gja. dhu

salle (f)	စာသင်ခန်း	sa dhin gan:
licencié (m)	ဘွဲ့ရသူ	bwe. ja. dhu

diplôme (m)	ဒီပလိုမာ	di' lou ma
thèse (f)	သုတေသနစာတမ်း	thu. tei thana za dan:

étude (f)	သုတေသနစာတမ်း	thu. tei thana za dan
laboratoire (m)	လက်တွေ့ခန်း	le' twei. gan:

cours (m)	သင်ကြားပို့ချမှု	thin kja: bou. gja. hmu.
camarade (m) de cours	အတန်းဖော်	atan: hpo
bourse (f)	ပညာသင်ဆု	pjin nja dhin zu.
grade (m) universitaire	တက္ကသိုလ်ဘွဲ့	te' kathou bwe.

119. Les disciplines scientifiques

mathématiques (f pl)	သင်္ချာ	thin cha
algèbre (f)	အက္ခရာသင်္ချာ	e' kha ja din gja
géométrie (f)	ရူပသင်္ချာမေတြိ	gji o: mei tri
astronomie (f)	နက္ခတ္တဗေဒ	ne' kha' ta. bei da.
biologie (f)	ဇီဝဗေဒ	zi: wa bei da.
géographie (f)	ပထဝီဝင်	pahtawi win
géologie (f)	ဘူမိဗေဒ	buu mi. bei da.
histoire (f)	သမိုင်း	thamain:
médecine (f)	ဆေးပညာ	hsei: pjin nja
pédagogie (f)	သင်ကြားနည်းပညာ	thin kja: nei: pin nja
droit (m)	ဥပဒေဘာသာရပ်	u. ba. bei ba dha ja'
physique (f)	ရူပဗေဒ	ju bei da.
chimie (f)	ဓာတုဗေဒ	da tu. bei da.
philosophie (f)	ဒဿနိကဗေဒ	da' tha ni. ga. bei da.
psychologie (f)	စိတ်ပညာ	sei' pjin nja

120. Le système d'écriture et l'orthographe

grammaire (f)	သဒ္ဒါ	dhada
vocabulaire (m)	ဝေါဟာရ	wo: ha ra.
phonétique (f)	သဒ္ဒဗေဒ	dhada. bei da.
nom (m)	နာမ်	nan
adjectif (m)	နာမဝိသေသန	nan wi. dhei dha. na.
verbe (m)	ကြိယာ	kji ja
adverbe (m)	ကြိယာဝိသေသန	kja ja wi. dhei dha. na.
pronom (m)	နာမ်စား	nan za:
interjection (f)	အာမေဋိတ်	a mei dei'
préposition (f)	ဝိဘတ်	wi ba'
racine (f)	ဝေါဟာရရင်းမြစ်	wo: ha ra. jin: mji'
terminaison (f)	အဆုံးသတ်	ahsoun: tha'
préfixe (m)	ရှေ့ဆက်ပုဒ်	shei. hse' pou'
syllabe (f)	ဝဏ္ဏ	wun na.
suffixe (m)	နောက်ဆက်ပုဒ်	nau' ze' pou'
accent (m) tonique	ဖိသံသင်္ကေတ	hpi. dhan dha. gei da.
apostrophe (f)	ပိုင်ဆိုင်ခြင်းပြသင်္ကေတ	pain zain bjin: bja tin kei ta.
point (m)	ဖူးလုံစတော့	hpu: l za. po. p
virgule (f)	ပုပ်ထီး သင်္ကေတ	pou' hti: tin kei ta.
point (m) virgule	အဖြတ်အရပ်သင်္ကေတ	a hpja' aja' tha ngei da
deux-points (m)	ကုိလန်	kou lan
points (m pl) de suspension	စာချုန်ပြအမှတ်အသား	sa gjan bja ahma' atha:
point (m) d'interrogation	မေးခွန်းပြအမှတ်အသား	mei: gun: bja. ahma' adha:
point (m) d'exclamation	အာမေဋိတ်အမှတ်အသား	a mei dei' ahma' atha:

guillemets (m pl)	မျက်တောင်အဖွင့်အပိတ်	mje' taun ahpwin. apei'
entre guillemets	မျက်တောင်အဖွင့်အပိတ်-အတွင်း	mje' taun ahpwin. apei' atwin:
parenthèses (f pl)	ကွင်း	kwin:
entre parenthèses	ကွင်းအတွင်း	kwin: atwin:

trait (m) d'union	တုံးတို	toun: dou
tiret (m)	တုံးရှည်	toun: she
blanc (m)	ကွက်လပ်	kwe' la'

lettre (f)	စာလုံး	sa loun:
majuscule (f)	စာလုံးကြီး	sa loun: gji:

voyelle (f)	သရ	thara.
consonne (f)	ဗျည်း	bjin:

proposition (f)	ဝါကျ	we' kja.
sujet (m)	ကံ	kan
prédicat (m)	ဝါစက	wa saka.

ligne (f)	မျဉ်းကြောင်း	mjin: gjaun:
à la ligne	မျဉ်းကြောင်းအသစ်ပေါ်မှာ	mjin: gjaun: athi' bo hma.
paragraphe (m)	စာပိုဒ်	sa pai'

mot (m)	စကားလုံး	zaga: loun:
groupe (m) de mots	စကားစု	zaga: zu.
expression (f)	ဖော်ပြချက်	hpjo bja. gje'
synonyme (m)	အနက်တူ	ane' tu
antonyme (m)	ဆန့်ကျင်ဘက်အနက်	hsan. gjin ba' ana'

règle (f)	စည်းမျဉ်းစည်းကမ်း	si: mjin: si: kan:
exception (f)	ခြွင်းချက်	chwin: gje'
correct (adj)	မှန်ကန်သော	hman gan de.

conjugaison (f)	ကြိယာပုံစံပြောင်းခြင်း	kji ja boun zan pjaun: chin:
déclinaison (f)	သဒ္ဒါပြောင်းလဲပုံ	dhada bjaun: le: boun
cas (m)	နာမ်ပြောင်းပုံစံ	nan bjaun: boun zan
question (f)	မေးခွန်း	mei: gun:
souligner (vt)	အဝေးလးထားဖော်ပြသည်	a lei: da: hpo pja. de
pointillé (m)	အစက်မျဉ်း	ase' mjin:

121. Les langues étrangères

langue (f)	ဘာသာစကား	ba dha zaga:
étranger (adj)	နိုင်ငံခြားနှင့်ဆိုင်သော	nain ngan gja: hnin. zain de.
langue (f) étrangère	နိုင်ငံခြားဘာသာစကား	nain ngan gja: ba dha za ga:
étudier (vt)	သင်ယူလေ့လာသည်	thin ju lei. la de
apprendre (~ l'arabe)	သင်ယူသည်	thin ju de

lire (vi, vt)	ဖတ်သည်	hpa' te
parler (vi, vt)	ပြောသည်	pjo: de
comprendre (vt)	နားလည်သည်	na: le de
écrire (vt)	ရေးသည်	jei: de
vite (adv)	မြန်မြန်	mjan mjan
lentement (adv)	ဖြည်းဖြည်း	hpjei: bjei:

couramment (adv)	ကျွမ်းကျင်းကျင်ကျင်	kjwan: gjwan: gjin gjin
règles (f pl)	စည်းမျဉ်းစည်းကမ်း	si: mjin: si: kan:
grammaire (f)	သဒ္ဒါ	dhada
vocabulaire (m)	ဝေါဟာရ	wo: ha ra.
phonétique (f)	သဒ္ဒဗေဒ	dhada. bei da.

manuel (m)	ဖတ်စာအုပ်	hpa' sa au'
dictionnaire (m)	အဘိဓာန်	abi. dan
manuel (m) autodidacte	မိမိဘာသာလေ့ လာနိုင်သောစာအုပ်	mi. mi. ba dha lei. la nain dho: za ou'
guide (m) de conversation	နှစ်ဘာသာစကားပြောစာအုပ်	hni' ba dha zaga: bjo: za ou'

cassette (f)	တိပ်ခွေ	tei' khwei
cassette (f) vidéo	ရုပ်ရှင်တိပ်ခွေ	jou' shin dei' hpwei
CD (m)	စီဒီခွေ	si di gwei
DVD (m)	ဒီဗီဒီခွေ	di bi di gwei

alphabet (m)	အက္ခရာ	e' kha ja
épeler (vt)	စာလုံးပေါင်းသည်	sa loun: baun: de
prononciation (f)	အသံထွက်	athan dwe'

accent (m)	ဝဲသံ	we: dhan
avec un accent	ဝဲသံနှင့်	we: dhan hnin.
sans accent	ဝဲသံမပါဘဲ	we: dhan ma. ba be:

mot (m)	စကားလုံး	zaga: loun:
sens (m)	အဓိပ္ပါယ်	adei' be

cours (m pl)	သင်တန်း	thin dan:
s'inscrire (vp)	စာရင်းသွင်းသည်	sajin: dhwin: de
professeur (m) (~ d'anglais)	ဆရာ	hsa ja

traduction (f) (action)	ဘာသာပြန်ခြင်း	ba dha bjan gjin:
traduction (f) (texte)	ဘာသာပြန်ထားချက်	ba dha bjan da: gje'
traducteur (m)	ဘာသာပြန်	ba dha bjan
interprète (m)	စကားပြန်	zaga: bjan

polyglotte (m)	ဘာသာစကားအများ ပြောနိုင်သူ	ba dha zaga: amja: bjo: nain dhu
mémoire (f)	မှတ်ဉာဏ်	hma' njan

122. Les personnages de contes de fées

Père Noël (m)	ခရစ္စမတ်ဘိုးဘိုး	khari' sa. ma' bou: bou:
Cendrillon (f)	စင်ဒရဲလား	sin da. je: la:
sirène (f)	ရေသူမ	jei dhu ma.
Neptune (m)	နက်ပကျွန်း	ne' pa. gjun:

magicien (m)	မှော်ဆရာ	hmo za. ja
fée (f)	မှော်ဆရာမ	hmo za. ja ma.
magique (adj)	မှော်ပညာ	hmo ba. nja
baguette (f) magique	မှော်တုတ်တံ	hmjo dou' dan
conte (m) de fées	ကလေးပုံပြင်	ka. lei: boun bjin
miracle (m)	အံ့ဖွယ်	an. hpwe

gnome (m)	လူပုကလေး	u bu. ga. lei:
se transformer en ...	ပြောင်းလဲပေးသည်	pjaun: le: bei: de

esprit (m) (revenant)	သရဲ	thaje:
fantôme (m)	တဆေ	tahsei
monstre (m)	ကြောက်မက်ဖွယ်ဖ	kjau' ma' hpwe ei
	ရာဖြစ်သတ္တဝါ	ja ma. dha' ta wa
dragon (m)	နဂါး	na. ga:
géant (m)	ဘီလူး	bi lu:

123. Les signes du zodiaque

Bélier (m)	မိဿရာသီ	mi. dha ja dhi
Taureau (m)	ပြိဿရာသီ	pjei tha. jadhi
Gémeaux (m pl)	မေထုန်ရာသီ	mei doun ja dhi
Cancer (m)	ကရကဋ်ရာသီ	ka. ja. ka' ja dhi
Lion (m)	သိဟ်ရာသီ	thei' ja dhi
Vierge (f)	ကန်ရာသီ	kan ja dhi

Balance (f)	တူရာသီ	tu ja dhi
Scorpion (m)	ဗြိစ္ဆာရာသီ	bjei' hsa. jadhi
Sagittaire (m)	ဓနုရာသီ	dan ja dhi
Capricorne (m)	မကာရရာသီဖွား	ma. ga. j ja dhi bwa:
Verseau (m)	ကုံရာသီဖွား	koun ja dhi hpwa:
Poissons (m pl)	မိန်ရာသီဖွား	mein ja dhi bwa:

caractère (m)	စရိုက် လက္ခဏာ	zajai' le' khana
traits (m pl) du caractère	ဉာဉ်	njin
conduite (f)	အပြုအမူ	apju amu
dire la bonne aventure	အနာဂါတ်ဟောကိန်းထုတ်သည်	ana ga' ha gin: htou' te
diseuse (f) de bonne aventure	အနာဂါတ်ဟောကိန်းထုတ်သူ	ana ga' ha gin: htou' thu
horoscope (m)	ဇာတာ	za da

L'art

théâtre (m)	ကဇာတ်ရုံ	ka. za' joun
opéra (m)	အော်ပရာဇာတ်ရုံ	o pa ra za' joun
opérette (f)	ပျော်ရွှင်ဖွယ် ကဇာတ်တို	pjo shin bwe: gaza' tou
ballet (m)	ဘဲလေးကဇာတ်	be: lei: ga za'

affiche (f)	ပြဇာတ်ရုံပိုစတာ	pja. za' joun bou zada
troupe (f) de théâtre	ရိုင်းတော်သား	wain: do dha:
tournée (f)	လှည့်လည်ကပြဖျော်ဖြေခြင်း	hle. le ga. bja bjo bjei gjin:
être en tournée	လှည့်လည်ကပြဖျော်ဖြေသည်	hle. le ga. bja bjo bjei de
répéter (vt)	ဇာတ်တိုက်သည်	za' tou' te
répétition (f)	အစမ်းလေ့ကျင့်မှု	asan: lei. kjin. hmu.
répertoire (m)	တင်ဆက်မှု	tin ze' hmu.

représentation (f)	ဖျော်ဖြေတင်ဆက်မှု	hpjo bjei din ze' hmu.
spectacle (m)	ဖျော်ဖြေမှု	hpjo bjei hmu.
pièce (f) de théâtre	ဇာတ်လမ်း	za' lan

billet (m)	လက်မှတ်	le' hma'
billetterie (f pl)	လက်မှတ်အရောင်းဌာန	le' hma' ajaun: hta. na.
hall (m)	ဧည့်သည်ဆောင်	e. dhe zaun
vestiaire (m)	ကုတ်နှင့်အိတ်အပ်နှံခန်း	kou' hnin. i' a' hnan khan:
jeton (m) de vestiaire	နံပါတ်ပြား	nan ba' pja:
jumelles (f pl)	နှစ်လုံးပျူးမှန်ပြောင်း	hni' loun: bju: hman bjaun:
placeur (m)	ဧည့်ကြို	e. gjou

parterre (m)	ဇာတ်စင်ထိုင်ခုံ	za' sin dain guan
balcon (m)	လသာဆောင်	la. dha zaun
premier (m) balcon	ပထမထပ်ပွဲကြည့်ဆောင်	pahtama. da' bwe: gje. zaun
loge (f)	လက်မှတ်ရောင်းသည့်နေရာ	le' hma' jaun: dhi. nei ja
rang (m)	အတန်း	atan:
place (f)	နေရာ	nei ja

public (m)	ပရိတ်သတ်အစုအဝေး	pa. rei' tha' asu. awei:
spectateur (m)	ပရိတ်သတ်	pa. rei' tha'
applaudir (vi)	လက်ခုပ်တီးသည်	le' khou' ti: de
applaudissements (m pl)	လက်ခုပ်သြဘာသံ	le' khou' thja ba dhan
ovation (f)	သြဘာပေးခြင်း	thja dha bei: gjin:

scène (f) (monter sur ~)	စင်	sin
rideau (m)	လိုက်ကာ	lai' ka
décor (m)	နောက်ခံကားချုပ်	nau' khan gan ga: gja'
coulisses (f pl)	ဇာတ်စင်နောက်	za' sin nau'

scène (f) (la dernière ~)	တကယ့်ဖြစ်ရပ်	dage. bji ja'
acte (m)	သရုပ်ဆောင်	thajou' hsaun
entracte (m)	ကြားကာလ	ka: ga la.

125. Le cinéma

Français	Birman	Prononciation
acteur (m)	မင်းသား	min: dha:
actrice (f)	မင်းသမီး	min: dhami:
cinéma (m) (industrie)	ရုပ်ရှင်လုပ်ငန်း	jou' shin lou' ngan:
film (m)	ရုပ်ရှင်ကား	jou' shin ga:
épisode (m)	ဇာတ်ခန်းတစ်ခန်း	za' khan: ti' khan:
film (m) policier	စုံထောက်ဇာတ်လမ်း	soun dau' za' lan:
film (m) d'action	အက်ရှင်ဇာတ်လမ်း	e' shin za' lan:
film (m) d'aventures	စွန့်စားခန်းဇာတ်လမ်း	sun. za: gan: za' lan:
film (m) de science-fiction	သိပ္ပံစိတ်ကူးယဉ်ဇာတ်လမ်း	thei' pan zei' ku: jin za' lan:
film (m) d'horreur	ထိတ်လန့်ဖွယ်ရုပ်ရှင်	htei' lan. bwe jou' jou'
comédie (f)	ဟာသရုပ်ရှင်	ha dha. jou' jou'
mélodrame (m)	အပြင်းစားဒရာမာ	apjin: za: da. ja ma
drame (m)	အလွမ်းဇာတ်လမ်း	alwan: za' lan:
film (m) de fiction	စိတ်ကူးယဉ်ဇာတ်လမ်း	sei' ku: jin za' lan:
documentaire (m)	မှတ်တမ်းရုပ်ရှင်	hma' tan: jou' shin
dessin (m) animé	ကာတွန်းဇာတ်လမ်း	ka tun: za' lan:
cinéma (m) muet	အသံတိတ်ရုပ်ရှင်	athan dei' jou' shin
rôle (m)	အခန်းကဏ္ဍ	akhan: gan da.
rôle (m) principal	အဓိကအခန်းကဏ္ဍ	adi. ka. akhan: kan da
jouer (vt)	သရုပ်ဆောင်သည်	thajou' hsaun de
vedette (f)	ရုပ်ရှင်စတား	jou' shin za. da:
connu (adj)	နာမည်ကြီးသော	na me gji: de.
célèbre (adj)	ကျော်ကြားသော	kjo kja: de.
populaire (adj)	လူကြိုက်များသော	lu gjou' mja: de.
scénario (m)	ဇာတ်ညွှန်း	za' hnjun:
scénariste (m)	ဇာတ်ညွှန်းဆရာ	za' hnjun: za ja
metteur (m) en scène	ရုပ်ရှင်ဒါရိုက်တာ	jou' shin da jai' ta
producteur (m)	ထုတ်လုပ်သူ	htou' lou' thu
assistant (m)	လက်ထောက်	le' htau'
opérateur (m)	ကင်မရာမန်း	kin ma. ja man:
cascadeur (m)	စတန့်သမား	satan. dhama:
doublure (f)	ပုံစံတု	poun zan du
tourner un film	ရုပ်ရှင်ရိုက်သည်	jou' shin jai' te
audition (f)	စမ်းသပ်ကြည့်ရှုခြင်း	san: dha' chi. shu. gjin:
tournage (m)	ရိုက်ကွင်း	jai' kwin:
équipe (f) de tournage	ရုပ်ရှင်အဖွဲ့	jou' shin ahpwe.
plateau (m) de tournage	ဇာတ်အိမ်	za' ein
caméra (f)	ကင်မရာ	kin ma. ja
cinéma (m)	ရုပ်ရှင်ရုံ	jou' shin joun
écran (m)	ဝိတ်ကား	pei' ka:
donner un film	ရုပ်ရှင်ပြသည်	jou' shin bja. de
piste (f) sonore	အသံသွင်းတပ်ပိုင်ဆွေ	athan dhwin: di' khwei
effets (m pl) spéciaux	အထူးပြုလုပ်ချက်များ	a htu: bju. lou' che' mja:

sous-titres (m pl)	စာတန်းထိုး	sa dan: dou:
générique (m)	ပါဝင်သူများအမည်စာရင်း	pa win dhu mja: ame zajin:
traduction (f)	ဘာသာပြန်	ba dha bjan

126. La peinture

art (m)	အနုပညာ	anu. pjin nja
beaux-arts (m pl)	သုရမအနုပညာ	thu. khu. ma. anu. pin nja
galerie (f) d'art	အနုပညာပြခန်း	anu. pjin pja. gan:
exposition (f) d'art	ပြပွဲ	pja. bwe:
peinture (f)	ပန်းချီကား	bagji ga:
graphique (f)	ပုံလွဲခြင်းအနုပညာ	poun zwe: gjin: anu pjin nja
art (m) abstrait	စိတ္တဇပန်းချီလွဲခြင်း	sei' daza. ban: gji zwe: gjin:
impressionnisme (m)	အရောင်အလင်းဖြင့်ပန်းချီလွဲခြင်း	ajaun alin: bjin. ban: gji zwe: gjin:
tableau (m)	ပန်းချီကား	bagji ga:
dessin (m)	ရုပ်ပုံကားချပ်	jou' poun ga: gja'
poster (m)	ပိုစတာ	pou sata
illustration (f)	ရုပ်ပုံထည့်သွင်းဖော်ပြခြင်း	jou' poun di. dwin: bo bja. gjin:
miniature (f)	ပုံစံအသေးစား	poun zan athei: za:
copie (f)	မိတ္တူ	mi' tu
reproduction (f)	ပုံတူပန်းချီ	poun du ban: gji
mosaïque (f)	မှန်စီရွှေချပန်းချီ	hman zi shwei gja ban: gji
vitrail (m)	မှန်ရောင်စုံပြတင်းပေါက်	hman jaun zoun bja. din: bau'
fresque (f)	နံရံဆေးရေးပန်းချီ	nan jan zei: jei: ban: gji
gravure (f)	ပုံထွင်းပညာ	poun dwin: pjin nja
buste (m)	ကိုယ်တစ်ပိုင်းပုံရုပ်လုံး	kou ti' pain: boun jou' loun:
sculpture (f)	ကျောက်ဆစ်ရုပ်	kjau' hsi' jou'
statue (f)	ရုပ်တု	jou' tu.
plâtre (m)	အင်္ဂတေ	angga. dei
en plâtre	အင်္ဂတေဖြင့်	angga. dei hpjin.
portrait (m)	ပုံတူ	poun du
autoportrait (m)	ကိုယ်တိုင်ရေးပုံတူ	kou tain jou: boun dhu
paysage (m)	ရှုခင်းပုံ	shu. gin: boun
nature (f) morte	သက်မဲ့ဝတ္ထုပုံ	the' me. wu' htu boun
caricature (f)	ရုပ်ပြောင်	jou' pjaun
croquis (m)	ပုံကြမ်း	poun gjan:
peinture (f)	သုတ်ဆေး	thou' hsei:
aquarelle (f)	ရေဆေးပန်းချီ	jei zei: ban: gji
huile (f)	ဆီ	hsi
crayon (m)	ခဲတံ	khe: dan
encre (f) de Chine	အိန္ဒိယမင်	indi. ja hmin
fusain (m)	မီးသွေး	mi: dhwei:
dessiner (vi, vt)	ပုံဆွဲသည်	poun zwe: de
peindre (vi, vt)	အရောင်ချယ်သသည်	ajaun gje de

poser (vi)	ကိုယ်ဟန်ပြသသည်	kou han pja de
modèle (m)	ပန်းချီမော်ဒယ်	bagji mo de
modèle (f)	ပန်းချီမော်ဒယ်မိန်းကလေး	bagji mo de mein: ga. lei:

peintre (m)	ပန်းချီဆရာ	bagji zaja
œuvre (f) d'art	အနုပညာလက်ရာ	anu. pjin nja le' ja
chef (m) d'œuvre	အပြောင်မြောက်ဆုံးလက်ရာ	apjaun mjau' hsoun: le' ja
atelier (m) d'artiste	အလုပ်ခန်း	alou' khan:

toile (f)	ပန်းချီဆွဲရန်ပတ္တူ	bagji zwe: jan: ba' tu za.
chevalet (m)	ဒေါက်တိုင်	dau' tain
palette (f)	ပန်းချီဆေးစပ်သည့်ပြား	bagji hsei: za' thi. bja:

encadrement (m)	ဘောင်	baun
restauration (f)	နဂိုအတိုင်းပြန်လည်မွမ်းမံခြင်း	na. gou atain: bjan le mun: man gjin:
restaurer (vt)	ပြန်လည်မွမ်းမံသည်	pjan le mwan: man de

127. La littérature et la poésie

littérature (f)	စာပေ	sa pei
auteur (m) (écrivain)	စာရေးသူ	sajei: dhu
pseudonyme (m)	ကလောင်အမည်	kalaun amji

livre (m)	စာအုပ်	sa ou'
volume (m)	ထုထည်	du. de
table (f) des matières	မာတိကာ	ma di. ga
page (f)	စာမျက်နှာ	sa mje' hna
protagoniste (m)	အဓိကဇာတ်ဆောင်	adi. ka. za' hsaun
autographe (m)	အမှတ်တရလက်မှတ်	ahma' ta ra le' hma'

récit (m)	ပုံပြင်	pjoun bjin
nouvelle (f)	ဝတ္ထုဇာတ်လမ်း	wu' htu. za' lan:
roman (m)	ဝတ္ထု	wu' htu.
œuvre (f) littéraire	လက်ရာ	le' ja
fable (f)	ဒဏ္ဍာရီ	dan da ji
roman (m) policier	စုံထောက်ဇာတ်လမ်း	soun dau' za' lan:
vers (m)	ကဗျာ	ka. bja
poésie (f)	လင်္ကာ	lin ga
poème (m)	ကဗျာ	ka. bja
poète (m)	ကဗျာဆရာ	ka. bja zaja

belles-lettres (f pl)	စိတ်ကူးယဉ်ဇာတ်လမ်း	sei' ku: jin za' lan:
science-fiction (f)	သိပ္ပံဇာတ်လမ်း	thei' pan za' lan:
aventures (f pl)	စွန့်စားခန်းဇာတ်လမ်း	sun. za: gan: za' lan:
littérature (f) didactique	ပညာပေးဇာတ်လမ်း	pjin nja bei: za' lan:
littérature (f) pour enfants	ကလေးဆိုင်ရာစာပေ	kalei: hsin ja za bei

128. Le cirque

| cirque (m) | ဆပ်ကပ် | hsa' ka' |
| chapiteau (m) | နယ်လှည့်ဆပ်ကပ်အဖွဲ့ | ne hle. za' ka' ahpwe: |

117

programme (m)	အစီအစဉ်	asi asin
représentation (f)	ဖျော်ဖြေတင်ဆက်မှု	hpjo bjei din ze' hmu.
numéro (m)	ဖျော်ဖြေတင်ဆက်မှု	hpjo bjei din ze' hmu.
arène (f)	အစီအစဉ်တင်ဆက်ရာနေရာ	asi asin din ze' ja nei ja
pantomime (f)	ဇာတ်လမ်းသရုပ်ဖော်	za' lan: dha jou' hpo
clown (m)	လူရွှင်တော်	lu shwin do
acrobate (m)	ကျွမ်းဘားပြသူ	kjwan: ba: bja dhu
acrobatie (f)	ကျွမ်းဘားပြုခြင်း	kjwan: ba: bja gjin:
gymnaste (m)	ကျွမ်းဘားသမား	kjwan: ba: dhama:
gymnastique (f)	ကျွမ်းဘားအားကစား	kjwan: ba: a: gaza:
salto (m)	ကျွမ်းပစ်ခြင်း	kjwan: bi' chin:
hercule (m)	လူသန်ကြီး	lu dhan gji:
dompteur (m)	ယဉ်လာအောင်လေ့ကျင့်ပေးသူ	jin la aun lei. gjin. bei: dhu
écuyer (m)	မြင်းစီးသူ	mjin: zi: dhu
assistant (m)	လက်ထောက်	le' htau'
truc (m)	စတန့်	satan.
tour (m) de passe-passe	မှော်ဆန်သောလှည့်ကွက်	hmo zan dho hle. gwe'
magicien (m)	မျက်လှည့်ဆရာ	mje' hle. zaja
jongleur (m)	လက်လှည့်ဆရာ	le' hli. za. ja.
jongler (vi)	လက်လှည့်ပြသည်	le' hli. bja. de
dresseur (m)	တိရစ္ဆာန်သင်ကြားပေးသူ	tharei' hsan dhin gja: bei: dhu
dressage (m)	တိရစ္ဆာန်များကို လေ့ကျင့်ပေးခြင်း	tharei' hsan mja: gou: lei. gjin. bei: gjin:
dresser (vt)	လေ့ကျင့်ပေးသည်	lei. kjin. bei: de

129. La musique

musique (f)	ဂီတ	gi ta.
musicien (m)	ဂီတပညာရှင်	gi ta. bjin nja shin
instrument (m) de musique	တူရိယာ	tu ji. ja
jouer de ...	တီးသည်	ti: de
guitare (f)	ဂီတာ	gi ta
violon (m)	တယော	ta jo:
violoncelle (m)	စီလိုတယောကြီး	si lou tajo: gji:
contrebasse (f)	ဘော့စ်တယောကြီး	bei'. ta. jo gji:
harpe (f)	စောင်း	saun:
piano (m)	စန္ဒရား	san daja:
piano (m) à queue	စန္ဒရားကြီး	san daja: gji:
orgue (m)	အော်ဂင်	o gin
instruments (m pl) à vent	လေမှုတ်တူရိယာ	lei hmou' tu ji. ja
hautbois (m)	အုပ်ဘို	ou bou hne:
saxophone (m)	ဆက်ဆိုဖုန်း	hse' hso phoun:
clarinette (f)	ကလယ်နက်-ပလွေ	kale ji ne' - pa lwei
flûte (f)	ပလွေ	palwei
trompette (f)	ထရမ်းပက်ခရာငယ်	htajan: be' khaja nge

| accordéon (m) | အကော်ဒီယံ | ako di jan |
| tambour (m) | စည် | si |

duo (m)	နှစ်ယောက်တွဲ	hni' jau' twe:
trio (m)	သုံးယောက်တွဲ	thoun: jau' twe:
quartette (m)	လေးယောက်တစ်တွဲ	lei: jau' ti' twe:
chœur (m)	သံပြိုင်အဖွဲ့	than bjain ahpwe.
orchestre (m)	သံစုံတီးဝိုင်း	than zoun di: wain:

musique (f) pop	ပေါ့ပ်ဂီတ	po. p gi da.
musique (f) rock	ရော့ခ်ဂီတ	ro. kh gi da.
groupe (m) de rock	ရော့ခ်ဂီတအဖွဲ့	ro. kh gi da. ahpwe.
jazz (m)	ဂျက်ဇ်ဂီတ	gja' z gi ta.

| idole (f) | အသည်းစွဲ | athe: zwe: |
| admirateur (m) | နှစ်သက်သူ | hni' the' dhu |

concert (m)	တေးဂီတဖြေဖျော်ပွဲ	tei: gi da. bjei bjo bwe:
symphonie (f)	သံစုံစပ်တီးတေးသွား	than zoun za' ti: dei: dwa:
œuvre (f) musicale	ရေးဖွဲ့သီကုံးခြင်း	jei: bwe dhi goun: gjin:
composer (vt)	ရေးဖွဲ့သီကုံးသည်	jei: bwe dhi goun: de

chant (m) (~ d'oiseau)	သီချင်းဆိုခြင်း	thachin: zou gjin:
chanson (f)	သီချင်း	thachin:
mélodie (f)	တီးလုံး	ti: loun:
rythme (m)	စည်းချက်	si gje'
blues (m)	ဘလူးစ်ဂီတ	ba. lu: s gi'

notes (f pl)	ဂီတသင်္ကေတများ	gi ta. dhin gei da. mja:
baguette (f)	ဂီတအချက်ပြတုတ်	gi ta. ache' pja dou'
archet (m)	ဘိုးတံ	bou: dan
corde (f)	ကြိုး	kjou:
étui (m)	အိတ်	ei'

Les loisirs. Les voyages

tourisme (m)	ခရီးသွားလုပ်ငန်း	khaji: thwa: lou' ngan:
touriste (m)	ကမ္ဘာလှည့်ခရီးသည်	ga ba hli. kha. ji' de
voyage (m) (à l'étranger)	ခရီးထွက်ခြင်း	khaji: htwe' chin:
aventure (f)	စွန့်စားမှု	sun. za: hmu.
voyage (m)	ခရီး	khaji:

vacances (f pl)	ရွှင်ရက်	khwin. je'
être en vacances	အခွင့်ယူသည်	akhwin. ju de
repos (m) (jours de ~)	အနားယူခြင်း	ana: ju gjin:

train (m)	ရထား	jatha:
en train	ရထားနဲ့	jatha: ne.
avion (m)	လေယာဉ်	lei jan
en avion	လေယာဉ်နဲ့	lei jan ne.
en voiture	ကားနဲ့	ka: ne.
en bateau	သင်္ဘောနဲ့	thin: bo: ne.

bagage (m)	ဝန်စည်စလည်	wun zi za. li
malle (f)	သားရေသေတ္တာ	tha: jei dhi' ta
chariot (m)	ပစ္စည်းတင်ရန်တွန်းလှည်း	pji' si: din jan dun: hle:

passeport (m)	နိုင်ငံကူးလက်မှတ်	nain ngan gu: le' hma'
visa (m)	ဗီဇာ	bi za
ticket (m)	လက်မှတ်	le' hma'
billet (m) d'avion	လေယာဉ်လက်မှတ်	lei jan le' hma'

guide (m) (livre)	လမ်းညွှန်စာအုပ်	lan: hnjun za ou'
carte (f)	မြေပုံ	mjei boun
région (f) (~ rurale)	ဒေသ	dei dha.
endroit (m)	နေရာ	nei ja

exotisme (m)	အထူးအဆန်းပစ္စည်း	a htu: a hsan: bji' si:
exotique (adj)	အထူးအဆန်းဖြစ်သော	a htu: a hsan: hpja' te.
étonnant (adj)	အံ့ဩစရာကောင်းသော	an. o: sa ja kaun de.

groupe (m)	အုပ်စု	ou' zu.
excursion (f)	လေ့လာရေးခရီး	lei. la jei: gaji:
guide (m) (personne)	လမ်းညွှန်	lan: hnjun

hôtel (m)	ဟိုတယ်	hou te
motel (m)	မိုတယ်	mou te
3 étoiles	ကြယ် ၃ ပွင့်အဆင့်	kje thoun: pwin. ahsin.

5 étoiles	ကြယ် ၅ ပွင့်အဆင့်	kje nga: pwin. ahsin.
descendre (à l'hôtel)	တည်းခိုသည်	te: khou de
chambre (f)	အခန်း	akhan:
chambre (f) simple	တစ်ယောက်ခန်း	ti' jau' khan:
chambre (f) double	နှစ်ယောက်ခန်း	hni' jau' khan:
réserver une chambre	ကြိုတင်မှာယူသည်	kjou tin hma ju de
demi-pension (f)	ကြိုတင်တစ်ဝက်ငွေရှေ့ခြင်း	kjou tin di' we' ngwe gjei gjin:
pension (f) complète	ငွေအပြည့်ကြို	ngwei apjei. kjou
	တင်ပေးရှေ့ခြင်း	din bei: chei chin:
avec une salle de bain	ရေချိုးခန်းနှင့်	jei gjou gan: hnin.
avec une douche	ရေပန်းနှင့်	jei ban: hnin.
télévision (f) par satellite	ဂြိုဟ်တုရုပ်မြင်သံကြား	gjou' htu. jou' mjin dhan gja:
climatiseur (m)	လေအေးပေးစက်	lei ei: bei: ze'
serviette (f)	တဘက်	tabe'
clé (f)	သော့	tho.
administrateur (m)	အုပ်ချုပ်ရေးမှူး	ou' chu' jei: hmu:
femme (f) de chambre	သန့်ရှင်းရေးဝန်ထမ်း	than. shin: jei: wun dan:
porteur (m)	အထမ်းသမား	a htan: dha. ma:
portier (m)	တံခါးဝမှ ဆည့်ကြို	daga: wa. hma. e. kjou
restaurant (m)	စားသောက်ဆိုင်	sa: thau' hsain
bar (m)	ဘား	ba:
petit déjeuner (m)	နံနက်စာ	nan ne' za
dîner (m)	ညစာ	nja. za
buffet (m)	ဘူဖေး	bu hpei:
hall (m)	နားနေရောင်ခန်း	hna jaun gan:
ascenseur (m)	ဓာတ်လှေကား	da' hlei ga:
PRIÈRE DE NE PAS DÉRANGER	မနှောင့်ယှက်ရ	ma. hnaun hje' ja.
DÉFENSE DE FUMER	ဆေးလိပ်မသောက်ရ	hsei: lei' ma. dhau' ja.

132. Le livre. La lecture

livre (m)	စာအုပ်	sa ou'
auteur (m)	စာရေးသူ	sajei: dhu
écrivain (m)	စာရေးဆရာ	sajei: zaja
écrire (~ un livre)	စာရေးသည်	sajei: de
lecteur (m)	စာဖတ်သူ	sa hpa' thu
lire (vi, vt)	ဖတ်သည်	hpa' te
lecture (f)	စာဖတ်ခြင်း	sa hpa' chin:
à part soi	တိတ်တဆိတ်	tei' ta. hsei'
à haute voix	ကျယ်လောင်စွာ	kje laun zwa
éditer (vt)	ပုံနှိပ်ထုတ်ဝေသည်	poun nei' htou' wei de
édition (f) (~ des livres)	ပုံနှိပ်ထုတ်ဝေခြင်း	poun nei' htou' wei gjin:
éditeur (m)	ထုတ်ဝေသူ	htou' wei dhu

maison (f) d'édition	ပုံနှိပ်ထုတ်ဝေသည့်ကုမ္ပဏီ	poun nei' htou' wei dhi. koun pani
paraître (livre)	ထွက်သည်	htwe' te
sortie (f) (~ d'un livre)	ဖြန့်ချိခြင်း	hpjan. gji. gjin:
tirage (m)	စာရေးသူ	sajei: dhu
librairie (f)	စာအုပ်ဆိုင်	sa ou' hsain
bibliothèque (f)	စာကြည့်တိုက်	sa gji. dai'
nouvelle (f)	ဝတ္ထုဇာတ်လမ်း	wu' htu. za' lan:
récit (m)	ဝတ္ထုတို	wu' htu. dou
roman (m)	ဝတ္ထု	wu' htu.
roman (m) policier	စုံထောက်ဇာတ်လမ်း	soun dau' za' lan:
mémoires (m pl)	ကိုယ်တွေ့မှတ်တမ်း	kou twei. hma' tan:
légende (f)	ဒဏ္ဍာရီ	dan da ji
mythe (m)	စိတ်ကူးယဉ်	sei' ku: jin
vers (m pl)	ကဗျာများ	ka. bja mja:
autobiographie (f)	ကိုယ်တိုင်ရေးအတ္ထုပ္ပတ္တိ	kou tain jei' a' tu. bi' ta.
les œuvres choisies	လက်ရွေးစင်	le' jwei: zin
science-fiction (f)	သိပ္ပံဇာတ်လမ်း	thei' pan za' lan:
titre (m)	ခေါင်းစဉ်	gaun: zin
introduction (f)	နိဒါန်း	ni. dan:
page (f) de titre	ခေါင်းစီးစာမျက်နှာ	gaun: zi: za: mje' hna
chapitre (m)	ခေါင်းကြီးပိုင်း	gaun: gji: bain:
extrait (m)	ကောက်နုတ်ချက်	kau' hnou' khje'
épisode (m)	အပိုင်း	apain:
sujet (m)	ဇာတ်ကြောင်း	za' kjaun:
sommaire (m)	မာတိကာ	ma di. ga
table (f) des matières	မာတိကာ	ma di. ga
protagoniste (m)	အဓိကဇာတ်ဆောင်	adi. ka. za' hsaun
volume (m)	ထုထည်	du. de
couverture (f)	စာအုပ်အဖုံး	sa ou' ahpoun:
reliure (f)	အဖုံး	ahpoun:
marque-page (m)	စာညှပ်	sa hnja'
page (f)	စာမျက်နှာ	sa mje' hna
feuilleter (vt)	စာရွက်လှန်သည်	sajwe' hlan de
marges (f pl)	နယ်နိမိတ်	ne ni. mei'
annotation (f)	မှတ်စာ	hma' sa
note (f) de bas de page	အောက်ခြေမှတ်ချက်	au' chei hma' che'
texte (m)	စာသား	sa dha:
police (f)	ပုံစံ	poun zan
faute (f) d'impression	ပုံနှိပ်အမှား	poun nei' ahma:
traduction (f)	ဘာသာပြန်	ba dha bjan
traduire (vt)	ဘာသာပြန်သည်	ba dha bjan de
original (m)	မူရင်း	mu jin:
célèbre (adj)	ကျော်ကြားသော	kjo kja: de.
inconnu (adj)	လူမသိသော	lu ma. thi. de.

| intéressant (adj) | စိတ်ဝင်စားစရာကောင်းသော | sei' win za: zaja gaun: de. |
| best-seller (m) | ရောင်းအားအေကာင်းဆုံး | jo: a: akaun: zoun: |

dictionnaire (m)	အဘိဓာန်	abi. dan
manuel (m)	ဖတ်စာအုပ်	hpa' sa au'
encyclopédie (f)	စွယ်စုံကျမ်း	swe zoun gjan:

133. La chasse. La pêche

chasse (f)	အမဲလိုက်ခြင်း	ame: lai' chin
chasser (vi, vt)	အမဲလိုက်သည်	ame: lai' de
chasseur (m)	မုဆိုး	mou' hsou:

tirer (vi)	ပစ်သည်	pi' te
fusil (m)	ရိုင်ဖယ်	jain be
cartouche (f)	ကျည်ဆံ	kji. zan
grains (m pl) de plomb	ကျည်ဆေ	kji zei.

piège (m) à mâchoires	သံမဏိထောင်ချောက်	than mani. daun gjau'
piège (m)	ကျော့ကွင်း	kjo. kwin:
être pris dans un piège	ထောင်ချောက်မိသည်	htaun gjau' mi de
mettre un piège	ထောင်ချောက်ဆင်သည်	htaun gjau' hsin de

braconnier (m)	တရားမဝင်ခိုးပစ်သူ	taja: ma. win gou: bi' thu
gibier (m)	အမဲလိုက်ခြင်း	ame: lai' chin
chien (m) de chasse	အမဲလိုက်ခွေး	ame: lai' khwei:
safari (m)	ဆာဖာရီတောရိုင်းဒေသ	hsa hpa ji do joun: dei dha.
animal (m) empaillé	ရုပ်လုံးဖော်တီရှ္ဒွာန်ရုပ်	jou' loun: bo di ja' zan jou'

pêcheur (m)	တံငါသည်	da nga dhi
pêche (f)	ငါးဖမ်းခြင်း	nga: ban: gjin
pêcher (vi)	ငါးဖမ်းသည်	nga: ban: de

canne (f) à pêche	ငါးများတံ	nga: mja: dan
ligne (f) de pêche	ငါးများကြိုး	nga: mja: gjou:
hameçon (m)	ငါးများချိတ်	nga: mja: gji'
flotteur (m)	ငါးများတံဖော့	nga: mja: dan bo.
amorce (f)	ငါးစာ	nga: za

lancer la ligne	ငါးများကြိုးပစ်သည်	nga: mja: gjou: bji' te
mordre (vt)	ကိုက်သည်	kou' de
pêche (f) (poisson capturé)	ငါးထည့်စရာ	nga: de. za. ja
trou (m) dans la glace	ရေခဲပြင်ပေါ်မှအပေါက်	jei ge: bjin bo hma. a. bau'

filet (m)	ပိုက်	pai'
barque (f)	လှေ	hlei
pêcher au filet	ပိုက်ချသည်	pai' cha. de
jeter un filet	ပိုက်ပစ်သည်	pai' pi' te
retirer le filet	ပိုက်ဆယ်သည်	pai' hse de
tomber dans le filet	ပိုက်တိုးမိသည်	pai' tou: mi. de

baleinier (m)	ဝေလငါး	wei la. nga:
baleinière (f)	ဝေလငါးဖမ်းလှေ	wei la. nga: ban: hlei
harpon (m)	မှိန်း	hmein:

134. Les jeux. Le billard

billard (m)	ဘီလီယက်	bi li je'
salle (f) de billard	ဘီလီယက်ထိုးခန်း	bi li ja' htou: khana:
bille (f) de billard	ဘီလီယက်ဘောလုံး	bi li ja' bo loun:
empocher une bille	ကျင်းထည့်သည်	kjin: de. de
queue (f)	ကြူတံ	kju dan
poche (f)	ကျင်း	kjin:

135. Les jeux de cartes

carreau (m)	ထောင့်	htaun.
pique (m)	စပိတ်	sapei'
cœur (m)	ဟတ်	ha'
trèfle (m)	ညှင်း	hnjin:
as (m)	တစ်ဖဲ	ti' hpe:
roi (m)	ကင်း	kin:
dame (f)	ကွင်း	kwin:
valet (m)	ဂျက်	gje'
carte (f)	ဖဲကစားသည်	hpe: ga. za de
jeu (m) de cartes	ဖဲချပ်များ	hpe: gje' mja:
atout (m)	ဝှက်ဖဲ	hwe' hpe:
paquet (m) de cartes	ဖဲထုပ်	hpe: dou'
point (m)	အမှတ်	ahma'
distribuer (les cartes)	ဖဲဝေသည်	hpe: wei de
battre les cartes	ကုလားဖန်ထိုးသည်	kala: ban dou de
tour (m) de jouer	ဦးဆုံးအလှည့်	u: zoun: ahle.
tricheur (m)	ဖဲလိမ်သမား	hpe: lin dha ma:

136. Les loisirs. Les jeux

se promener (vp)	အပန်းဖြေလမ်းလျှောက်သည်	apin: hpjei lan: jau' the
promenade (f)	လမ်းလျှောက်ခြင်း	lan: shau' chin:
promenade (f) (en voiture)	အပန်းဖြေခရီး	apin: hpjei khaji:
aventure (f)	စွန့်စားမှု	sun. za: hmu.
pique-nique (m)	ပျော်ပွဲစား	pjo bwe: za:
jeu (m)	ဂိမ်း	gein:
joueur (m)	ကစားသမား	gaza: dhama:
partie (f) (~ de cartes, etc.)	ကစားပွဲ	gaza: pwe:
collectionneur (m)	စုဆောင်းသူ	su. zaun: dhu
collectionner (vt)	စုဆောင်းသည်	su. zaun: de
collection (f)	စုဆောင်းခြင်း	su. zaun: gjin:
mots (m pl) croisés	စကားလုံးဆက် ပဟေဠိ	zaga: loun: ze' bahei li.
hippodrome (m)	ပြေးလမ်း	pjei: lan:

observer (vt)	စောင့်ကြည့်သည်	saun. gji. de
maître nageur (m)	ကယ်ဆယ်သူ	ke ze dhu

LE MATÉRIEL TECHNIQUE. LES TRANSPORTS

Le matériel technique

139. L'informatique

ordinateur (m)	ကွန်ပျူတာ	kun pju ta
PC (m) portable	လပ်တော့	la' to.
allumer (vt)	ဖွင့်သည်	hpwin. de
éteindre (vt)	ပိတ်သည်	pei' te
clavier (m)	ကီးဘုတ်	kji: bou'
touche (f)	ကီး	kji:
souris (f)	မောက်စ်	mau's
tapis (m) de souris	မောက်စ်အောက်ခံပြား	mau's au' gan bja:
bouton (m)	ခလုတ်	khalou'
curseur (m)	ညွှန်းများ	hnjun: ma:
moniteur (m)	မော်နီတာ	mo ni ta
écran (m)	မျက်နှာသားပြင်	hman dha: bjin
disque (m) dur	ဟာ့ဒ်ဒစ်-အချက်အလက် သိမ်းပစ္စည်း	ha' di' akja' ale' thein: bji' si:
capacité (f) du disque dur	ဟတ်ဒစ်သိုလှောင်နိုင်မှု	ha' di' thou laun nain hmu.
mémoire (f)	မှတ်ဉာဏ်	hma' njan
mémoire (f) vive	ရမ်	ran
fichier (m)	ဖိုင်	hpain
dossier (m)	စာတွဲဖိုင်	sa dwe: bain
ouvrir (vt)	ဖွင့်သည်	hpwin. de
fermer (vt)	ပိတ်သည်	pei' te
sauvegarder (vt)	သိမ်းဆည်းသည်	thain: zain: de
supprimer (vt)	ဖျက်သည်	hpje' te
copier (vt)	မိတ္တူကူးသည်	mi' tu gu: de
trier (vt)	ခွဲသည်	khwe: de
copier (vt)	ပြန်ကူးသည်	pjan gu: de
programme (m)	ပရိုဂရမ်	pa. jou ga. jan
logiciel (m)	ဆော့ဝဲ	hso. hp we:
programmeur (m)	ပရိုဂရမ်မာ	pa. jou ga. jan ma
programmer (vt)	ပရိုဂရမ်ရေးသည်	pa. jou ga. jan jei: de
hacker (m)	ဟက်ကာ	he' ka
mot (m) de passe	စကားဝှက်	zaga: hwe'
virus (m)	ဗိုင်းရပ်စ်	bain ja's
découvrir (détecter)	ရှာဖွေသည်	sha hpwei de

bit (m)	ဘိုက်	bai'
mégabit (m)	မီဂါဘိုက်	mi ga bai'
données (f pl)	အချက်အလက်	ache' ale'
base (f) de données	ဒေတာဘေ့စ်	dei da bei. s
câble (m)	ကေဘယ်ကြိုး	kei be kjou:
déconnecter (vt)	ဖြုတ်သည်	hpjei: de
connecter (vt)	တပ်သည်	ta' te

140. L'Internet. Le courrier électronique

Internet (m)	အင်တာနက်	in ta na'
navigateur (m)	ဘရောက်ဆာ	ba. jau' hsa
moteur (m) de recherche	ဆာ့ရှ်အင်ဂျင်	hsa. ch in gjin
fournisseur (m) d'accès	ပံ့ပိုးသူ	pan. bou: dhu
administrateur (m) de site	ဝက်မာစတာ	we' sai' ma sa. ta
site (m) web	ဝက်ဆိုက်	we' sai'
page (f) web	ဝက်ဆိုဒ်စာမျက်နှာ	we' sai' sa mje' hna
adresse (f)	လိပ်စာ	lei' sa
carnet (m) d'adresses	လိပ်စာမှတ်စု	lei' sa hmat' su.
boîte (f) de réception	စာတိုက်ပုံး	sa dai' poun:
courrier (m)	စာ	sa
pleine (adj)	ပြည့်သော	pjei. de.
message (m)	သတင်း	dhadin:
messages (pl) entrants	အဝင်သတင်း	awin dha din:
messages (pl) sortants	အထွက်သတင်း	a htwe' tha. din:
expéditeur (m)	ပို့သူ	pou. dhu
envoyer (vt)	ပို့သည်	pou. de
envoi (m)	ပို့ခြင်း	pou. gjin:
destinataire (m)	လက်ခံသူ	le' khan dhu
recevoir (vt)	လက်ခံရရှိသည်	le' khan ja. shi. de
correspondance (f)	စာအဆက်အသွယ်	sa ahse' athwe
être en correspondance	စာပေးစာယူလုပ်သည်	sa pei: za ju lou' te
fichier (m)	ဖိုင်	hpain
télécharger (vt)	ဒေါင်းလော့ဒ်လုပ်သည်	daun: lo. d lou' de
créer (vt)	ဖန်တီးသည်	hpan di: de
supprimer (vt)	ဖျက်သည်	hpje' te
supprimé (adj)	ဖျက်ပြီးသော	hpje' pji: de.
connexion (f) (ADSL, etc.)	ဆက်သွယ်မှု	hse' thwe hmu.
vitesse (f)	နှုန်း	hnun:
modem (m)	မိုဒမ်း	mou dan:
accès (m)	ဝင်လမ်း	win lan
port (m)	ဝဲသက်	we: be'
connexion (f) (établir la ~)	အချိတ်အဆက်	achei' ahse'

se connecter à …	ရှိတ်ဆက်သည်	chei' hse' te
sélectionner (vt)	ရွေးချယ်သည်	jwei: che de
rechercher (vt)	ရှာသည်	sha de

Les transports

avion (m)	လေယာဉ်	lei jan
billet (m) d'avion	လေယာဉ်လက်မှတ်	lei jan le' hma'
compagnie (f) aérienne	လေကြောင်း	lei gjaun:
aéroport (m)	လေဆိပ်	lei zi'
supersonique (adj)	အသံထက်မြန်သော	athan de' mjan de.
commandant (m) de bord	လေယာဉ်မှူး	lei jan hmu:
équipage (m)	လေယာဉ်အမှုထမ်းအဖွဲ့	lei jan ahmu. dan: ahpwe.
pilote (m)	လေယာဉ်မောင်းသူ	lei jan maun dhu
hôtesse (f) de l'air	လေယာဉ်မယ်	lei jan me
navigateur (m)	လေကြောင်းပြ	lei gjaun: bja.
ailes (f pl)	လေယာဉ်တောင်ပံ	lei jan daun ban
queue (f)	လေယာဉ်အမြီး	lei jan amji:
cabine (f)	လေယာဉ်မောင်းအခန်း	lei jan maun akhan:
moteur (m)	အင်ဂျင်	in gjin
train (m) d'atterrissage	အောက်ခံဘောင်	au' khan baun
turbine (f)	တာဘိုင်	ta bain
hélice (f)	ပန်ကာ	pan ga
boîte (f) noire	ဘလက်ဘောက်	ba. le' bo'
gouvernail (m)	ပဲ့ကိုင်ဘီး	pe. gain bi:
carburant (m)	လောင်စာ	laun za
consigne (f) de sécurité	အရေးပေါ်လုံခြုံရေး ညွှန်ကြားစာ	ajei: po' choun loun jei: hnjun gja: za
masque (m) à oxygène	အောက်ဆီဂျင်မျက်နှာဖုံး	au' hsi gjin mje' hna hpoun:
uniforme (m)	ယူနီဖောင်း	ju ni hpaun:
gilet (m) de sauvetage	အသက်ကယ်အကျႃ	athe' kai in: gji
parachute (m)	လေထီး	lei di:
décollage (m)	ထွက်ခွါခြင်း	htwe' khwa gjin:
décoller (vi)	ပျံတက်သည်	pjan de' te
piste (f) de décollage	လေယာဉ်ပြေးလမ်း	lei jan bei: lan:
visibilité (f)	မြင်ကွင်း	mjin gwin:
vol (m) (~ d'oiseau)	ပျံသန်းခြင်း	pjan dan: gjin:
altitude (f)	အမြင့်	amjin.
trou (m) d'air	လေမြှုပ်အရပ်	lei ma ngjin aja'
place (f)	ထိုင်ခုံ	htain goun
écouteurs (m pl)	နားကြပ်	na: kja'
tablette (f)	ခေါက်စားပွဲ	khau' sa: bwe:
hublot (m)	လေယာဉ်ပြတင်းပေါက်	lei jan bja. din: bau'
couloir (m)	မင်းလမ်း	min: lan:

142. Le train

train (m)	ရထား	jatha:
train (m) de banlieue	လျပ်စစ်ဓာတ်အားသုံးရထား	hlja' si' da' a: dhou: ja da:
TGV (m)	အမြန်ရထား	aman ja. hta:
locomotive (f) diesel	ဒီဇယ်ရထား	di ze ja da:
locomotive (f) à vapeur	ရေနွေးငွေ့စက်ခေါင်း	jei nwei: ngwei. ze' khaun:
wagon (m)	အတွဲ	atwe:
wagon-restaurant (m)	စားသောက်တွဲ	sa: thau' thwe:
rails (m pl)	ရထားသံလမ်း	jatha dhan lan:
chemin (m) de fer	ရထားလမ်း	jatha: lan:
traverse (f)	ဇလီဖားတုံး	zali ba: doun
quai (m)	စင်္ကြံ	sin gjan
voie (f)	ရထားစင်္ကြံ	jatha zin gjan
sémaphore (m)	မီးပွိုင့်	mi: bwain.
station (f)	ဘူတာရုံ	bu da joun
conducteur (m) de train	ရထားမောင်းသူ	jatha: maun: dhu
porteur (m)	အထမ်းသမား	a htan: dha. ma:
steward (m)	အစောင့်	asaun.
passager (m)	ခရီးသည်	khaji: de
contrôleur (m) de billets	လက်မှတ်စစ်ဆေးသူ	le' hma' ti' hsei: dhu:
couloir (m)	ကော်ရစ်တာ	ko ji' ta
frein (m) d'urgence	အရေးပေါ် ဘရိတ်	ajei: po' ba ji'
compartiment (m)	အခန်း	akhan:
couchette (f)	အိပ်စင်	ei' zin
couchette (f) d'en haut	အပေါ်ထပ်အိပ်စင်	apo htap ei' sin
couchette (f) d'en bas	အောက်ထပ်အိပ်စင်	au' hta' ei' sin
linge (m) de lit	အိပ်ရာခင်း	ei' ja khin:
ticket (m)	လက်မှတ်	le' hma'
horaire (m)	အချိန်ဇယား	achein zaja:
tableau (m) d'informations	အချက်အလက်ပြနေရာ	ache' ale' pja. nei ja
partir (vi)	ထွက်ရှိသည်	htwe' khwa de
départ (m) (du train)	အထွက်	a htwe'
arriver (le train)	ဆိုက်ရောက်သည်	hseu' jau' de
arrivée (f)	ဆိုက်ရောက်ရာ	hseu' jau' ja
arriver en train	မီးရထားဖြင့်ရောက်ရှိသည်	mi: ja. da: bjin. jau' shi. de
prendre le train	မီးရထားစီးသည်	mi: ja. da: zi: de
descendre du train	မီးရထားမှဆင်းသည်	mi: ja. da: hma. zin: de
accident (m) ferroviaire	ရထားတိုက်ခြင်း	jatha: dai' chin:
dérailler (vi)	ရထားလမ်းချော်သည်	jatha: lan: gjo de
locomotive (f) à vapeur	ရေနွေးငွေ့စက်ခေါင်း	jei nwei: ngwei. ze' khaun:
chauffeur (m)	မီးထိုးသမား	mi: dou: dhama:
chauffe (f)	မီးခို	mi: bou
charbon (m)	ကျောက်မီးသွေး	kjau' mi dhwei:

143. Le bateau

bateau (m)	သင်္ဘော	thin: bo:
navire (m)	ရေယာဉ်	jei jan
bateau (m) à vapeur	မီးသင်္ဘော	mi: dha, bo:
paquebot (m)	အပျော်စီးမော်တော်ဘုတ်ငယ်	apjo zi: mo do bou' nge
bateau (m) de croisière	ပင်လယ်အပျော်စီးသင်္ဘော	pin le apjo zi: dhin: bo:
croiseur (m)	လေယာဉ်တင်သင်္ဘော	lei jan din
yacht (m)	အပျော်စီးရွက်လှေ	apjo zi: jwe' hlei
remorqueur (m)	ဆွဲသင်္ဘော	hswe: thin: bo:
péniche (f)	ဖောင်	hpaun
ferry (m)	ကူးတို့သင်္ဘော	gadou. thin: bo:
voilier (m)	ရွက်သင်္ဘော	jwe' thin: bo:
brigantin (m)	ရွက်လှေ	jwe' hlei
brise-glace (m)	ရေခဲပြင်ခွဲသင်္ဘော	jei ge: bjin gwe: dhin: bo:
sous-marin (m)	ရေငုပ်သင်္ဘော	jei ngou' thin: bo:
canot (m) à rames	လှေ	hlei
dinghy (m)	ရော်ဘာလှေ	jo ba hlei
canot (m) de sauvetage	အသက်ကယ်လှေ	athe' kai hlei
canot (m) à moteur	မော်တော်ဘုတ်	mo to bou'
capitaine (m)	ရေယာဉ်မှူး	jei jan hmu:
matelot (m)	သင်္ဘောသား	thin: bo: dha:
marin (m)	သင်္ဘောသား	thin: bo: dha:
équipage (m)	သင်္ဘောအမှုထမ်းအဖွဲ့	thin: bo: ahmu. htan: ahpwe.
maître (m) d'équipage	ရေတပ်အရာရှိငယ်	jei da' aja shi. nge
mousse (m)	သင်္ဘောသားကလေး	thin: bo: dha: galei:
cuisinier (m) du bord	ထမင်းချက်	htamin: gje'
médecin (m) de bord	သင်္ဘောဆရာဝန်	thin: bo: zaja wun
pont (m)	သင်္ဘောကုန်းပတ်	thin: bo: koun: ba'
mât (m)	ရွက်တိုင်	jwe' tai'
voile (f)	ရွက်	jwe'
cale (f)	ဝမ်းတွင်း	wan: twin:
proue (f)	ဦးစွန်း	u: zun:
poupe (f)	ပို့င်း	pe. bain:
rame (f)	လှော်တက်	hlo de'
hélice (f)	သင်္ဘောပန်ကာ	thin: bo: ban ga
cabine (f)	သင်္ဘောပေါ်မှအခန်း	thin: bo: bo hma. aksan:
carré (m) des officiers	အရာရှိများရိပ်သာ	aja shi. mja: jin dha
salle (f) des machines	စက်ခန်း	se' khan:
passerelle (f)	ကွင်ကဲခန်း	ku' ke: khan:
cabine (f) de T.S.F.	ရေဒီယိုခန်း	rei di jou gan:
onde (f)	လှိုင်း	hlain:
journal (m) de bord	မှတ်တမ်းစာအုပ်	hma' tan: za ou'
longue-vue (f)	အဝေးကြည့်မှန်ပြောင်း	awei: gji. hman bjaun:
cloche (f)	ခေါင်းလောင်း	gaun: laun:

pavillon (m)	အလံ	alan
grosse corde (f) tressée	သင်္ဘောသုံးလွန်ကြိုး	thin: bo: dhaun: lun gjou:
nœud (m) marin	ကြိုးထုံး	kjou: htoun:

| rampe (f) | လက်ရန်း | le' jan |
| passerelle (f) | သင်္ဘောကုန်းပေါင် | thin: bo: koun: baun |

ancre (f)	ကျောက်ဆူး	kjau' hsu:
lever l'ancre	ကျောက်ဆူးနှုတ်သည်	kjau' hsu: nou' te
jeter l'ancre	ကျောက်ချသည်	kjau' cha. de
chaîne (f) d'ancrage	ကျောက်ဆူးကြိုး	kjau' hsu: kjou:

port (m)	ဆိပ်ကမ်း	hsi' kan:
embarcadère (m)	သင်္ဘောဆိပ်	thin: bo: zei'
accoster (vi)	ဆိုက်ကပ်သည်	hseu' ka' de
larguer les amarres	စွန့်ပစ်သည်	sun. bi' de

voyage (m) (à l'étranger)	ခရီးထွက်ခြင်း	khaji: htwe' chin:
croisière (f)	အပျော်ခရီး	apjo gaji:
cap (m) (suivre un ~)	ဦးတည်ရာ	u: ti ja
itinéraire (m)	လမ်းကြောင်း	lan: gjaun:

chenal (m)	သင်္ဘောရေကြောင်း	thin: bo: jei gjaun:
bas-fond (m)	ရေတိမ်ပိုင်း	jei dein bain:
échouer sur un bas-fond	ကမ်းကပ်သည်	kan ka' te

tempête (f)	မုန်တိုင်း	moun dain:
signal (m)	အချက်ပြ	ache' pja.
sombrer (vi)	နစ်မြုပ်သည်	ni' mjou' te
Un homme à la mer!	လူရေထဲကျ	lu jei de: gja
SOS (m)	အက်စ်အိုအက်စ်	e's o e's
bouée (f) de sauvetage	အသက်ကယ်ဘော	athe' kai bo

144. L'aéroport

aéroport (m)	လေဆိပ်	lei zi'
avion (m)	လေယာဉ်	lei jan
compagnie (f) aérienne	လေကြောင်း	lei gjaun:
contrôleur (m) aérien	လေကြောင်းထိန်း	lei kjaun: din:

départ (m)	ထွက်ခွာရာ	htwe' khwa ja
arrivée (f)	ဆိုက်ရောက်ရာ	hseu' jau' ja
arriver (par avion)	ဆိုက်ရောက်သည်	hsai' jau' te

| temps (m) de départ | ထွက်ခွာချိန် | htwe' khwa gjein |
| temps (m) d'arrivée | ဆိုက်ရောက်ချိန် | hseu' jau' chein |

| être retardé | နောက်ကျသည် | nau' kja. de |
| retard (m) de l'avion | လေယာဉ်နောက်ကျခြင်း | lei jan nau' kja. chin: |

tableau (m) d'informations	လေယာဉ်ခရီးစဉ်ပြဘုတ်	lei jan ga. ji: zi bja. bou'
information (f)	သတင်းအချက်အလက်	dhadin: akje' ale'
annoncer (vt)	ကြေငြာသည်	kjei nja de
vol (m)	ပျံသန်းမှု	pjan dan: hmu.

| douane (f) | အကောက်ဆိပ် | akau' hsein |
| douanier (m) | အကောက်ခွန်အရာရှိ | akau' khun aja shi. |

déclaration (f) de douane	အကောက်ခွန်ကြေညာချက်	akau' khun gjei nja gje'
remplir (vt)	လျှောက်လွှာဖြည့်သည်	shau' hlwa bji. de
remplir la déclaration	သယ်ယူပစ္စည်းစာရင်း ကြေညာသည်	the ju pji' si: zajin: kjei nja de
contrôle (m) de passeport	ပတ်စ်ပို့ထိန်းချုပ်မှု	pa's pou. htein: gju' hmu.

bagage (m)	ဝန်စည်စလည်	wun zi za. li
bagage (m) à main	လက်ဆွဲပစ္စည်း	le' swe: pji' si:
chariot (m)	ပစ္စည်းတင်သည့်လှည်း	pji' si: din dhe. hle:

atterrissage (m)	ဆင်းသက်ခြင်း	hsin: dha' chin:
piste (f) d'atterrissage	အဆင်းလမ်း	ahsin: lan:
atterrir (vi)	ဆင်းသက်သည်	hsin: dha' te
escalier (m) d'avion	လေယာဉ်လှေကား	lei jan hlei ka:

enregistrement (m)	စာရင်းသွင်းခြင်း	sajin: dhwin: gjin:
comptoir (m) d'enregistrement	စာရင်းသွင်းကောင်တာ	sajin: gaun da
s'enregistrer (vp)	စာရင်းသွင်းသည်	sajin: dhwin: de
carte (f) d'embarquement	လေယာဉ်ပေါ်တက်ခွင့်လက်မှတ်	lei jan bo de' khwin. le' hma'
porte (f) d'embarquement	လေယာဉ်ထွက်ရွာရာဂိတ်	lei jan dwe' khwa ja gei'

transit (m)	အကူးအပြောင်း	aku: apjaun:
attendre (vt)	စောင့်သည်	saun. de
salle (f) d'attente	ထွက်ရွာရာခန်းမ	htwe' kha ja gan: ma.
raccompagner (à l'aéroport, etc.)	လိုက်ပို့သည်	lai' bou. de
dire au revoir	နုတ်ဆက်သည်	hnou' hsei' te

145. Le vélo. La moto

vélo (m)	စက်ဘီး	se' bi:
scooter (m)	ဆိုင်ကယ်အပေါ့စား	hsain ge apau. za:
moto (f)	ဆိုင်ကယ်	hsain ge

faire du vélo	စက်ဘီးစီးသည်	se' bi: zi: de
guidon (m)	လက်ကိုင်	le' kain
pédale (f)	ခြေနင်း	chei nin:
freins (m pl)	ဘရိတ်	ba. rei'
selle (f)	စက်ဘီးထိုင်ခုံ	se' bi: dai' goun

pompe (f)	လေထိုးတံ	lei dou: tan
porte-bagages (m)	နောက်တွဲထိုင်ခုံ	nau' twe: dain goun
phare (m)	ရှေ့မီး	shei. mi:
casque (m)	ဟယ်လမက်ဦးထုပ်	he: l me u: htou'

roue (f)	ဘီး	bi:
garde-boue (m)	ဘီးကာ	bi: ga
jante (f)	ခွေ	khwei
rayon (m)	ဝပုတ်တံ	sapou' tan

La voiture

automobile (f)	ကား	ka:
voiture (f) de sport	ပြိုင်ကား	pjain ga:
limousine (f)	အလှစီးဖိမ်ခံကား	ahla. zi: zin khan ka:
tout-terrain (m)	လမ်းကြမ်းမောင်းကား	lan: kjan: maun: ka:
cabriolet (m)	အမိုးခေါက်ကား	amou: gau' ka:
minibus (m)	မိနီဘတ်စ်	mi ni ba's
ambulance (f)	လူနာတင်ကား	lu na din ga:
chasse-neige (m)	နင်းကော်ကား	hnin: go: ga:
camion (m)	ကုန်တင်ကား	koun din ka:
camion-citerne (m)	ရေတင်ကား	jei din ga:
fourgon (m)	ပစ္စည်းတင်ဗင်ကား	pji' si: din bin ga:
tracteur (m) routier	နောက်တွဲပါကုန်တင်ယာဉ်	nau' twe: ba goun din jan
remorque (f)	နောက်တွဲယာဉ်	nau' twe: jan
confortable (adj)	သက်တောင့်သက်သာဖြစ်သော	the' taun. the' tha hpji' te.
d'occasion (adj)	တစ်ပတ်ရစ်	ti' pa' ji'

capot (m)	စက်ခေါင်းအဖုံး	se' khaun: ahpoun:
aile (f)	ရွှေ့ကာ	shwan. ga
toit (m)	ကားခေါင်မိုး	ka: gaun mou:
pare-brise (m)	လေကာမှန်	lei ga hman
rétroviseur (m)	နောက်ကြည့်မှန်	nau' kje. hman
lave-glace (m)	လေကာမှန်ဝါရှာ	lei ga hman wa sha
essuie-glace (m)	လေကာမှန်ရေသုတ်တံ	lei ga hman jei thou' tan
fenêtre (f) latéral	ဘေးတံခါးမှန်	bei: dan ga: hman
lève-glace (m)	တံခါးလှလုတ်	daga: kha lou'
antenne (f)	အင်တန်နာတိုင်	in tan na tain
toit (m) ouvrant	နေကာမှန်	nei ga hman
pare-chocs (m)	ကားဘန်ပါ	ka: ban ba
coffre (m)	ပစ္စည်းခန်း	pji' si: khan:
galerie (f) de toit	ခေါင်မိုးပစ္စည်းတင်စင်	gaun mou: pji' si: din zin
portière (f)	တံခါး	daga:
poignée (f)	တံခါးလက်ကိုင်	daga: le' kain
serrure (f)	တံခါးသော့	daga: dho.
plaque (f) d'immatriculation	လိုင်စင်ပြား	lain zin bja:
silencieux (m)	အသံထိန်းကိရိယာ	athan dein: gi. ji. ja

| réservoir (m) d'essence | စီတိုင်ကီ | hsi dain gi |
| pot (m) d'échappement | အိတ်ဇော | ei' zo: |

accélérateur (m)	လီဘာ	li ba
pédale (f)	ခြေနင်း	chei nin:
pédale (f) d'accélérateur	လီဘာနင်းပြား	li ba nin: bja

frein (m)	ဘရိတ်	ba. rei'
pédale (f) de frein	ဘရိတ်နင်ပြား	ba. rei' nin bja:
freiner (vi)	ဘရိတ်အုပ်သည်	ba. rei' au' te
frein (m) à main	ပါကင်ဘရိတ်	pa gin ba. jei'

embrayage (m)	ကလပ်	kala'
pédale (f) d'embrayage	ခြေနင်းကလပ်	chei nin: gala'
disque (m) d'embrayage	ကလပ်ပြား	kala' pja:
amortisseur (m)	ရှော့အစ်ဆော်ဘာ	sho.kh a' hso ba

roue (f)	ဘီး	bi:
roue (f) de rechange	အပိုတာယာ	apou daja
pneu (m)	တာယာ	ta ja
enjoliveur (m)	ဘီးဖုံး	bi: boun:

roues (f pl) motrices	တွန်းအားပေးသောဘီးများ	tun: a: bei: do: bi: mja:
à traction avant	ရှေ့ဘီးအုံ	shei. bi: oun
à traction arrière	ဝင်ရိုးအုံ	win jou: oun
à traction intégrale	အောင်းလိံဒရိုက်ဘီးအုံ	o: wi: l da. shik bi: oun

boîte (f) de vitesses	ဂီယာဘောက်	gi ja bau'
automatique (adj)	အလိုအလျောက်ဖြစ်သော	alou aljau' hpji' te.
mécanique (adj)	စက်နှင့်ဆိုင်သော	se' hnin. zain de.
levier (m) de vitesse	ဂီယာတံ	gi ja dan

| phare (m) | ရှေ့မီး | shei. mi: |
| feux (m pl) | ရှေ့မီးများ | shei. mi: mja: |

feux (m pl) de croisement	အောက်မီး	au' mi:
feux (m pl) de route	အဝေးမီး	awei: mi:
feux (m pl) stop	ဘရိတ်မီး	ba. rei' mi:

feux (m pl) de position	ပါကင်မီး	pa gin mi:
feux (m pl) de détresse	အရေးပေါ်အချက်ပြမီး	ajei: po' che' pja. mi:
feux (m pl) de brouillard	မြူနှင်းအလင်းဘောမီး	hmju hnin: alin: bau' mi:
clignotant (m)	အကွေ့အချက်ပြမီး	akwei. ache' pja. mi:
feux (m pl) de recul	နောက်ဘက်အချက်ပြမီး	nau' be' ache' pja. mi:

148. La voiture. L'habitacle

habitacle (m)	အတွင်းပိုင်း	atwin: bain:
en cuir (adj)	သားရေနှင့်လုပ်ထားသော	tha: jei hnin. lou' hta: de.
en velours (adj)	ကတ္တီပါအထူစား	gadi ba ahtu za:
revêtement (m)	ကုရှင်	ku shin

| instrument (m) | စံပမကတိုင်းကိရိယာ | san bamana dain: gi ji ja |
| tableau (m) de bord | ဒက်ရှ်ဘုတ် | de' sh bou' |

| indicateur (m) de vitesse | ကားအရှိန်တိုင်းကိရိယာ | ka: ashein dain: ki. ja. ja |
| aiguille (f) | လက်တံ | le' tan |

compteur (m) de kilomètres	ခရီးပိုင်တိုင်းကိရိယာ	khaji: main dain: ki. ji. ja
indicateur (m)	နိုင်ခွက်	dain gwa'
niveau (m)	ရေချိန်	jei gjain
témoin (m)	သတိပေးမီး	dhadi. pei: mi:

volant (m)	လက်ကိုင်ဘီး	le' kain bi:
klaxon (m)	ဟွန်း	hwun:
bouton (m)	ခလုတ်	khalou'
interrupteur (m)	ခလုတ်	khalou'

siège (m)	ထိုင်ခုံ	htain goun
dossier (m)	နောက်မှီ	nau' mi
appui-tête (m)	ခေါင်းမှီ	gaun: hmi
ceinture (f) de sécurité	ထိုင်ခုံခါးပတ်	htain goun ga: pa'
mettre la ceinture	ထိုင်ခုံခါးပတ်ပတ်သည်	htain goun ga: pa' pa' te
réglage (m)	ချိန်ညှိခြင်း	chein hnji. chin:

| airbag (m) | လေအိတ် | lei i' |
| climatiseur (m) | လေအေးပေးစက် | lei ei: bei: ze' |

radio (f)	ရေဒီယို	rei di jou
lecteur (m) de CD	စီဒီပလေယာ	si di ba. lei ja
allumer (vt)	ဖွင့်သည်	hpwin. de
antenne (f)	အင်တာနာတိုင်	in tan na tain
boîte (f) à gants	ပစ္စည်းထည့်ရန်အံဆွဲ	pji' si: de. jan an ze:
cendrier (m)	ဆေးလိပ်ပြာခွက်	hsei: lei' pja gwe'

149. La voiture. Le moteur

moteur (m)	အင်ဂျင်	in gjin
diesel (adj)	ဒီဇယ်	di ze
à essence (adj)	ဓါတ်ဆီ	da' hsi

capacité (f) du moteur	အင်ဂျင်ထုထည်	in gjin htu. hte
puissance (f)	စွမ်းအား	swan: a:
cheval-vapeur (m)	မြင်းကောင်ရေအား	mjin: gaun jei a:
piston (m)	ပစ္စတင်	pji' sa. tin
cylindre (m)	ဆလင်ဒါ	hsa. lin da
soupape (f)	အဆို့ရှင်	ahsou. shin

injecteur (m)	ထိုးတံ	htou: dan
générateur (m)	ဂျင်နရေတာ	gjin na. jei ta
carburateur (m)	ကာဗရက်တာ	ka ba. je' ta
huile (f) moteur	စက်ဆီ	se' hsi

radiateur (m)	ရေတိုင်ကီ	jei dain gi
liquide (m) de refroidissement	အင်ဂျင်အေးစေ သည့်အရည်-ကူးလန့်	in gjin ei: zei dhi. aji - ku: lan.
ventilateur (m)	အအေးပေးပန်ကာ	aei: bei: ban ga
batterie (f)	ဘတ်ထရီ	ba' hta ji
starter (m)	စက်နှိုးကိရိယာ	se' hnou: ki. ji. ja

allumage (m)	မီးပေးအပိုင်း	mi: bei: apain:
bougie (f) d'allumage	မီးပွားပလလတ်	mi: bwa: ba. la'
borne (f)	ဘက်ထရီထိပ်စွန်း	be' hta. ji htei' swan:
borne (f) positive	ဘက်ထရီအဖိုစွန်း	be' hta. ji ahpou zwan:
borne (f) négative	ဘက်ထရီအမစွန်း	be' hta. ji ama. zwan:
fusible (m)	ဖျူးစ်	hpju: s
filtre (m) à air	လေစစ်ကိရိယာ	lei zi' ki. ji. ja
filtre (m) à huile	ဆီစစ်ကိရိယာ	hsi za' ki. ji. ja
filtre (m) à essence	လောင်စာဆီစစ်ကိရိယာ	laun za hsi zi' ki. ji. ja

150. La voiture. La réparation

accident (m) de voiture	ကားတိုက်ခြင်း	ka: dou' chin:
accident (m) de route	မတော်တဆလာဉ်တိုက်မှု	ma. do da. za. jan dai' hmu.
percuter contre ...	ဝင်တိုက်သည်	win dai' te
s'écraser (vp)	အရှိန်ပြင်းစွာတိုက်မိသည်	ashein bjin: zwa daik mi. de
dégât (m)	အပျက်အစီး	apje' asi:
intact (adj)	မချွတ်ယွင်းသော	ma gjwe' jwin: de.
panne (f)	စက်ချွတ်ယွင်းခြင်း	se' chu' jwin: gjin:
tomber en panne	စက်ချွတ်ယွင်းသည်	se' chu' jwin: de
corde (f) de remorquage	လွန်ကြိုးကြီး	lun gjou: gji:
crevaison (f)	ဘီးပေါက်ခြင်း	bi: bau' chin:
crever (vi) (pneu)	ပြားကပ်သွားသည်	pja: ga' thwa: de
gonfler (vt)	လေထိုးသည်	lei dou: de
pression (f)	ဖိအား	hpi. a:
vérifier (vt)	စစ်ဆေးသည်	si' hsei: de
réparation (f)	ပြင်ခြင်း	pjin gjin:
garage (m) (atelier)	ကားပြင်ဆိုင်	ka: bjin zain
pièce (f) détachée	စက်အပိုပစ္စည်း	se' apou pji' si:
pièce (f)	အစိတ်အပိုင်း	asei' apain:
boulon (m)	မူလီ	mu li
vis (f)	ဝက်အူ	we' u
écrou (m)	မူလီခေါင်း	mu li gaun:
rondelle (f)	ဝါရှာ	wa sha
palier (m)	ဘယ်ယာရင်	be ja jin
tuyau (m)	ပိုက်	pai'
joint (m)	ဆက်ရာကိုဖုံးသည့်ကွင်း	hse' ja gou boun: dhe. gwin:
fil (m)	ဝိုင်ယာကြိုး	wain ja gjou:
cric (m)	ဂျက်	gjou'
clé (f) de serrage	ခွ	khwa.
marteau (m)	တူ	tu
pompe (f)	လေထိုးစက်	lei dou: ze'
tournevis (m)	ဝက်အူလှည်	we' u hli.
extincteur (m)	မီးသတ်ဘူး	mi: tha' bu:
triangle (m) de signalisation	ရပ်သတိပေးသော အမှတ်အသား	ja' thati bei: de. ahma' atha:

caler (vi)	စက် ရပ်တရပ်သေသသည်	se' jou' taja' dhei de
calage (m)	အင်ဂျင်စက် သေသွားခြင်း	in gjin sek thei thwa: gjin:
être en panne	ကျိုးသွားသည်	kjou: dhwa: de
surchauffer (vi)	စက်အရမ်းပူသွားသည်	se' ajan: bu dhwa: de
se boucher (vp)	တစ်ဆို့သည်	ti' hsou. de
geler (vi)	အေးအောင်လုပ်သည်	ei: aun lou' te
éclater (tuyau, etc.)	ကျိုးပေါက်သည်	kjou: bau' te
pression (f)	ဖိအား	hpi. a:
niveau (m)	ရေရှိန်	jei gjain
lâche (courroie ~)	လျော့တိလျာ့ရဲဖြစ်သော	ljau. di. ljau. je: hpji' de
fosse (f)	အရှိုင်	achoun.
bruit (m) anormal	ခေါက်သံ	khau' dhan
fissure (f)	အက်ကြောင်း	e' kjaun:
égratignure (f)	ခြစ်ရာ	chi' ja

151. La voiture. La route

route (f)	လမ်း	lan:
grande route (autoroute)	အဝေးပြေးလမ်းမကြီး	awei: bjei: lan: ma. gji:
autoroute (f)	အမြန်လမ်းမကြီး	aman lan: ma. mji:
direction (f)	ဦးတည်ရာ	u: te ja
distance (f)	အကွာအဝေး	akwa awei:
pont (m)	တံတား	dada:
parking (m)	ကားပါကင်	ka: pa kin
place (f)	ရင်ပြင်	jin bjin
échangeur (m)	အွဝေးပြေးလမ်းမ ကြီးများဆုံရာ	awei: bjei: lan: ma. gji: mja: zoun ja
tunnel (m)	ဥမင်လိုက်ခေါင်း	u. min lain gaun:
station-service (f)	ဆီဆိုင်	hsi: zain
parking (m)	ကားပါကင်	ka: pa kin
poste (m) d'essence	ဆီပိုက်	hsi pou'
garage (m) (atelier)	ကားပြင်ဆိုင်	ka: bjin zain
se ravitailler (vp)	ဓာတ်ဆီထည့်သည်	da' hsi de. de
carburant (m)	လောင်စာ	laun za
jerrycan (m)	ဓာတ်ဆီပုံး	da' hsi boun:
asphalte (m)	နိုင်လွန်ကတ္တရာ	nain lun ga' taja
marquage (m)	လမ်းအမှတ်အသား	lan: ahma' atha:
bordure (f)	ပလက်ဖောင်းဘောင်	pa. je' hpaun: baun:
barrière (f) de sécurité	လမ်းဘေးအရံအတား	lan: bei: ajan ata:
fossé (m)	လမ်းဘေးမြောင်း	lan: bei: mjaun:
bas-côté (m)	လမ်းဘေးမြေသား	lan: bei: mjei dha:
réverbère (m)	တိုင်	tain
conduire (une voiture)	မောင်းနှင်သည်	maun: hnin de
tourner (~ à gauche)	ကွေ့သည်	kwei. de
faire un demi-tour	ကွေ့သသည်	kwei. de
marche (f) arrière	နောက်ပြန်	nau' pjan
klaxonner (vi)	ဟွန်းတီးသည်	hwun: di: de

coup (m) de klaxon	ဟွန်း	hwun:
s'embourber (vp)	နစ်သည်	ni' te
déraper (vi)	ဘီးလည်စေသည်	bi: le zei de
couper (le moteur)	ရပ်သည်	ja' te

vitesse (f)	နှုန်း	hnun:
dépasser la vitesse	သတ်မှတ်နှုန်းထက်ပိုမောင်းသည်	tha' hma' hnoun: de' pou maun: de
mettre une amende	ဒဏ်ရိုက်သည်	dan jai' de
feux (m pl) de circulation	မီးပွိုင့်	mi: bwain.
permis (m) de conduire	ကားလိုင်စင်	ka: lain zin

passage (m) à niveau	ရထားလမ်းကူး	jatha: lan: gu:
carrefour (m)	လမ်းဆုံ	lan: zoun
passage (m) piéton	လူကူးမျဉ်းကြား	lu gu: mji: gja:
virage (m)	လမ်းချိုး	lan: gjou:
zone (f) piétonne	လမ်းသွားလမ်းလာနေရာ	lan: dhwa: lan: la nei ja

LES GENS. LES ÉVÉNEMENTS

Les grands événements de la vie

fête (f)	ပျော်ပွဲရှင်ပွဲ	pjo bwe: shin bwe:
fête (f) nationale	အမျိုးသားနေ့	amjou: dha: nei.
jour (m) férié	ပွဲတော်ရက်	pwe: do je'
fêter (vt)	အထိမ်းအမှတ်အဖြစ်ကျင်း ပသည်	a htin: ahma' ahpja' kjin: ba. de
événement (m) (~ du jour)	အဖြစ်အပျက်	a hpji' apje'
événement (m) (soirée, etc.)	အစီအစဉ်	asi asin
banquet (m)	ဂုဏ်ပြုစားပွဲ	goun bju za: bwe:
réception (f)	ည့ေကြိုနေရာ	e. gjou nei ja
festin (m)	စားသောက်ည့ေစံပွဲ	sa: thau' e. gan bwe:
anniversaire (m)	နှစ်ပတ်လည်	hni' ba' le
jubilé (m)	ရတု	jadu.
célébrer (vt)	ကျင်းပသည်	kjin: ba. de
Nouvel An (m)	နှစ်သစ်ကူး	hni' thi' ku:
Bonne année!	ပျော်ရွှင်ဖွယ်နှစ်သစ်ကူး ဖြစ်ပါစေ	pjo shin bwe: hni' ku: hpji' ba zei
Père Noël (m)	ခရစ္စမတ်ဘိုးဘိုး	khari' sa. ma' bou: bou:
Noël (m)	ခရစ္စမတ်ပွဲတော်	khari' sa. ma' pwe: do
Joyeux Noël!	မယ်ရီခရစ္စမတ်	me ji kha. ji' sa. ma'
arbre (m) de Noël	ခရစ္စမတ်သစ်ပင်	khari' sa. ma' thi' pin
feux (m pl) d'artifice	မီးရှူးမီးပန်း	mi: shu: mi: ban:
mariage (m)	မင်္ဂလာဆောင်ပွဲ	min ga. la zaun bwe:
fiancé (m)	သတို့သား	dhadou. tha:
fiancée (f)	သတို့သမီး	dhadou. thami:
inviter (vt)	ဖိတ်သည်	hpi' de
lettre (f) d'invitation	ဖိတ်စာကတ်	hpi' sa ka'
invité (m)	ည့ေသည်	e. dhe
visiter (~ les amis)	အိမ်လည်သွားသည်	ein le dhwa: de
accueillir les invités	ည့ေသည်ကြိုဆိုသည်	e. dhe gjou zou de
cadeau (m)	လက်ဆောင်	le' hsaun
offrir (un cadeau)	ပေးသည်	pei: de
recevoir des cadeaux	လက်ဆောင်ရသည်	le' hsaun ja. de
bouquet (m)	ပန်းစည်း	pan: ze:
félicitations (f pl)	ဂုဏ်ပြုခြင်း	goun bju chin:
féliciter (vt)	ဂုဏ်ပြုသည်	goun bju de

carte (f) de veux	ဂွက်ပြုကဒ်	goun bju ka'
envoyer une carte	ပို့စ်ကဒ်ပေးသည်	pou. s ka' pei: de
recevoir une carte	ပို့စ်ကဒ်လက်ခံရရှိသည်	pou. s ka' le' khan ja. shi. de

toast (m)	ဆုတောင်းဂွက်ပြုခြင်း	hsu. daun: goun pju. gjin:
offrir (un verre, etc.)	ကျွေးသည်	kjwei: de
champagne (m)	ရှန်ပိန်	shan pein

s'amuser (vp)	ပျော်ရွှင်သည်	pjo shwin de
gaieté (f)	ပျော်ရွှင်မှု	pjo shwin hmu
joie (f) (émotion)	ပျော်ရွှင်ခြင်း	pjo shwin gjin:

| danse (f) | အက | aka. |
| danser (vi, vt) | ကသည် | ka de |

| valse (f) | ဝေါ့ဇ်အက | wo. z aka. |
| tango (m) | တန်ဂိုအက | tan gou aka. |

153. L'enterrement. Le deuil

cimetière (m)	သချိုင်း	thin gjain:
tombe (f)	အုတ်ဂူ	ou' gu
croix (f)	လက်ဝါးကပ်တိုင်အမှတ်အသား	le' wa: ka' tain ahma' atha:
pierre (f) tombale	အုတ်ဂူကျောက်တုံး	ou' gu kjau' toun.
clôture (f)	ခြံစည်းရိုး	chan zi: jou:
chapelle (f)	ဝတ်ပြုဆုတောင်းရာနေရာ	wa' pju. u. daun: ja nei ja

mort (f)	သေခြင်းတရား	thei gjin: daja:
mourir (vi)	ကွယ်လွန်သည်	kwe lun de
défunt (m)	ကွယ်လွန်သူ	kwe lun dhu
deuil (m)	ဝမ်းနည်းကြေကွဲခြင်း	wan: ne: gjei gwe gjin:

enterrer (vt)	မြေမြှုပ်သင်္ဂြိုဟ်သည်	mjei hmjou' dha. gjoun de
maison (f) funéraire	အသုဘရှုန်နေရာ	athu. ba. shu. jan nei ja
enterrement (m)	စျာပန	za ba. na.
couronne (f)	ပန်းခွေ	pan gwei
cercueil (m)	ခေါင်း	gaun:
corbillard (m)	နိဗ္ဗာန်ယာဉ်	nei' ban jan
linceul (m)	လူသေပတ်သည့်အဝတ်စ	lu dhei ba' the. awa' za.

cortège (m) funèbre	အသုဘယာဉ်တန်း	athu. ba. in dan:
urne (f) funéraire	အရိုးပြာအိုး	ajain: bja ou:
crématoire (m)	မီးသင်္ဂြိုလ်ရုံ	mi: dha. gjoun joun

nécrologue (m)	နာရေးသတင်း	na jei: dha. din:
pleurer (vi)	ငိုသည်	ngou de
sangloter (vi)	ရှိုက်ငိုသည်	shai' ngou de

154. La guerre. Les soldats

| section (f) | တပ်စု | ta' su. |
| compagnie (f) | တပ်ခွဲ | ta' khwe: |

143

régiment (m)	တပ်ရင်း	ta' jin:
armée (f)	တပ်မတော်	ta' mado
division (f)	တိုင်းအဆင့်	tain: ahsin.
détachement (m)	အထူးစစ်သားအဖွဲ့ငယ်	a htu: za' tha: ahpwe. nge
armée (f) (Moyen Âge)	စစ်တပ်ဖွဲ့	si' ta' hpwe.
soldat (m) (un militaire)	စစ်သား	si' tha:
officier (m)	အရာရှိ	aja shi.
soldat (m) (grade)	တပ်သား	ta' tha:
sergent (m)	တပ်ကြပ်ကြီး	ta' kja' kji:
lieutenant (m)	ဗိုလ်	bou
capitaine (m)	ဗိုလ်ကြီး	bou gji
commandant (m)	ဗိုလ်မှူး	bou hmu:
colonel (m)	ဗိုလ်မှူးကြီး	bou hmu: gji:
général (m)	ဗိုလ်ချုပ်	bou gjou'
marin (m)	ရေတပ်သား	jei da' tha:
capitaine (m)	ဗိုလ်ကြီး	bou gji
maître (m) d'équipage	သင်္ဘောအရာရှိငယ်	thin: bo: aja shi. nge
artilleur (m)	အမြောက်တပ်သား	amjau' thin de.
parachutiste (m)	လေထီးခုန်စစ်သား	lei di: goun zi' tha:
pilote (m)	လေယာဉ်မှူး	lei jan hmu:
navigateur (m)	လေကြောင်းပြ	lei gjaun: bja.
mécanicien (m)	စက်ပြင်ဆရာ	se' pjin zaja
démineur (m)	မိုင်းရှင်းသူ	main: shin: dhu
parachutiste (m)	လေထီးခုန်သူ	lei di: goun dhu
éclaireur (m)	ကင်းထောက်	kin: dau'
tireur (m) d'élite	လက်ဖြောင့်စစ်သား	le' hpaun. zi' tha:
patrouille (f)	လှည့်ကင်း	hle. kin:
patrouiller (vi)	ကင်းလှည့်သည်	kin: hle. de
sentinelle (f)	ကင်းသမား	kin: dhama:
guerrier (m)	စစ်သည်	si' te
patriote (m)	မျိုးချစ်သူ	mjou: gji dhu
héros (m)	သူရဲကောင်း	thu je: kaun:
héroïne (f)	အမျိုးသမီးလှ စွမ်းကောင်း	amjou: dhami: lu swan: gaun:
traître (m)	သစ္စာဖောက်	thi' sabau'
trahir (vt)	သစ္စာဖောက်သည်	thi' sabau' te
déserteur (m)	စစ်ပြေး	si' pjei:
déserter (vt)	စစ်တပ်မှထွက်ပြေးသည်	si' ta' hma. dwe' pjei: de
mercenaire (m)	ကြေးစားစစ်သား	kjei: za za' tha:
recrue (f)	တပ်သားသစ်	ta' tha: dhi'
volontaire (m)	မိမိဆန္ဒ အရစစ်ထဲဝင်သူ	mi. mi. i zan da. aja. zi' hte: win dhu
mort (m)	တိုက်ပွဲကျသူ	tai' pwe: gja dhu
blessé (m)	ဒဏ်ရာရသူ	dan ja ja. dhu
prisonnier (m) de guerre	စစ်သုံ့ပန်း	si' thoun. ban:

155. La guerre. Partie 1

guerre (f)	စစ်ပွဲ	si' pwe:
faire la guerre	စစ်ပွဲပါဝင်ဆင်နွှဲသည်	si' pwe: ba win zin hnwe: de
guerre (f) civile	ပြည်တွင်းစစ်	pji dwin: zi'
perfidement (adv)	သစ္စာဖောက်သွေဖီလျက်	thi' sabau' thwei bi le'
déclaration (f) de guerre	စစ်ကြေ ငြာ ခြင်း	si' kjei nja gjin:
déclarer (la guerre)	ကြေငြာသည်	kjei nja de
agression (f)	ကျူးကျော်ရန်စ မှု	kju: gjo jan za. hmu.
attaquer (~ un pays)	တိုက်ခိုက်သည်	tai' khai' te
envahir (vt)	ကျူးကျော်ဝင်ရောက်သည်	kju: gjo win jau' te
envahisseur (m)	ကျူးကျော်ဝင်ရောက်သူ	kju: gjo win jau' thu
conquérant (m)	အောင်နိုင်သူ	aun nain dhu
défense (f)	ကာကွယ်ရေး	ka gwe ei:
défendre (vt)	ကာကွယ်သည်	ka gwe de
se défendre (vp)	ခံကာကွယ်သည်	khu. gan ga gwe de
ennemi (m)	ရန်သူ	jan dhu
adversaire (m)	ပြိုင်ဘက်	pjain be'
ennemi (adj) (territoire ~)	ရန်သူ	jan dhu
stratégie (f)	မဟာ ဗျူဟာ	maha bju ha
tactique (f)	ဗျူဟာ	bju ha
ordre (m)	အမိန့်	amin.
commande (f)	အမိန့်	amin.
ordonner (vt)	အမိန့်ပေးသည်	amin. bei: de
mission (f)	ရည်မှန်းချက်	ji hman: gje'
secret (adj)	လျှို့ဝှက်သော	shou. hwe' te.
bataille (f)	တိုက်ပွဲငယ်	tai' pwe: nge
combat (m)	တိုက်ပွဲ	tai' pwe:
attaque (f)	တိုက်စစ်	tai' si'
assaut (m)	တဟုန်ထိုးတိုက်ခိုက်ခြင်း	tahoun
prendre d'assaut	တရ ကြမ်း တိုက်ခိုက်သည်	tara gjan: dai' khai' te
siège (m)	ဝန်းရံလုပ်ကြံ ခြင်း	wun: jan lou' chan gjin:
offensive (f)	ထိုးစစ်	htou: zi'
passer à l'offensive	ထိုးစစ်ဆင်နွှဲသည်	htou: zi' hsin hnwe: de
retraite (f)	ဆုတ်ခွာ ခြင်း	hsou' khwa gjin:
faire retraite	ဆုတ်ခွာသည်	hsou' khwa de
encerclement (m)	ဝန်းရံ ပိတ်ဆို့ ထားခြင်း	wun: jan bei' zou. da: chin:
encercler (vt)	ဝန်းရံ ပိတ်ဆို့ထားသည်	wun: jan bei' zou. da: de
bombardement (m)	ဗုံးကြဲ ခြင်း	boun: gje: gja. gjin:
lancer une bombe	ဗုံးကြဲ သည်	boun: gje: gja. de
bombarder (vt)	ဗုံး တိုက်ခိုက်သည်	boun: gje: dai' khai' te
explosion (f)	ပေါက်ကွဲမှု	pau' kwe: hmu.
coup (m) de feu	ပစ်ချက်	pi' che'

tirer un coup de feu	ပစ်သည်	pi' te
fusillade (f)	ပစ်ခတ်ခြင်း	pi' che' chin:
viser ... (cible)	ပစ်မှတ်ချိန်သည်	pi' hma' chein de
pointer (sur ...)	ချိန်ရွယ်သည်	chein jwe de
atteindre (cible)	ပစ်မှတ်ထိသည်	pi' hma' hti. de
faire sombrer	နစ်မြုပ်သည်	ni' mjou' te
trou (m) (dans un bateau)	အပေါက်	apau'
sombrer (navire)	နှစ်မြှုပ်သည်	hni' hmjou' te
front (m)	ရှေ့တန်း	shei. dan:
évacuation (f)	စစ်ဘေးရှောင်ခြင်း	si' bei: shaun gjin:
évacuer (vt)	စစ်ဘေးရှောင်သည်	si' bei: shaun de
tranchée (f)	ကတုတ်ကျင်း	gadou kjin:
barbelés (m pl)	သံဆူးကြိုး	than zu: gjou:
barrage (m) (~ antichar)	အတားအဆီး	ata: ahsi:
tour (f) de guet	မျှော်စင်	hmjo zin
hôpital (m)	ရှေ့တန်းစစ်ဆေးရုံ	shei. dan: zi' zei: joun
blesser (vt)	ဒဏ်ရာရသည်	dan ja ja. de
blessure (f)	ဒဏ်ရာ	dan ja
blessé (m)	ဒဏ်ရာရသူ	dan ja ja. dhu
être blessé	ဒဏ်ရာရစေသည်	dan ja ja. zei de
grave (blessure)	ပြင်းထန်သော	pjin: dan dho:

156. Les armes

arme (f)	လက်နက်	le' ne'
armes (f pl) à feu	မီးပွင့်သေနတ်	mi: bwin. dhei na'
armes (f pl) blanches	ဓါးအမျိုးမျိုး	da: mjou: mjou:
arme (f) chimique	ဓာတုလက်နက်	da tu. le' ne'
nucléaire (adj)	နျူကလီးယား	nju ka. li: ja:
arme (f) nucléaire	နျူကလီးယားလက်နက်	nju ka. li: ja: le' ne'
bombe (f)	ဗုံး	boun:
bombe (f) atomique	အက်တမ်ဗုံး	e' tan boun:
pistolet (m)	ပစ္စတို	pji' sa. tou
fusil (m)	ရိုင်ဖယ်	jain be
mitraillette (f)	မောင်းပြန်သေနတ်	maun: bjan dhei na'
mitrailleuse (f)	စက်သေနတ်	se' thei na'
bouche (f)	ပြောင်းဝ	pjaun: wa.
canon (m)	ပြောင်း	pjaun:
calibre (m)	သေနတ်ပြောင်းအချင်း	thei na' pjan: achin:
gâchette (f)	ခလုတ်	khalou'
mire (f)	ချိန်ခွက်	chein kwe'
magasin (m)	ကျည်ကပ်	kji ke'
crosse (f)	သေနတ်ဒင်	thei na' din
grenade (f) à main	လက်ပစ်ဗုံး	le' pi' boun:

explosif (m)	ပေါက်ကွဲစေသောပစ္စည်း	pau' kwe: zei de. bji' si:
balle (f)	ကျည်ဆံ	kji. zan
cartouche (f)	ကျည်ဆံ	kji. zan
charge (f)	ကျည်ထိုးခြင်း	kji dou: gjin:
munitions (f pl)	ခဲယမ်းမီးကျောက်	khe: jan: mi: kjau'

bombardier (m)	ဗုံးကြဲလေယာဉ်	boun: gje: lei jin
avion (m) de chasse	တိုက်လေယာဉ်	tai' lei jan
hélicoptère (m)	ရဟတ်ယာဉ်	jaha' jan

pièce (f) de D.C.A.	လေယာဉ်ပစ်စက်သေနတ်	lei jan pi' ze' dhei na'
char (m)	တင့်ကား	tin. ga:
canon (m) d'un char	တင့်အမြောက်	tin. amjau'

artillerie (f)	အမြောက်	amjau'
canon (m)	ရှေးခေတ်အမြောက်	shei: gi' amjau'
pointer (~ l'arme)	ချိန်ရွယ်သည်	chein jwe de

obus (m)	အမြောက်ဆံ	amjau' hsan
obus (m) de mortier	စိန်ပြောင်းကျည်	sein bjaun: gji
mortier (m)	စိန်ပြောင်း	sein bjaun:
éclat (m) d'obus	ဗုံးစ	boun: za

sous-marin (m)	ရေအောက်နှင့်ထိုင်သော	jei au' hnin. zain de.
torpille (f)	တော်ပီဒို	to pi dou
missile (m)	ဒုံး	doun:

charger (arme)	ကျည်ထိုးသည်	kji dou: de
tirer (vi)	သေနတ်ပစ်သည်	thei na' pi' te
viser … (cible)	ချိန်သည်	chein de
baïonnette (f)	လှံစွပ်	hlan zu'

épée (f)	ရာပီယာဒားရှည်	ra pi ja da: shei
sabre (m)	စစ်သုံးဓားရှည်	si' thoun: da shi
lance (f)	လှံ	hlan
arc (m)	လေး	lei:
flèche (f)	မြား	mja:
mousquet (m)	ပြောင်းရှောသေနတ်	pjaun: gjo: dhei na'
arbalète (f)	ဒူးလေး	du: lei:

157. Les hommes préhistoriques

primitif (adj)	ရှေးဦးကာလ	shei: u: ga la.
préhistorique (adj)	သမိုင်းမတိုင်မီကာလ	thamain: ma. dain mi ga la.
ancien (adj)	ရှေးကျသော	shei: gja. de

Âge (m) de pierre	ကျောက်ခေတ်	kjau' khi'
Âge (m) de bronze	ကြေးခေတ်	kjei: gei'
période (f) glaciaire	ရေခဲခေတ်	jei ge: gei'

tribu (f)	မျိုးနွယ်စု	mjou: nwe zu.
cannibale (m)	လူသားစားလူရိုင်း	lu dha: za: lu jain:
chasseur (m)	မုဆိုး	mou' hsou:
chasser (vi, vt)	အမဲလိုက်သည်	ame: lai' de

mammouth (m)	အမွေးရှည်ဆင်ကြီးတစ်မျိုး	ahmwei shei zin kji: ti' mjou:
caverne (f)	ဂူ	gu
feu (m)	မီး	mi:
feu (m) de bois	မီးပုံ	mi: boun
dessin (m) rupestre	နံရံဆေးရေးပန်းချီ	nan jan zei: jei: ban: gji

outil (m)	ကိရိယာ	ki. ji. ja
lance (f)	လှံ	hlan
hache (f) en pierre	ကျောက်ပုဆိန်	kjau' pu. hsain
faire la guerre	စစ်ပွဲတွင်ပါဝင်ဆင်နွှဲသည်	si' pwe: dwin ba win zin hnwe: de
domestiquer (vt)	ယဉ်ပါးစေသည်	jin ba: zei de

idole (f)	ရုပ်တု	jou' tu
adorer, vénérer (vt)	ကိုးကွယ်သည်	kou: kwe de
superstition (f)	အယူသီးခြင်း	aju dhi: gjin:
rite (m)	ရိုးရာထုံးတမ်းဓလေ့	jou: ja doun: dan: da lei.

évolution (f)	ဆင့်ကဲဖြစ်စဉ်	hsin. ke: hpja' sin
développement (m)	ဖွံ့ဖြိုးတိုးတက်မှု	hpjun. bjou: dou: de' hmu.
disparition (f)	ပျောက်ကွယ်ခြင်း	pjau' kwe gjin
s'adapter (vp)	နေသားကျရန်ပြုပြင်ဆင်သည်	nei dha: gja. jan bjin zin de

archéologie (f)	ရှေးဟောင်းသုတေသန	shei: haun
archéologue (m)	ရှေးဟောင်းသုတေသနပညာရှင်	shei: haun thu. dei dha. na. bji nja shin
archéologique (adj)	ရှေးဟောင်းသုတေသနနဲ့ဆိုင်ရာ	shei: haun thu. dei dha. na. zain ja

site (m) d'excavation	တူးဖော်ရာနေရာ	tu: hpo ja nei ja
fouilles (f pl)	တူးဖော်မှုလုပ်ငန်း	tu: hpo hmu. lou' ngan:
trouvaille (f)	တွေ့ရှိချက်	twei. shi. gje'
fragment (m)	အပိုင်းအစ	apain: asa.

158. Le Moyen Âge

peuple (m)	လူမျိုး	lu mjou:
peuples (m pl)	လူမျိုး	lu mjou:
tribu (f)	မျိုးနွယ်စု	mjou: nwe zu.
tribus (f pl)	မျိုးနွယ်စုများ	mjou: nwe zu. mja:

Barbares (m pl)	အရိုင်းအစိုင်းများ	ajou: asain: mja:
Gaulois (m pl)	ဂေါလ်လူမျိုးများ	go l lu mjou: mja:
Goths (m pl)	ဂေါ့တ်လူမျိုးများ	go. t lu mjou: mja:
Slaves (m pl)	စလပ်လူမျိုးများ	sala' lu mjou: mja:
Vikings (m pl)	ဗိုက်ကင်းလူမျိုး	bai' kin: lu mjou:

Romains (m pl)	ရောမလူမျိုး	ro: ma. lu mjou:
romain (adj)	ရောမနှင့်ဆိုင်သော	ro: ma. hnin. zain de

byzantins (m pl)	ဘိုင်ဇင်တိုင်လူမျိုးများ	bain zin dain lu mjou: mja:
Byzance (f)	ဘိုင်ဇင်တိုင်အင်ပါယာ	bain zin dain in ba ja
byzantin (adj)	ဘိုင်ဇင်တိုင်နှင့်ဆိုင်သော	bain zin dain hnin. zain de.
empereur (m)	ဧကရာဇ်	ei gaja'

chef (m)	ခေါင်းဆောင်	gaun: zaun
puissant (adj)	အင်အားကြီးသော	in a: kji: de.
roi (m)	ဘုရင်	ba. jin
gouverneur (m)	အုပ်ချုပ်သူ	ou' chou' thu

chevalier (m)	စော်ဘွဲ့ရသူရဲ့ကောင်း	hsa bwe. ja. dhu je gaun:
féodal (m)	မြေရှင်ပဒေသရာဇ်	mjei shin badei dhaja'
féodal (adj)	မြေရှင်ပဒေသရာဇ်စနစ်နှင့်ဆိုင်သော	mjei shin badei dhaja' sani' hnin. zain de.
vassal (m)	မြေကျွန်	mjei gjun

duc (m)	မြို့စားကြီး	mjou. za: gji:
comte (m)	ဗြိတိသျှမတ်သူရဲကောင်း	bri ti sha hmu: ma' thu je: gaun:
baron (m)	ဘယ်ရွန် အမတ်	be jwan ama'
évêque (m)	ဘုန်းတော်ကြီး	hpoun do: gji:

armure (f)	ချပ်ဝတ်တန်ဆာ	cha' wu' tan za
bouclier (m)	ဒိုင်း	dain:
glaive (m)	ဓား	da:
visière (f)	စစ်မျက်နှာကာ	si' mje' na ga
cotte (f) de mailles	သံဇကာချပ်ဝတ်တန်ဆာ	than za. ga gja' wu' tan za

| croisade (f) | ခရူဆိတ်ဘာသာရေးစစ်ပွဲ | kha ju: zei' ba dha jei: zi' pwe: |
| croisé (m) | ခရူးဆိတ်တိုက်ပွဲဝင်သူ | kha ju: zei' dai' bwe: win dhu |

territoire (m)	နယ်မြေ	ne mjei
attaquer (~ un pays)	တိုက်ခိုက်သည်	tai' khai' te
conquérir (vt)	သိမ်းပိုက်စိုးမိုးသည်	thain: bou' sou: mou: de
occuper (envahir)	သိမ်းပိုက်သည်	thain:

siège (m)	ဝန်းရံလုပ်ကြံခြင်း	wun: jan lou' chan gjin:
assiégé (adj)	ဝန်းရံလုပ်ကြံရသော	wun: jan lou' chan gan ja. de.
assiéger (vt)	ဝန်းရံလုပ်ကြံသည်	wun: jan lou' chan de

inquisition (f)	ကာသိုလိပ်ဘုရားကျောင်းတရားစီရင်အဖွဲ့	ka tho li' bou ja: gjan: ta. ja: zi jin ahpwe.
inquisiteur (m)	စစ်ကြောမေးမြန်းသူ	si' kjo: mei: mjan: dhu
torture (f)	ညှဉ်းပန်းနှိပ်စက်ခြင်း	hnjin: ban: hnei' se' chin:
cruel (adj)	ရက်စက်ကြမ်းကြုတ်သော	je' se' kjan: gjou' te.
hérétique (m)	ဒိဋ္ဌိ	di hti
hérésie (f)	မိစ္ဆာဒိဋ္ဌိ	mei' hsa dei' hti.

navigation (f) en mer	ပင်လယ်ပျော်	pin le bjo
pirate (m)	ပင်လယ်ဓားပြ	pin le da: bja.
piraterie (f)	ပင်လယ်ဓားပြတိုက်ခြင်း	pin le da: bja. tai' chin:
abordage (m)	လှေတွန်းပုတ်ပေါ်တိုက်ခိုက်ခြင်း	hlei goun: ba' po dou' hpou' chin:
butin (m)	တိုက်ခိုက်ရရှိသောပစ္စည်း	tai' khai' ja. shi. dho: pji' si:
trésor (m)	ရတနာ	jadana

découverte (f)	စူးစမ်းရှာဖွေခြင်း	su: zan: sha bwei gjin
découvrir (vt)	စူးစမ်းရှာဖွေသည်	su: zan: sha bwei de
expédition (f)	စူးစမ်းလေ့လာရေးခရီး	su: zan: lei. la nei: khaji:
mousquetaire (m)	ပြောင်းပြောသေနတ်ကိုင်စစ်သား	pjaun: gjo: dhei na' kain si' tha:

cardinal (m)	ရေဖျန်းခရစ်ယာန် ဘုန်းတော်ကြီး	jei bjan: khaji' jan boun: do gji:
héraldique (f)	မျိုးရိုးဘွဲ့တံဆိပ်၎င်း များလေ့လှာခြင်းပညာ	mjou: jou: bwe. dan zai' mja: lei. la gjin: pi nja
héraldique (adj)	မျိုးရိုးပညာလေ့လာခြင်း နှင့်ဆိုင်သော	mjou: pi nja lei. la gjin: hnin. zain de.

159. Les dirigeants. Les responsables. Les autorités

roi (m)	ဘုရင်	ba jin
reine (f)	ဘုရင်မ	ba jin ma.
royal (adj)	ဘုရင်နှင့်ဆိုင်သော	ba. jin hnin. zain de
royaume (m)	ဘုရင်အုပ်ချုပ်သောနိုင်ငံ	ba jin au' chou' dho nin gan
prince (m)	အိမ်ရှေ့ မင်းသား	ein shei. min: dha:
princesse (f)	မင်းသမီး	min: dhami:
président (m)	သမ္မတ	thamada.
vice-président (m)	ဒုသမ္မတ	du. dhamada.
sénateur (m)	ဆီနိတ်လွှတ်တော်အမတ်	hsi nei' hlwa' do: ama'
monarque (m)	သက်ဦးဆံပိုင်	the'
gouverneur (m)	အုပ်ချုပ်သူ	ou' chou' thu
dictateur (m)	အာဏာရှင်	a na shin
tyran (m)	ဗိနိုင်ချုပ်ချယ်သူ	hpana' chou' che dhu
magnat (m)	လုပ်ငန်းရှင်သူဌေးကြီး	lou' ngan: shin dhu dei: gji:
directeur (m)	ညွှန်ကြားရေးမှူး	hnjun gja: jei: hmu:
chef (m)	အကြီးအကဲ	akji: ake:
gérant (m)	မန်နေဂျာ	man nei gji
boss (m)	အကြီးအကဲ	akji: ake:
patron (m)	ပိုင်ရှင်	pain shin
leader (m)	ခေါင်းဆောင်	gaun: zaun
chef (m) (~ d'une délégation)	အဖွဲ့ခေါင်းဆောင်	ahpwe. gaun: zaun:
autorités (f pl)	အာဏာပိုင်အဖွဲ့	a na bain ahpwe.
supérieurs (m pl)	အထက်လူကြီးများ	a hte' lu gji: mja:
gouverneur (m)	ပြည်နယ်အုပ်ချုပ်ရေးမှူး	pji ne ou' chou' jei: hmu:
consul (m)	ကောင်စစ်ဝန်	kaun si' wun
diplomate (m)	သံတမန်	than taman.
maire (m)	မြို့တော်ဝန်	mjou. do wun
shérif (m)	နယ်မြေတာဝန်ခံ ရဲအရာရှိ	ne mjei da wun gan je: aja shi.
empereur (m)	ဧကရာဇ်	ei gaja'
tsar (m)	ဇာဘုရင်	za bou jin
pharaon (m)	ရှေးအီဂျစ်နိုင်ငံဘုရင်	shei: i gji' nain ngan bu. jin
khan (m)	ခန်	khan

160. Les crimes. Les criminels. Partie 1

bandit (m)	ဓားပြ	damja.
crime (m)	ရာဇဝတ်မှု	raza. wu' hma.

criminel (m)	ရာဇဝတ်သား	raza. wu' tha:
voleur (m)	သူခိုး	thu khou:
voler (qch à qn)	ခိုးသည်	khou: de
vol (m) (activité)	ခိုးခြင်း	khou: chin:
vol (m) (~ à la tire)	သူခိုး	thu khou:

kidnapper (vt)	ပြန်ပေးဆွဲသည်	pjan bei: zwe: de
kidnapping (m)	ပြန်ပေးဆွဲခြင်း	pjan bei: zwe: gjin:
kidnappeur (m)	ပြန်ပေးသမား	pjan bei: dhama:

| rançon (f) | ပြန်ရွေးငွေ | pjan jwei: ngwei |
| exiger une rançon | ပြန်ပေးဆွဲသည် | pjan bei: zwe: de |

cambrioler (vt)	ဓားပြတိုက်သည်	damja. tai' te
cambriolage (m)	လုယက်မှု	lu. je' hmu.
cambrioleur (m)	လုယက်သူ	lu. je' dhu

extorquer (vt)	ခြိမ်းခြောက်ပြီးငွေညှစ်သည်	chein: gjau' pji: ngwe hnji' te
extorqueur (m)	ခြိမ်းခြောက်ငွေညှစ်သူ	chein: gjau' ngwe hnji' thu
extorsion (f)	ခြိမ်းခြောက်ပြီးငွေညှစ်ခြင်း	chein: gjau' pji: ngwe hnji' chin:

tuer (vt)	သတ်သည်	tha' te
meurtre (m)	လူသတ်မှု	lu dha' hmu.
meurtrier (m)	လူသတ်သမား	lu dha' thama:

coup (m) de feu	ပစ်ချက်	pi' che'
tirer un coup de feu	ပစ်သည်	pi' te
abattre (par balle)	ပစ်သတ်သည်	pi' tha' te
tirer (vi)	ပစ်သည်	pi' te
coups (m pl) de feu	ပစ်ချက်	pi' che'

incident (m)	ဆူပူမှု	hsu. bu hmu.
bagarre (f)	ရန်ပွဲ	jan bwe:
Au secours!	ကူညီပါ	ku nji ba
victime (f)	ရန်ပြုခံရသူ	jab bju. gan ja. dhu

endommager (vt)	ဖျက်ဆီးသည်	hpje' hsi: de
dommage (m)	အပျက်အစီး	apje' asi:
cadavre (m)	အလောင်း	alaun:
grave (~ crime)	စိုးရိမ်ဖွယ်ဖြစ်သော	sou: jein bwe bji' te.

attaquer (vt)	တိုက်နိုက်သည်	tai' khai' te
battre (frapper)	ရိုက်သည်	jai' te
passer à tabac	ရိုက်သည်	jai' te
prendre (voler)	ယူသည်	ju de

poignarder (vt)	ထိုးသတ်သည်	htou: dha' te
mutiler (vt)	သေရာပါဒက်ရာရစေသည်	thei ja ba dan ja ja. zei de
blesser (vt)	ဒက်ရာရသည်	dan ja ja. de

chantage (m)	ခြိမ်းခြောက်ငွေညှစ်ခြင်း	chein: gjau' ngwe hnji' chin:
faire chanter	ခြိမ်းခြောက်ငွေညှစ်သည်	chein: gjau' ngwe hnji' te
maître (m) chanteur	ခြိမ်းခြောက်ငွေညှစ်သူ	chein: gjau' ngwe hnji' thu
racket (m) de protection	ရာဇဝတ်ဝိုင်းအုတ်ကြေးကောက်ခြင်း	raza. wu' goun: hse' kjei: gau' chin:

151

racketteur (m)	ဆက်ကြေးတောင်း-ရာ ဇဝတ်ဂိုဏ်း	hse' kjei: daun: ra za. wu' gain:
gangster (m)	လူဆိုးဂိုဏ်းဝင်	lu zou: gain: win
mafia (f)	မာဖီးယားဂိုဏ်း	ma bi: ja: gain:
pickpocket (m)	ခါးပိုက်နှိုက်	kha: bai' hnai'
cambrioleur (m)	ဖောက်ထွင်းသူမိုး	hpau' htwin: dhu gou:
contrebande (f) (trafic)	မှောင်ခို	hmaun gou
contrebandier (m)	မှောင်ခိုသမား	hmaun gou dhama:
contrefaçon (f)	လိမ်လည်အတုပြုမှု	lein le atu. bju hmu.
falsifier (vt)	အတုလုပ်သည်	atu. lou' te
faux (falsifié)	အတု	atu.

161. Les crimes. Les criminels. Partie 2

viol (m)	မုဒိမ်းမှု	mu. dein: hmu.
violer (vt)	မုဒိမ်းကျင့်သည်	mu. dein: gjin. de
violeur (m)	မုဒိမ်းကျင့်သူ	mu. dein: gjin. dhu
maniaque (m)	အရူး	aju:
prostituée (f)	ပြည့်တန်ဆာ	pjei. dan za
prostitution (f)	ပြည့်တန်ဆာမှု	pjei. dan za hmu.
souteneur (m)	ဖာခေါင်း	hpa gaun:
drogué (m)	ဆေးစွဲသူ	hsei: zwe: dhu
trafiquant (m) de drogue	မူးယစ်ဆေးရောင်းဝယ်သူ	mu: ji' hsei: jaun we dhu
faire exploser	ပေါက်ကွဲသည်	pau' kwe: de
explosion (f)	ပေါက်ကွဲမှု	pau' kwe: hmu.
mettre feu	မီးရှို့သည်	mi: shou. de
incendiaire (m)	မီးရှို့မှုကျူးလွန်သူ	mi: shou. hmu. gju: lun dhu
terrorisme (m)	အကြမ်းဖက်ဝါဒ	akjan: be' wa da.
terroriste (m)	အကြမ်းဖက်သမား	akjan: be' tha. ma:
otage (m)	ဓားစာခံ	daza gan
escroquer (vt)	လိမ်လည်သည်	lein le de
escroquerie (f)	လိမ်လည်မှု	lein le hmu.
escroc (m)	လူလိမ်	lu lein
soudoyer (vt)	လာဘ်ထိုးသည်	la' htou: de
corruption (f)	လာဘ်ပေးလာဘ်ယူ	la' pei: la' thu
pot-de-vin (m)	လာဘ်	la'
poison (m)	အဆိပ်	ahsei'
empoisonner (vt)	အဆိပ်ခတ်သည်	ahsei' kha' te
s'empoisonner (vp)	အဆိပ်သောက်သည်	ahsei' dhau' te
suicide (m)	မိမိကိုယ်မိမိ သတ်သေခြင်း	mi. mi. kou mi. mi. dha' thei gjin:
suicidé (m)	မိမိကိုယ်မိမိ သတ်သေသူ	mi. mi. kou mi. mi. dha' thei dhu
menacer (vt)	ခြိမ်းခြောက်သည်	chein: gjau' te

menace (f)	မြိမ်းခြောက်မှု	chein: gjau' hmu.
attenter (vt)	လုပ်ကြံသည်	lou' kjan de
attentat (m)	လုပ်ကြံခြင်း	lou' kjan gjin:

| voler (un auto) | ခိုးသည် | khou: de |
| détourner (un avion) | လေယာဉ်အဂိုင်စီးသည် | lei jan apain zi: de |

| vengeance (f) | လက်စားချေခြင်း | le' sa: gjei gjin: |
| se venger (vp) | လက်စားချေသည် | le' sa: gjei de |

torturer (vt)	ညှဉ်းပန်းနှိပ်စက်သည်	hnjin: ban: hnei' se' te
torture (f)	ညှဉ်းပန်းနှိပ်စက်ခြင်း	hnjin: ban: hnei' se' chin:
tourmenter (vt)	နှိပ်စက်သည်	hnei' se' te

pirate (m)	ပင်လယ်ဓားပြ	pin le da: bja.
voyou (m)	လမ်းသရဲ	lan: dhaje:
armé (adj)	လက်နက်ကိုင်ဆောင်သော	le' ne' kain zaun de.
violence (f)	ရက်စက်ကြမ်းကြုတ်မှု	je' se' kjan: gjou' hmu.
illégal (adj)	တရားမဝင်သော	taja: ma. win de.

| espionnage (m) | သူလျှိုလုပ်ခြင်း | thu shou lou' chin: |
| espionner (vt) | သူလျှိုလုပ်သည် | thu shou lou' te |

162. La police. La justice. Partie 1

| justice (f) | တရားမျှတမှု | taja: hmja. ta. hmu. |
| tribunal (m) | တရားရုံး | taja: joun: |

juge (m)	တရားသူကြီး	taja: dhu gji:
jury (m)	ဂျူရီအဖွဲ့ဝင်များ	gju ji ahpwe. win mja:
cour (f) d'assises	ဂျူရီလူကြီးအဖွဲ့	gju ji lu gji: ahpwe.
juger (vt)	တရားစီရင်သည်	taja: zi jin de

avocat (m)	ရှေ့နေ	shei. nei
accusé (m)	တရားပြိုင်	taja: bjain
banc (m) des accusés	တရားရုံးဝက်ခြံ	taja: joun: we' khjan

| inculpation (f) | စွပ်စွဲခြင်း | su' swe: chin: |
| inculpé (m) | တရားစွဲခံရသော | taja: zwe: gan ja. de. |

| condamnation (f) | စီရင်ချက် | si jin gje' |
| condamner (vt) | စီရင်ချက်ချသည် | si jin gje' cha. de |

coupable (m)	တရားခံ	tajakhan
punir (vt)	ပြစ်ဒဏ်ပေးသည်	pji' dan bei: de
punition (f)	ပြစ်ဒဏ်	pji' dan

amende (f)	ဒဏ်ငွေ	dan ngwei
détention (f) à vie	တစ်သက်တစ်ကျွန်းပြစ်ဒဏ်	ti' te' ti' kjun: bji' dan
peine (f) de mort	သေဒဏ်	thei dan
chaise (f) électrique	လျှပ်စစ်ထိုင်ခုံ	hlja' si' dain boun
potence (f)	ကြိုးစင်	kjou: zin
exécuter (vt)	ကွပ်မျက်သည်	ku' mje' te
exécution (f)	ကွပ်မျက်ခြင်း	ku' mje' gjin

| prison (f) | ထောင် | htaun |
| cellule (f) | အကျဉ်းခန်း | achou' khan: |

escorte (f)	အစောင့်အကြပ်	asaun. akja'
gardien (m) de prison	ထောင်စောင့်	htaun zaun.
prisonnier (m)	ထောင်သား	htaun dha:

| menottes (f pl) | လက်ထိပ် | le' htei' |
| mettre les menottes | လက်ထိပ်ခတ်သည် | le' htei' kha' te |

évasion (f)	ထောင်ဖောက်ပြေးခြင်း	htaun bau' pjei: gjin:
s'évader (vp)	ထောင်ဖောက်ပြေးသည်	htaun bau' pjei: de
disparaître (vi)	ပျောက်ကွယ်သည်	pjau' kwe de
libérer (vt)	ထောင်မှလွတ်သည်	htaun hma. lu' te
amnistie (f)	လွတ်ငြိမ်းချမ်းသာခွင့်	lu' njein: gjan: dha gwin.

police (f)	ရဲ	je:
policier (m)	ရဲအရာရှိ	je: aja shi.
commissariat (m) de police	ရဲစခန်း	je: za. gan:
matraque (f)	သံတုတ်	than dou'
haut parleur (m)	လက်ကိုင်စပီကာ	le' kain za. bi ka

voiture (f) de patrouille	ကင်းလှည့်ကား	kin: hle. ka:
sirène (f)	အချက်ပေးဩသံ	ache' pei: ou' o: dhan
enclencher la sirène	အချက်ပေးဩသံပွဲသည်	ache' pei: ou' o: zwe: de
hurlement (m) de la sirène	အချက်ပေးဩသံပွဲသံ	ache' pei: ou' o: zwe: dhan

lieu (m) du crime	အခင်းဖြစ်ပွါးရာနေရာ	achin: hpji' pwa: ja nei ja
témoin (m)	သက်သေ	the' thei
liberté (f)	လွတ်လပ်မှု	lu' la' hmu.
complice (m)	ကြံရာပါ	kjan ja ba
s'enfuir (vp)	ပုန်းသည်	poun: de
trace (f)	ခြေရာ	chei ja

163. La police. La justice. Partie 2

recherche (f)	ဝရမ်းရှာဖွေခြင်း	wajan: sha bwei gjin:
rechercher (vt)	ရှာသည်	sha de
suspicion (f)	မသင်္ကာမှု	ma. dhin ga hmu.
suspect (adj)	သံသယဖြစ်ဖွယ်	than thaja. bji' hpwe
	ကောင်းသော	gaun: de.
arrêter (dans la rue)	ရပ်သည်	ja' te
détenir (vt)	ထိန်းသိမ်းထားသည်	htein: dhein: da: de

affaire (f) (~ pénale)	အမှု	ahmu.
enquête (f)	စုံးစစ်ဆေးခြင်း	soun zan: zi' hsei: gjin:
détective (m)	စုံထောက်	soun dau'
enquêteur (m)	အလွတ်စုံထောက်	alu' zoun htau'
hypothèse (f)	အဆိုကြမ်း	ahsou gjan:

motif (m)	စေ့ဆော်မှု	sei. zo hmu.
interrogatoire (m)	စစ်ကြောမှု	si' kjo: hmu.
interroger (vt)	စစ်ကြောသည်	si' kjo: de
interroger (~ les voisins)	မေးမြန်းသည်	mei: mjan: de

inspection (f)	စစ်ဆေးသည်	si' hsei: de
rafle (f)	ဝိုင်းဝန်းမှု	wain: wan: hmu.
perquisition (f)	ရှာဖွေခြင်း	sha hpwei gjin:
poursuite (f)	လိုက်လံဖမ်းဆီးခြင်း	lai' lan ban: zi: gjin:
poursuivre (vt)	လိုက်သည်	lai' de
dépister (vt)	ခြေရာခံသည်	chei ja gan de
arrestation (f)	ဖမ်းဆီးခြင်း	hpan: zi: gjin:
arrêter (vt)	ဖမ်းဆီးသည်	hpan: zi: de
attraper (~ un criminel)	ဖမ်းမိသည်	hpan: mi. de
capture (f)	သိမ်းခြင်း	thain: gjin:
document (m)	စာရွက်စာတမ်း	sajwe' zatan:
preuve (f)	သက်သေပြချက်	the' thei pja. gje'
prouver (vt)	သက်သေပြသည်	the' thei pja. de
empreinte (f) de pied	ခြေရာ	chei ja
empreintes (f pl) digitales	လက်ဗွေရာများ	lei' bwei ja mja:
élément (m) de preuve	သဲလွန်စ	the: lun za.
alibi (m)	ဆင်ခြေ	hsin gjei
innocent (non coupable)	အပြစ်ကင်းသော	apja' kin: de.
injustice (f)	မတရားမှု	ma. daja: hmu.
injuste (adj)	မတရားသော	ma. daja: de.
criminel (adj)	ပြုမူကျူးလွန်သော	pju. hmu. gju: lun de.
confisquer (vt)	သိမ်းယူသည်	thein: ju de
drogue (f)	မူးယစ်ဆေးဝါး	mu: ji' hsei: wa:
arme (f)	လက်နက်	le' ne'
désarmer (vt)	လက်နက်သိမ်းသည်	le' ne' thain de
ordonner (vt)	အမိန့်ပေးသည်	amin. bei: de
disparaître (vi)	ပျောက်ကွယ်သည်	pjau' kwe de
loi (f)	ဥပဒေ	u. ba. dei
légal (adj)	ဥပဒေနှင့် ညီညွတ်သော	u. ba. dei hnin. nji nju' te.
illégal (adj)	ဥပဒေနှင့်မညီညွတ်သော	u. ba. dei hnin. ma. nji nju' te.
responsabilité (f)	တာဝန်ယူခြင်း	ta wun ju gjin:
responsable (adj)	တာဝန်ရှိသော	ta wun shi. de.

LA NATURE

La Terre. Partie 1

cosmos (m)	အာကာသ	akatha.
cosmique (adj)	အာကာသနှင့်ဆိုင်သော	akatha. hnin zain dho:
espace (m) cosmique	အာကာသဟင်းလင်းပြင်	akatha. hin: lin: bjin
monde (m)	ကမ္ဘာ	ga ba
univers (m)	စကြဝဠာ	sa kja wa. la
galaxie (f)	ကြယ်စုတန်း	kje zu. dan:
étoile (f)	ကြယ်	kje
constellation (f)	ကြယ်နက္ခတ်စု	kje ne' kha' zu.
planète (f)	ဂြိုဟ်	gjou
satellite (m)	ဂြိုဟ်ငယ်	gjou nge
météorite (m)	ဥက္ကာခဲ	ou' ka ge:
comète (f)	ကြယ်တံခွန်	kje dagun
astéroïde (m)	ဂြိုဟ်သိမ်ဂြိုဟ်မွှား	gjou dhein gjou hmwa:
orbite (f)	ပတ်လမ်း	pa' lan:
tourner (vi)	လည်သည်	le de
atmosphère (f)	လေထု	lei du.
Soleil (m)	နေ	nei
système (m) solaire	နေစကြဝဠာ	nei ze kja. wala
éclipse (f) de soleil	နေကြတ်ရင်း	nei gja' chin:
Terre (f)	ကမ္ဘာလုံး	ga ba loun:
Lune (f)	လ	la.
Mars (m)	အင်္ဂါဂြိုဟ်	in ga gjou
Vénus (f)	သောကြာဂြိုဟ်	thau' kja gjou'
Jupiter (m)	ကြာသပတေးဂြိုဟ်	kja dha ba. dei: gjou'
Saturne (m)	စနေဂြိုဟ်	sanei gjou'
Mercure (m)	ဗုဒ္ဓဟူးဂြိုဟ်	bou' da. gjou'
Uranus (m)	ယူရေးနတ်ဂြိုဟ်	ju rei: na' gjou
Neptune	နက်ပကျွန်းဂြိုဟ်	ne' pa. gjun: gjou
Pluton (m)	ပလူတိုဂြိုဟ်	pa lu tou gjou '
la Voie Lactée	နဂါးငွေ့ကြယ်စုတန်း	na. ga: ngwe. gje zu dan:
la Grande Ours	မြောက်ပိုင်းရပ်ဘဲးကြယ်စု	mjau' pain: gajei' be:j gje zu.
la Polaire	ဥဝါကြယ်	du wan gje
martien (m)	အင်္ဂါဂြိုဟ်သား	in ga gjou dha:
extraterrestre (m)	အခြားကမ္ဘာဂြိုဟ်သား	apja: ga ba gjou dha

alien (m)	ဂြိုဟ်သား	gjou dha:
soucoupe (f) volante	ပန်းကန်ပြားပျံ	bagan: bja: bjan
vaisseau (m) spatial	အာကာသယာဉ်	akatha. jin
station (f) orbitale	အာကာသစခန်း	akatha. za khan:
lancement (m)	လွှတ်တင်ခြင်း	hlu' tin gjin:
moteur (m)	အင်ဂျင်	in gjin
tuyère (f)	နောဇယ်	no ze
carburant (m)	လောင်စာ	laun za
cabine (f)	လေယာဉ်မောင်းအခန်း	lei jan maun akhan:
antenne (f)	အင်တန်နာတိုင်	in tan na tain
hublot (m)	ပြတင်း	badin:
batterie (f) solaire	နေရောင်ခြည်သုံးဘတ်ထရီ	nei jaun gje dhoun: ba' hta ji
scaphandre (m)	အာကာသဝတ်စုံ	akatha. wu' soun
apesanteur (f)	အလေးချိန်ကင်းမဲ့ခြင်း	alei: gjein gin: me. gjin:
oxygène (m)	အောက်ဆီဂျင်	au' hsi gjin
arrimage (m)	အာကာသထဲရှိတ်ဆက်ခြင်း	akatha. hte: chei' hse' chin:
s'arrimer à ...	အာကာသထဲရှိတ်ဆက်သည်	akatha. hte: chei' hse' te
observatoire (m)	နက္ခတ်မျှော်စင်	ne' kha' ta. mjo zin
télescope (m)	အဝေးကြည့်မှန်ပြောင်း	awei: gji. hman bjaun:
observer (vt)	လေ့လာကြည့်ရှုသည်	lei. la kji. hju. de
explorer (un cosmos)	သုတေသနပြုသည်	thu. tei thana bjou de

165. La Terre

Terre (f)	ကမ္ဘာမြေကြီး	ga ba mjei kji:
globe (m) terrestre	ကမ္ဘာလုံး	ga ba loun:
planète (f)	ဂြိုဟ်	gjou
atmosphère (f)	လေထု	lei du.
géographie (f)	ပထဝီဝင်	pahtawi win
nature (f)	သဘာဝ	tha. bawa
globe (m) de table	ကမ္ဘာလုံး	ga ba loun:
carte (f)	မြေပုံ	mjei boun
atlas (m)	မြေပုံစာအုပ်	mjei boun za ou'
Europe (f)	ဥရောပ	u. jo: pa
Asie (f)	အာရှ	a sha.
Afrique (f)	အာဖရိက	apha. ri. ka.
Australie (f)	သြစတြေးလျ	thja za djei: lja
Amérique (f)	အမေရိက	amei ji ka
Amérique (f) du Nord	မြောက်အမေရိက	mjau' amei ri. ka.
Amérique (f) du Sud	တောင်အမေရိက	taun amei ri. ka.
l'Antarctique (m)	အန္တာတိတ်	anta di'
l'Arctique (m)	အာတိတ်	a tei'

166. Les quatre parties du monde

nord (m)	မြောက်အရပ်	mjau' aja'
vers le nord	မြောက်ဘက်သို့	mjau' be' thou.
au nord	မြောက်ဘက်မှာ	mjau' be' hma
du nord (adj)	မြောက်အရပ်နှင့်ဆိုင်သော	mjau' aja' hnin. zain de.
sud (m)	တောင်အရပ်	taun aja'
vers le sud	တောင်ဘက်သို့	taun be' thou.
au sud	တောင်ဘက်မှာ	taun be' hma
du sud (adj)	တောင်အရပ်နှင့်ဆိုင်သော	taun aja' hnin. zain de.
ouest (m)	အနောက်အရပ်	anau' aja'
vers l'occident	အနောက်ဘက်သို့	anau' be' thou.
à l'occident	အနောက်ဘက်မှာ	anau' be' hma
occidental (adj)	အနောက်အရပ်နှင့်ဆိုင်သော	anau' aja' hnin. zain dho:
est (m)	အရှေ့အရပ်	ashei. aja'
vers l'orient	အရှေ့ဘက်သို့	ashei. be' hma
à l'orient	အရှေ့ဘက်မှာ	ashei. be' hma
oriental (adj)	အရှေ့အရပ်နှင့်ဆိုင်သော	ashei. aja' hnin. zain de.

167. Les océans et les mers

mer (f)	ပင်လယ်	pin le
océan (m)	သမုဒ္ဒရာ	thamou' daja
golfe (m)	ပင်လယ်ကွေ့	pin le gwe.
détroit (m)	ရေလက်ကြား	jei le' kja:
terre (f) ferme	ကုန်းမြေ	koun: mei
continent (m)	တိုက်	tai'
île (f)	ကျွန်း	kjun:
presqu'île (f)	ကျွန်းဆွယ်	kjun: zwe
archipel (m)	ကျွန်းစု	kjun: zu.
baie (f)	အော်	o
port (m)	သင်္ဘောဆိပ်ကမ်း	thin: bo: zei' kan:
lagune (f)	ပင်လယ်ထုံးအိုင်	pin le doun: ain
cap (m)	အငူ	angu
atoll (m)	သန္တာကျောက်တန်းကျွန်းငယ်	than da gjau' tan: gjun: nge
récif (m)	ကျောက်တန်း	kjau' tan:
corail (m)	သန္တာကောင်	than da gaun
récif (m) de corail	သန္တာကျောက်တန်း	than da gjau' tan:
profond (adj)	နက်သော	ne' te.
profondeur (f)	အနက်	ane'
abîme (m)	ရှောက်နက်ကြီး	chau' ne' kji:
fosse (f) océanique	မြောင်း	mjaun:
courant (m)	စီးကြောင်း	si: gaun:
baigner (vt) (mer)	ဝိုင်းသည်	wain: de

| littoral (m) | ကမ်းစပ် | kan: za' |
| côte (f) | ကမ်းခြေ | kan: gjei |

marée (f) haute	ရေတက်	jei de'
marée (f) basse	ရေကျ	jei gja.
banc (m) de sable	သောင်စွယ်	thaun zwe
fond (m)	ကြမ်းပြင်	kan: pjin

vague (f)	လှိုင်း	hlain:
crête (f) de la vague	လှိုင်းခေါင်းဗျူ	hlain: gaun: bju.
mousse (f)	အမြှုပ်	a hmjou'

tempête (f) en mer	မုန်တိုင်း	moun dain:
ouragan (m)	ဟာရိကိန်းမုန်တိုင်း	ha ji gain: moun dain:
tsunami (m)	ဆူနာမိ	hsu na mi
calme (m)	ရေသေ	jei dhei
calme (tranquille)	ငြိမ်သက်အေးဆေးသော	njein dhe' ei: zei: de.

| pôle (m) | ဝင်ရိုးစွန်း | win jou: zun |
| polaire (adj) | ဝင်ရိုးစွန်နှင့်ဆိုင်သော | win jou: zun hnin. zain de. |

latitude (f)	လတ္တီတွဒ်	la' ti. tu'
longitude (f)	လောင်ဂျီတွဒ်	laun gji twa'
parallèle (f)	လတ္တီတွဒ်မျဉ်း	la' ti. tu' mjin:
équateur (m)	အီကွေတာ	i kwei: da

ciel (m)	ကောင်းကင်	kaun: gin
horizon (m)	မိုးကုပ်စက်ဝိုင်း	mou kou' se' wain:
air (m)	လေထု	lei du.

phare (m)	မီးပြတိုက်	mi: bja dai'
plonger (vi)	ရေငုပ်သည်	jei ngou' te
sombrer (vi)	ရေမြုပ်သည်	jei mjou' te
trésor (m)	ရတနာ	jadana

168. Les montagnes

montagne (f)	တောင်	taun
chaîne (f) de montagnes	တောင်တန်း	taun dan:
crête (f)	တောင်ကြော	taun gjo:

sommet (m)	ထိပ်	htei'
pic (m)	တောင်ထွတ်	taun htu'
pied (m)	တောင်ခြေ	taun gjei
pente (f)	တောင်စောင်း	taun zaun:

volcan (m)	မီးတောင်	mi: daun
volcan (m) actif	မီးတောင်ရှင်	mi: daun shin
volcan (m) éteint	မီးငြိမ်းတောင်	mi: njein: daun

éruption (f)	မီးတောင်ပေါက်ကွဲခြင်း	mi: daun pau' kwe: gjin:
cratère (m)	မီးတောင်ဝ	mi: daun wa.
magma (m)	ကျောက်ရည်ပူ	kjau' ji bu
lave (f)	ရော်ရည်	cho ji

159

en fusion (lave ~)	အရည်းပုသော	ajam: bu de.
canyon (m)	တောင်ကြားချိုင့်ဝှမ်းနက်	taun gja: gjain. hwan: ne'
défilé (m) (gorge)	တောင်ကြား	taun gja:
crevasse (f)	အက်ကွဲကြောင်း	e' kwe: gjaun:
précipice (m)	ချောက်ကမ်းပါး	chau' kan: ba:
col (m) de montagne	တောင်ကြားလမ်း	taun gja: lan:
plateau (m)	ကုန်းပြင့်မြင့်	koun: bjin mjin:
rocher (m)	ကျောက်ဆောင်	kjau' hsain
colline (f)	တောင်ကုန်း	taun goun:
glacier (m)	ရေခဲမြစ်	jei ge: mji'
chute (f) d'eau	ရေတံခွန်	jei dan khun
geyser (m)	ရေပူစမ်း	jei bu zan:
lac (m)	ရေကန်	jei gan
plaine (f)	မြေပြန့်	mjei bjan:
paysage (m)	ရှုခင်း	shu. gin:
écho (m)	ပဲ့တင်သံ	pe. din than
alpiniste (m)	တောင်တက်သမား	taun de' thama:
varappeur (m)	ကျောက်တောင်တက်သမား	kjau' taun de dha ma:
conquérir (vt)	အောင်နိုင်သူ	aun nain dhu
ascension (f)	တောင်တက်ခြင်း	taun de' chin:

169. Les fleuves

rivière (f), fleuve (m)	မြစ်	mji'
source (f)	စမ်း	san:
lit (m) (d'une rivière)	ရေကြောင်းစီးကြောင်း	jei gjo: zi: gjaun:
bassin (m)	မြစ်ချိုင့်ဝှမ်း	mji' chain. hwan:
se jeter dans ...	စီးဝင်သည်	si: win de
affluent (m)	မြစ်လက်တက်	mji' le' te'
rive (f)	ကမ်း	kan:
courant (m)	စီးဓကြောင်း	si: gaun:
en aval	ရေစုန်	jei zoun
en amont	ရေဆန်	jei zan
inondation (f)	ရေကြီးမှု	jei gji: hmu.
les grandes crues	ရေလျှံခြင်း	jei shan gjin:
déborder (vt)	လျှံသည်	shan de
inonder (vt)	ရေလွှမ်းသည်	jei hlwan: de
bas-fond (m)	ရေတိမ်ပိုင်း	jei dein bain:
rapide (m)	ရေအောက်ကျောက်ဆောင်	jei au' kjau' hsaun
barrage (m)	ဆည်	hse
canal (m)	တူးမြောင်း	tu: mjaun:
lac (m) de barrage	ရေလှောင်ကန်	jei hlaun gan
écluse (f)	ရေလွှဲပေါက်	jei hlwe: bau'
plan (m) d'eau	ရေထု	jei du.
marais (m)	ရွှံ့ညွန်	shwan njun

fondrière (f)	စိန့်မြေ	sein. mjei
tourbillon (m)	ရေဝဲ	jei we:

ruisseau (m)	ချောင်းကလေး	chaun: galei:
potable (adj)	သောက်ရေ	thau' jei
douce (l'eau ~)	ရေချို	jei gjou

glace (f)	ရေခဲ	jei ge:
être gelé	ရေခဲသည်	jei ge: de

170. La forêt

forêt (f)	သစ်တော	thi' to:
forestier (adj)	သစ်တောနှင့်ဆိုင်သော	thi' to: hnin. zain de.

fourré (m)	ထူထပ်သောတော	htu da' te. do:
bosquet (m)	သစ်ပင်အုပ်	thi' pin ou'
clairière (f)	တောတွင်းလဟာပြင်	to: dwin: la. ha bjin

broussailles (f pl)	ချုံပုတ်ပေါင်း	choun bei' paun:
taillis (m)	ချုံထနောင်းတော	choun hta naun: de.

sentier (m)	လူသွားလမ်းကလေး	lu dhwa: lan: ga. lei:
ravin (m)	လျှို	shou

arbre (m)	သစ်ပင်	thi' pin
feuille (f)	သစ်ရွက်	thi' jwe'
feuillage (m)	သစ်ရွက်များ	thi' jwe' mja:

chute (f) de feuilles	သစ်ရွက်ကြွေခြင်း	thi' jwe' kjwei gjin:
tomber (feuilles)	သစ်ရွက်ကြွေသည်	thi' jwe' kjwei de
sommet (m)	အဖျား	ahpja:

rameau (m)	အကိုင်းခွဲ	akain: khwe:
branche (f)	ပင်မကိုင်း	pin ma. gain:
bourgeon (m)	အဖူး	ahpu:
aiguille (f)	အပ်နှင့်တူသောအရွက်	a' hnin. bu de. ajwe'
pomme (f) de pin	ထင်းရှူးသီး	htin: shu: dhi:

creux (m)	အခေါင်းပေါက်	akhaun: bau'
nid (m)	ငှက်သိုက်	hnge' thai'
terrier (m) (~ d'un renard)	မြေတွင်း	mjei dwin:

tronc (m)	ပင်စည်	pin ze
racine (f)	အမြစ်	amji'
écorce (f)	သစ်ခေါက်	thi' khau'
mousse (f)	ရေညှိ	jei hnji.

déraciner (vt)	အမြစ်မှဆွဲနှုတ်သည်	amji' hma zwe: hna' te
abattre (un arbre)	ခုတ်သည်	khou' te
déboiser (vt)	တောပြုန်းစေသည်	to: bjoun: zei de
souche (f)	သစ်ငုတ်တို	thi' ngou' tou
feu (m) de bois	မီးပုံ	mi: boun
incendie (m)	မီးလောင်ခြင်း	mi: laun gjin:

éteindre (feu)	မီးသတ်သည်	mi: tha' de
garde (m) forestier	တောခေါင်း	to: gaun:
protection (f)	သစ်တောဝန်ထမ်း	thi' to: wun dan:
protéger (vt)	ထိန်းသိမ်းစောင့်ရှောက်သည်	htein: dhein: zaun. shau' te
braconnier (m)	မိုးယုသူ	khou: ju dhu
piège (m) à mâchoires	သံမကိ‌ထောင်ချောက်	than mani. daun gjau'

cueillir (champignons)	ဆွတ်သည်	hsu' te
cueillir (baies)	ခူးသည်	khu: de
s'égarer (vp)	လမ်းပျောက်သည်	lan: bjau' de

171. Les ressources naturelles

ressources (f pl) naturelles	သယံဇာတ	thajan za da.
minéraux (m pl)	တွင်းထွက်ပစ္စည်း	twin: htwe' pji' si:
gisement (m)	နံနီး	noun:
champ (m) (~ pétrolifère)	ဓာတ်သတ္တုတွက်ရာမြေ	da' tha' tu dwe' ja mjei

extraire (vt)	တူးဖော်သည်	tu: hpo de
extraction (f)	တူးဖော်ခြင်း	tu: hpo gjin:
minerai (m)	သတ္တုရိုင်း	tha' tu. jain:
mine (f) (site)	သတ္တုတွင်း	tha' tu. dwin:
puits (m) de mine	မိုင်းတွင်း	main: dwin:
mineur (m)	သတ္တုတွင်း အလုပ်သမား	tha' tu. dwin: alou' thama:

| gaz (m) | ဓာတ်ငွေ့ | da' ngwei. |
| gazoduc (m) | ဓါတ်ငွေ့ပိုက်လိုင်း | da' ngwei. bou' lain: |

pétrole (m)	ရေနံ	jei nan
pipeline (m)	ရေနံပိုက်လိုင်း	jei nan bou' lain:
tour (f) de forage	ရေနံတွင်း	jei nan dwin:
derrick (m)	ရေနံစင်	jei nan zin
pétrolier (m)	လောင်စာတင်သ‌‌ဘော	laun za din dhin bo:

sable (m)	သဲ	the:
calcaire (m)	ထုံးကျောက်	htoun: gjau'
gravier (m)	ကျောက်စရစ်	kjau' sa. ji'
tourbe (f)	မြေဆွေးခဲ	mjei zwei: ge:
argile (f)	မြေစေး	mjei zei:
charbon (m)	ကျောက်မီးသွေး	kjau' mi dhwei:

fer (m)	သံ	than
or (m)	ရွှေ	shwei
argent (m)	ငွေ	ngwei
nickel (m)	နီကယ်	ni ke
cuivre (m)	ကြေးနီ	kjei: ni

zinc (m)	သွပ်	thu'
manganèse (m)	မဂ္ဂနီစ်	ma' ga. ni:s
mercure (m)	ပြဒါး	bada:
plomb (m)	ခဲ	khe:

| minéral (m) | သတ္တုဓာတ် | tha' tu. za: |
| cristal (m) | သလင်းကျောက် | thalin: gjau' |

| marbre (m) | စကျင်ကျောက် | zagjin kjau' |
| uranium (m) | ယူရေနီယမ် | ju rei ni jan |

La Terre. Partie 2

172. Le temps

temps (m)	ရာသီဥတု	ja dhi nja. tu.
météo (f)	မိုးလေဝသခန့်မှန်းချက်	mou: lei wa. dha. gan. hman: gje'
température (f)	အပူရှိန်	apu gjein
thermomètre (m)	သာမိုမီတာ	tha mou mi ta
baromètre (m)	လေဖိအားတိုင်းကိရိယာ	lei bi. a: dain: gi. ji. ja
humide (adj)	စိုထိုင်းသော	sou htain: de
humidité (f)	စိုထိုင်းမှု	sou htain: hmu.
chaleur (f) (canicule)	အပူရှိန်	apu shein
torride (adj)	ပူလောင်သော	pu laun de.
il fait très chaud	ပူလောင်ခြင်း	pu laun gjin:
il fait chaud	နွေးခြင်း	nwei: chin:
chaud (modérément)	နွေးသော	nwei: de.
il fait froid	အေးခြင်း	ei: gjin:
froid (adj)	အေးသော	ei: de.
soleil (m)	နေ	nei
briller (soleil)	သာသည်	tha de
ensoleillé (jour ~)	နေသာသော	nei dha de.
se lever (vp)	နေထွက်သည်	nei dwe' te
se coucher (vp)	နေဝင်သည်	nei win de
nuage (m)	တိမ်	tein
nuageux (adj)	တိမ်ထူသော	tein du de
nuée (f)	မိုးတိမ်	mou: dain
sombre (adj)	ညို့မှိုင်းသော	njou. hmain: de.
pluie (f)	မိုး	mou:
il pleut	မိုးရွာသည်	mou: jwa de.
pluvieux (adj)	မိုးရွာသော	mou: jwa de.
bruiner (v imp)	မိုးဖွဲ့ဖွဲ့ရွာသည်	mou: bwe: bwe: jwa de
pluie (f) torrentielle	သည်းထန်စွာရွာသောမိုး	thi: dan zwa jwa dho: mou:
averse (f)	မိုးပုသိန့်	mou: bu. zain
forte (la pluie ~)	မိုးသည်းသော	mou: de: de.
flaque (f)	ရေအိုင်	jei ain
se faire mouiller	မိုးမိသည်	mou: mi de
brouillard (m)	မြူ	mju
brumeux (adj)	မြူထူထပ်သော	mju htu hta' te.
neige (f)	နှင်း	hnin:
il neige	နှင်းကျသည်	hnin: gja. de

173. Les intempéries. Les catastrophes naturelles

orage (m)	မိုးသက်မုန်တိုင်း	mou: dhe' moun dain:
éclair (m)	လျပ်စီး	hlja' si:
éclater (foudre)	လျပ်ပြက်သည်	hlja' pje' te
tonnerre (m)	မိုးကြိုး	mou: kjou:
gronder (tonnerre)	မိုးကြိုးပစ်သည်	mou: gjou: pi' te
le tonnerre gronde	မိုးကြိုးပစ်သည်	mou: gjou: pi' te
grêle (f)	မိုးသီး	mou: dhi:
il grêle	မိုးသီးကြွေသည်	mou: dhi: gjwei de
inonder (vt)	ရေကြီးသည်	jei gji: de
inondation (f)	ရေကြီးမှု	jei gji: hmu.
tremblement (m) de terre	ငလျင်	nga ljin
secousse (f)	တုန်ခါခြင်း	toun ga gjin:
épicentre (m)	ငလျင်ဗဟိုချက်	nga ljin ba hou che'
éruption (f)	မီးတောင်ပေါက်ကွဲခြင်း	mi: daun pau' kwe: gjin:
lave (f)	ရော်ရည်	cho ji
tourbillon (m)	လေဆင်နှာမောင်း	lei zin hna maun:
tornade (f)	လေဆင်နှာမောင်း	lei zin hna maun:
typhon (m)	တိုင်ဖွန်းမုန်တိုင်း	tain hpun moun dain:
ouragan (m)	ဟာရီကိန်းမုန်တိုင်း	ha ji gain: moun dain:
tempête (f)	မုန်တိုင်း	moun dain:
tsunami (m)	ဆူနာမီ	hsu na mi
cyclone (m)	ဆိုင်ကလုန်းမုန်တိုင်း	hsain ga. loun: moun dain:
intempéries (f pl)	ဆိုးရွားသောရာသီဥတု	hsou: jwa: de. ja dhi u. tu.
incendie (m)	မီးလောင်ခြင်း	mi: laun gjin:
catastrophe (f)	ဘေးအန္တရာယ်	bei: an daje
météorite (m)	ဥက္ကာခဲ	ou' ka ge:
avalanche (f)	ရေခဲနှင့်ကျောက်တုံးများထိုးကျခြင်း	jei ge: hnin kjau' toun: mja: htou: gja. gjin:
éboulement (m)	လေလတိုက်ပြီးဖြစ်နေသောနင်းပုံ	lei dou' hpji: bi' nei dho: hnin: boun
blizzard (m)	နှင်းမုန်တိုင်း	hnin: moun dain:
tempête (f) de neige	နှင်းမုန်တိုင်း	hnin: moun dain:

La faune

174. Les mammifères. Les prédateurs

prédateur (m)	သားရဲ	tha: je:
tigre (m)	ကျား	kja:
lion (m)	ခြင်္သေ့	chin dhei.
loup (m)	ဝံပုလွေ	wun bu. lwei
renard (m)	မြေခွေး	mjei gwei:
jaguar (m)	ဂျာကွာကျားသစ်မျိုး	gja gwa gja: dhi' mjou:
léopard (m)	ကျားသစ်	kja: dhi'
guépard (m)	သစ်ကျွတ်	thi' kjou'
panthère (f)	ကျားသစ်နက်	kja: dhi' ne'
puma (m)	ပျူးမားတောင်ခြေသေ့	pju. ma: daun gjin dhei.
léopard (m) de neiges	ရေခဲတောင်ကျားသစ်	jei ge: daun gja: dhi'
lynx (m)	လင့်ကြောင်မြီးတို	lin. gjaun mji: dou
coyote (m)	ဝံပုလွေငယ်တစ်မျိုး	wun bu. lwei nge di' mjou:
chacal (m)	ခွေးအ	khwei: a.
hyène (f)	ဟိုင်အီးနား	hain i: na:

175. Les animaux sauvages

animal (m)	တိရစ္ဆာန်	tharei' hsan
bête (f)	ခြေလေးချောင်းသတ္တဝါ	chei lei: gjaun: dhadawa
écureuil (m)	ရှဉ့်	shin.
hérisson (m)	ဖြူကောင်	hpju gaun
lièvre (m)	တောယုန်ကြီး	to: joun gji:
lapin (m)	ယုန်	joun
blaireau (m)	ခွေးတူဝက်တူကောင်	khwei: du we' tu gaun
raton (m)	ရက်ကွန်းဝံ	je' kwan: wan
hamster (m)	မြီးတိုပါးတွဲကြွက်	mji: dou ba: dwe: gjwe'
marmotte (f)	မားမွတ်ကောင်	ma: mou. t gaun
taupe (f)	ပွေး	pwei:
souris (f)	ကြွက်	kjwe'
rat (m)	မြေကြွက်	mjei gjwe'
chauve-souris (f)	လင်းနို့	lin: nou.
hermine (f)	အားမင်ကောင်	a: min gaun
zibeline (f)	ဆေဘယ်	hsei be
martre (f)	အသားစားအကောင်ငယ်	atha: za: akaun nge
belette (f)	သားစားဖျ	tha: za: bjan
vison (m)	မင့်ခဲမွေပါ	min kh mjwei ba

| castor (m) | ဖျံကြီးတစ်မျိုး | hpjan gji: da' mjou: |
| loutre (f) | ဖျံ | hpjan |

cheval (m)	မြင်း	mjin:
élan (m)	ဦးချိုပြားသော သမင်ကြီး	u: gjou bja: dho: thamin gji:
cerf (m)	သမင်	thamin
chameau (m)	ကုလားအုတ်	kala: ou'

bison (m)	အမေရိကန်ပြောင်	amei ji kan pjaun
aurochs (m)	အောရက်စ်	o: re' s
buffle (m)	ကျွဲ	kjwe:

zèbre (m)	မြင်းကျား	mjin: gja:
antilope (f)	အပြေးမြန်သော တောဆိတ်	apjei: mjan de. hto: zei'
chevreuil (m)	ဒရယ်ငယ်တစ်မျိုး	da. je nge da' mjou:
biche (f)	ဒရယ်	da. je
chamois (m)	တောင်ဆိတ်	taun zei'
sanglier (m)	တောဝက်ထီး	to: we' hti:

baleine (f)	ဝေလငါး	wei la. nga:
phoque (m)	ပင်လယ်ဖျံ	pin le bjan
morse (m)	ဝေါရုပ်စ်ဖျံ	wo: ra's hpjan
ours (m) de mer	အမွေးပါသောပင် လယ်ဖျံ	amwei: pa dho: bin le hpjan
dauphin (m)	လင်းပိုင်	lin: bain

ours (m)	ဝက်ဝံ	we' wun
ours (m) blanc	ဝိုလာဝက်ဝံ	pou la we' wan
panda (m)	ပန်ဒါဝက်ဝံ	pan da we' wan

singe (m)	မျောက်	mjau'
chimpanzé (m)	ချင်ပင်ဇီမျောက်ဝံ	chin pin zi mjau' wan
orang-outang (m)	အော်ရန်အူတန်လူဝံ	o ran u tan lu wun
gorille (m)	ဂေါ်ရီလာမျောက်ဝံ	go ji la mjau' wun
macaque (m)	မကာကွေမျောက်	ma ga gwei mjau'
gibbon (m)	မျောက်လွှေကျော်	mjau' hlwe: gjo

éléphant (m)	ဆင်	hsin
rhinocéros (m)	ကြံ့	kjan.
girafe (f)	သစ်ကုလားအုတ်	thi' ku. la ou'
hippopotame (m)	ရေမြင်း	jei mjin:

| kangourou (m) | သားပိုက်ကောင် | tha: bai' kaun |
| koala (m) | ကိုအာလာဝက်ဝံ | kou a la we' wun |

mangouste (f)	မွှေပါ	mwei ba
chinchilla (m)	ချင်ချီလာ	chin: chi la
mouffette (f)	စကန်ခံဖျံ	sakan. kh hpjan
porc-épic (m)	ဖြူ	hpju

176. Les animaux domestiques

chat (m) (femelle)	ကြောင်	kjaun
chat (m) (mâle)	ကြောင်ထီး	kjaun di:
chien (m)	ခွေး	khwei:

cheval (m)   မြင်း   mjin:
étalon (m)   မြင်းထီး   mjin: di:
jument (f)   မြင်းမ   mjin: ma.

vache (f)   နွား   nwa:
taureau (m)   နွားထီး   nwa: di:
bœuf (m)   နွားထီး   nwa: di:

brebis (f)   သိုး   thou:
mouton (m)   သိုးထီး   thou: hti:
chèvre (f)   ဆိတ်   hsei'
bouc (m)   ဆိတ်ထီး   hsei' hti:

âne (m)   မြည်း   mji:
mulet (m)   လား   la:

cochon (m)   ဝက်   we'
pourceau (m)   ဝက်ကလေး   we' ka lei:
lapin (m)   ယုန်   joun

poule (f)   ကြက်   kje'
coq (m)   ကြက်ဖ   kje' pha.

canard (m)   ဘဲ   be:
canard (m) mâle   ဘဲထီး   be: di:
oie (f)   ဘဲငန်း   be: ngan:

dindon (m)   ကြက်ဆင်   kje' hsin
dinde (f)   ကြက်ဆင်   kje' hsin

animaux (m pl) domestiques   အိမ်မွေးတိရစ္ဆာန်များ   ein mwei: ti. ji. swan mja:
apprivoisé (adj)   ယဉ်ပါးသော   jin ba: de.
apprivoiser (vt)   ယဉ်ပါးစေသည်   jin ba: zei de
élever (vt)   သားပေါက်သည်   tha: bau' te

ferme (f)   စိုက်ပျိုးမွေးမြူရေးခြံ   sai' pjou: mwei: mju jei: gjan
volaille (f)   ကြက်ဌ္ဌကတိရစ္ဆာန်   kje' ti ji za hsan
bétail (m)   ကျွဲနွားတိရစ္ဆာန်   kjwe: nwa: tarei. zan
troupeau (m)   အုပ်   ou'

écurie (f)   မြင်းဇောင်း   mjin: zaun:
porcherie (f)   ဝက်ခြံ   we' khan
vacherie (f)   နွားတင်းကုပ်   nwa: din: gou'
cabane (f) à lapins   ယုန်အိမ်   joun ein
poulailler (m)   ကြက်လှောင်အိမ်   kje' hlaun ein

177. Le chien. Les races

chien (m)   ခွေး   khwei:
berger (m)   သိုးကျောင်းခွေး   thou: kjaun: gwei:
berger (m) allemand   ဂျာမနီသိုးကျောင်းခွေး   gja ma. ni hnin. gjaun: gwei:
caniche (f)   ပူဒယ်လ်ခွေး   pu de l gwei:
teckel (m)   ဒတ်ရှန်ခွေး   da' shan: gwei:
bouledogue (m)   ခွေးဘီလူး   khwei: bi lu:

boxer (m)	သောက်ဆာခွေး	bo' hsa gwei:
mastiff (m)	အိမ်စောင့်ခွေးကြီးတစ်မျိုး	ein zaun. gwei: gji: di' mjou:
rottweiler (m)	ရော့ဝီလာခွေး	ro. wi la gwei:
doberman (m)	ဒိုဘာမင်းခွေး	dou ba min: gwei:

basset (m)	ခြေတိုတိုအမဲလိုက်ခွေး	chei dan dou ame: lai' gwei:
bobtail (m)	ခွေးပုတစ်မျိုး	khwei: bu di' mjou:
dalmatien (m)	ဒယ်မေးရှင်ခွေး	de mei: shin gwe:
cocker (m)	ကိုကာစပန်နီရယ်ခွေး	kou ka sa. pan ni je khwei:

| terre-neuve (m) | နယူးဖောင်လန်ခွေး | na. ju: hpaun lan gwe: |
| saint-bernard (m) | ကြက်ခြေနီခွေး | kje' chei ni khwei: |

husky (m)	စွတ်ဖားဆွဲခွေး	su' hpa: zwe: gwei:
chow-chow (m)	တရုတ်ပြည်ပေါက် အမွေး	tajou' pji bau' amwei:
	ထူခွေး	htu gwei:
spitz (m)	စပစ်ဖိခွေး	sapi's khwei:
carlin (m)	ပက်ခွေး	pa' gwei:

178. Les cris des animaux

aboiement (m)	ဟောင်သံ	han dhan
aboyer (vi)	ဟောင်သည်	han de
miauler (vi)	ကြောင်အော်သည်	kjaun o de
ronronner (vi)	ညံ့ညံ့မွဲလေးမြည်	njein. njein. le: mje
	သံပေးသည်	dhan bei: de

meugler (vi)	နွားအော်သည်	nwa: o de
beugler (taureau)	တိရစ္ဆာန်အော်သည်	tharei' hsan o de
rugir (chien)	မာန်ဖီသည်	man bi de

hurlement (m)	အူသံ	u dhan
hurler (loup)	အူသည်	u de
geindre (vi)	ရှည်လျားပူးရှုစွာအော်သည်	shei lja: zu: sha. zwa o de

bêler (vi)	သိုးအော်သည်	thou: o de
grogner (cochon)	တအိအိမြည်သည်	ta. i i mji de
glapir (cochon)	တစီစီအော်မြည်သည်	ta. zi. zi. jo mje de

coasser (vi)	ဖားအော်သည်	hpa: o de
bourdonner (vi)	တဝီဝီအော်သည်	ta. wi wi o de
striduler (vi)	ကျည်ကျည်ကျာကျာအော်သည်	kji kji kja kja o de

179. Les oiseaux

oiseau (m)	ငှက်	hnge'
pigeon (m)	ခို	khou
moineau (m)	စာကလေး	sa ga. lei:
mésange (f)	စာဝတီငှက်	sa wadi: hnge'
pie (f)	ငှက်ကျား	hnge' kja:
corbeau (m)	ကျီးနက်	kji: ne'
corneille (f)	ကျီးကန်း	kji: kan:

choucas (m)	ဥရောပကျီးတစ်မျိုး	u. jo: pa gji: di' mjou:
freux (m)	ကျီးအ	kji: a.
canard (m)	ဘဲ	be:
oie (f)	ဘဲငန်း	be: ngan:
faisan (m)	ရစ်ငှက်	ji' hnge'
aigle (m)	လင်းယုန်	lin: joun
épervier (m)	သိမ်းငှက်	thain: hnge'
faucon (m)	အမဲလိုက်သိမ်းငှက်တစ်မျိုး	ame: lai' thein: hnge' ti' mjou:
vautour (m)	လင်းတ	lin: da.
condor (m)	တောင်အမေရိကလင်းတ	taun amei ri. ka. lin: da.
cygne (m)	ငန်း	ngan:
grue (f)	ငှက်ကုလား	hnge' ku. la:
cigogne (f)	ချည်ခင်စွပ်ငှက်	che gin zu' hnge'
perroquet (m)	ကျက်တူရွေး	kje' tu jwei:
colibri (m)	ငှက်ပိတုန်း	hnge' pi. doun:
paon (m)	ဥဒေါင်း	u. daun:
autruche (f)	ငှက်ကုလားအုတ်	hnge' ku. la: ou'
héron (m)	ငဟစ်ငှက်	nga hi' hnge'
flamant (m)	ကြိုးကြာနီ	kjou: kja: ni
pélican (m)	ငှက်ကြီးဝမ်ပို	hnge' kji: wun bou
rossignol (m)	တေးဆိုငှက်	tei: hsou hnge'
hirondelle (f)	ပျံလွှား	pjan hlwa:
merle (m)	မြေလူးငှက်	mjei lu: hnge'
grive (f)	တေးဆိုမြေလူးငှက်	tei: hsou mjei lu: hnge'
merle (m) noir	ငှက်မည်း	hnge' mji:
martinet (m)	ပျံလွှားတစ်မျိုး	pjan hlwa: di' mjou:
alouette (f) des champs	ဘီလုံးငှက်	bi loun: hnge'
caille (f)	ငုံး	ngoun:
pivert (m)	သစ်တောက်ငှက်	thi' tau' hnge'
coucou (m)	ဥသြှငှက်	udhja hnge'
chouette (f)	ဇီးကွက်	zi: gwe
hibou (m)	သိမ်းငှက်အနွယ်ဝင်ဇီးကွက်	thain: hnge' anwe win zi: gwe'
tétras (m)	ရစ်	ji'
tétras-lyre (m)	ရစ်နက်	ji' ne'
perdrix (f)	ခါ	kha
étourneau (m)	ကျွဆက်ရက်	kjwe: hse' je'
canari (m)	စာဝါငှက်	sa wa hnge'
gélinotte (f) des bois	ရစ်ညှ	ji' njou
pinson (m)	စာကျွေခေါင်း	sa gjwe: gaun:
bouvreuil (m)	စာကျွေခေါင်းငှက်	sa gjwe: gaun: hngwe'
mouette (f)	စင်ရော်	sin jo
albatros (m)	ပင်လယ်စင်ရော်ကြီး	pin le zin jo gji:
pingouin (m)	ပင်ဂွင်း	pin gwin:

180. Les oiseaux. Le chant, les cris

chanter (vi)	၃က်တေးဆိုသည်	hnge' tei: zou de
crier (vi)	အော်သည်	o de
chanter (le coq)	တွန်သည်	tun de
cocorico (m)	ကြက်တွန်သံ	kje' twan dhan
glousser (vi)	ကြက်မကာတော်သည်	kje' ma. ka. do de
croasser (vi)	ကျီးအာသည်	kji: a de
cancaner (vi)	တဂတ်ဂတ်အောင်သည်	ta. ge' ge' aun de
piauler (vi)	ကျည်ကျည်ကျာကျာမြည်သည်	kji kji kja kja mji de
pépier (vi)	တွတ်ထိုးသည်	tu' htou: de

181. Les poissons. Les animaux marins

brème (f)	ငါးကြင်းတစ်မျိုး	nga: gjin: di' mjou
carpe (f)	ငါးကြင်း	nga gjin:
perche (f)	ငါးပြုမတစ်မျိုး	nga: bjei ma. di' mjou:
silure (m)	ငါးခူ	nga: gu
brochet (m)	ပိုက်ငါး	pai' nga
saumon (m)	ဆော်လမွန်ငါး	hso: la. mun nga:
esturgeon (m)	စတာဂျင်ငါးကြီးမျိုး	sata gjin nga: gji: mjou:
hareng (m)	ငါးသလောက်	nga: dha. lau'
saumon (m) atlantique	ဆော်လမွန်ငါး	hso: la. mun nga:
maquereau (m)	မက်ကရယ်ငါး	me' ka. je nga:
flet (m)	ဦးရောပ ငါးခွေး လျာတစ်မျိုး	u. jo: pa nga: gwe: sha di' mjou:
sandre (f)	ငါးပြေမအွန္နယ် ဝင်ငါးတစ်မျိုး	nga: bjei ma. anwe win nga: di' mjou:
morue (f)	ငါးကြီးဆီထုတ်သောငါး	nga: gji: zi dou' de. nga:
thon (m)	တူနာငါး	tu na nga:
truite (f)	ထရောက်ငါး	hta. jau' nga:
anguille (f)	ငါးရှဉ့်	nga: shin.
torpille (f)	ငါးလက်ထုံ	nga: le' htoun
murène (f)	ငါးရှဉ့်ကြီးတစ်မျိုး	nga: shin. gji: da' mjou:
piranha (m)	အသားစားငါးငယ်တစ်မျိုး	atha: za: nga: nge ti' mjou:
requin (m)	ငါးမန်း	nga: man:
dauphin (m)	လင်းပိုင်	lin: bain
baleine (f)	ဝေလငါး	wei la. nga:
crabe (m)	ကကန်း	kanan:
méduse (f)	ငါးဖန်ခွက်	nga: hpan gwe'
pieuvre (f), poulpe (m)	ရေဘဝဲ	jei ba. we:
étoile (f) de mer	ကြယ်ငါး	kje nga:
oursin (m)	သိပ္ပဲချုပ်	than ba. gjou'
hippocampe (m)	ရေနဂါး	jei naga:
huître (f)	ကမာကောင်	kama kaun

crevette (f)	ပုစွန်	bazun
homard (m)	ကျောက်ပုစွန်	kjau' pu. zun
langoustine (f)	ကျောက်ပုစွန်	kjau' pu. zun

182. Les amphibiens. Les reptiles

| serpent (m) | မြွေ | mwei |
| venimeux (adj) | အဆိပ်ရှိသော | ahsei' shi. de. |

vipère (f)	မြွေပွေး	mwei bwei:
cobra (m)	မြွေဟောက်	mwei hau'
python (m)	စပါးအုံးမြွေ	saba: oun: mwei
boa (m)	စပါးကြီးမြွေ	saba: gji: mwei

couleuvre (f)	မြက်လျှောမြွေ	mje' sho: mwei
serpent (m) à sonnettes	ခလောက်ဆွဲမြွေ	kha. lau' hswe: mwei
anaconda (m)	အနာကွန်ဒါမြွေ	ana kun da mwei

lézard (m)	တွားသွားသတ္တဝါ	twa: dhwa: tha' tawa
iguane (m)	ဖွတ်	hpu'
varan (m)	ပုတ်သင်	pou' thin
salamandre (f)	ရေပုတ်သင်	jei bou' thin
caméléon (m)	ပုတ်သင်ညို	pou' thin njou
scorpion (m)	ကင်းမြီးကောက်	kin: mji: kau'

tortue (f)	လိပ်	lei'
grenouille (f)	ဖား	hpa:
crapaud (m)	ဖားပြုပ်	hpa: bju'
crocodile (m)	မိကျောင်း	mi. kjaun:

183. Les insectes

insecte (m)	ပိုးမွှား	pou: hmwa:
papillon (m)	လိပ်ပြာ	lei' pja
fourmi (f)	ပုရွက်ဆိတ်	pu. jwe' hsei:
mouche (f)	ယင်ကောင်	jin gaun
moustique (m)	ခြင်	chin
scarabée (m)	ပိုးတောင်မာ	pou: daun ma

guêpe (f)	နကျယ်ကောင်	na. gje gaun
abeille (f)	ပျား	pja:
bourdon (m)	ပိတုန်း	pi. doun:
œstre (m)	မှက်	hme'

| araignée (f) | ပင့်ကူ | pjin. gu |
| toile (f) d'araignée | ပင့်ကူအိမ် | pjin gu ein |

libellule (f)	ပုစဉ်း	bazin
sauterelle (f)	နံကောင်	hnan gaun
papillon (m)	ပိုးဖလံ	pou: ba. lan
cafard (m)	ပိုးဟပ်	pou: ha'
tique (f)	မွား	hmwa:

| puce (f) | သန်း | than: |
| moucheron (m) | မှက်အသေးစား | hme' athei: za: |

criquet (m)	ကျိုင်းကောင်	kjain: kaun
escargot (m)	ခရု	khaju.
grillon (m)	ပုရစ်	paji'
luciole (f)	ပိုးစုန်းကြူး	pou: zoun: gju:
coccinelle (f)	လေဒီဘတ်ပိုးကောင်မာ	lei di ba' pou: daun ma
hanneton (m)	အုန်းပို:	oun: bou:

sangsue (f)	မျှော့	hmjo.
chenille (f)	ပေါက်ဖက်	pau' hpe'
ver (m)	တီကောင်	ti gaun
larve (f)	ပိုးတုံးလုံး	pou: doun: loun:

184. Les parties du corps des animaux

bec (m)	ငှက်နှုတ်သီး	hnge' hnou' thi:
ailes (f pl)	တောင်ပံ	taun pan
patte (f)	ခြေထောက်	chei htau'
plumage (m)	အမွေး	ahmwei
plume (f)	ငှက်မွေး	hnge' hmwei:
houppe (f)	အမောက်	amou'

ouïes (f pl)	ပါးဟက်	pa: he'
œufs (m pl)	ငါးဥ	nga: u.
larve (f)	ပိုးလောက်လန်း	pou: lau' lan:
nageoire (f)	ရားတောင်	hsu: daun
écaille (f)	ကြေးခွံ	kjei: gwan

croc (m)	အစွယ်	aswe
patte (f)	ခြေသည်းရှည်ပါသောဖတ်း	chei dhi: shi ba dho: ba. wa:
museau (m)	နှတ်သီး	hnou' thi:
gueule (f)	ပါးစပ်	pa: zi'
queue (f)	အမြီး	ami:
moustaches (f pl)	နှတ်ခမ်းမွေး	hnou' khan: hmwei:

| sabot (m) | ခွါ | khwa |
| corne (f) | ဦးချို | u: gjou |

carapace (f)	လိပ်ကျောခွံ	lei' kjo: ghwan
coquillage (m)	အခွံ	akhun
coquille (f) d'œuf	ဥခွံ	u. gun

| poil (m) | အမွေး | ahmwei |
| peau (f) | သားရေ | tha: ei |

185. Les habitats des animaux

habitat (m) naturel	ကျက်စားရာဒေသ	kje' za: ja dei dha.
migration (f)	ပြောင်းရွှေ့နေထိုင်ခြင်း	pjaun: shwei nei dain gjin:
montagne (f)	တောင်	taun

173

récif (m)	ကျောက်တန်း	kjau' tan:
rocher (m)	ကျောက်ဆောင်	kjau' hsain
forêt (f)	သစ်တော	thi' to:
jungle (f)	တောရှိုင်း	to: jain:
savane (f)	အပူပိုင်းမြင်ခင်းလွင်ပြင်	apu bain: gjin gin: lwin pjin
toundra (f)	တန်ဒြာ-ကျတ်တီးမြေ	tun dra kje' bi: mjei
steppe (f)	မြက်ခင်းလွင်ပြင်	mje' khin: lwin bjin
désert (m)	သဲကန္တာရ	the: gan da ja.
oasis (f)	အိုအေစစ်	ou ei zi'
mer (f)	ပင်လယ်	pin le
lac (m)	ရေကန်	jei gan
océan (m)	သမုဒ္ဒရာ	thamou' daja
marais (m)	ရွှံ့ညွန်	shwan njun
d'eau douce (adj)	ရေချို	jei gjou
étang (m)	ရေကန်ငယ်	jei gan nge
rivière (f), fleuve (m)	မြစ်	mji'
tanière (f)	သားရဲလှောင်အိမ်တွင်း	tha: je: hlaun ein twin:
nid (m)	ငှက်သိုက်	hnge' thai'
creux (m)	အခေါင်းပေါက်	akhaun: bau'
terrier (m) (~ d'un renard)	မြေတွင်း	mjei dwin:
fourmilière (f)	ခြတောင်ပို့	cha. daun bou.

La flore

186. Les arbres

arbre (m)	သစ်ပင်	thi' pin
à feuilles caduques	ရွက်ပြတ်	jwe' pja'
conifère (adj)	ထင်းရှူးပင်နှင့်ဆိုင်သော	htin: shu: bin hnin. zain de.
à feuilles persistantes	အဲဟားဂရင်းပင်	e ba: ga rin: bin
pommier (m)	ပန်းသီးပင်	pan: dhi: bin
poirier (m)	သစ်တော်ပင်	thi' to bin
merisier (m)	ချယ်ရီသီးအရှိုင်ပင်	che ji dhi: akjou bin
cerisier (m)	ချယ်ရီသီးအရှဉ်ပင်	che ji dhi: akjin bin
prunier (m)	ဆီးပင်	hsi: bin
bouleau (m)	ဘုဇဝတ်ပင်	bu. za. ba' pin
chêne (m)	ဝက်သစ်ချပင်	we' thi' cha. bin
tilleul (m)	လင်ဒန်ပင်	lin dan pin
tremble (m)	ပေါ်ပလာပင်တစ်မျိုး	po. pa. la bin di' mjou:
érable (m)	မေပယ်ပင်	mei pe bin
épicéa (m)	ထင်းရှူးပင်တစ်မျိုး	htin: shu: bin ti' mjou:
pin (m)	ထင်းရှူးပင်	htin: shu: bin
mélèze (m)	ကတောာ့ပုံထင်းရှူးပင်	ka dau. boun din: shu: pin
sapin (m)	ထင်းရှူးပင်တစ်မျိုး	htin: shu: bin ti' mjou:
cèdre (m)	သစ်ကဒိုးပင်	thi' gadou: bin
peuplier (m)	ပေါ်ပလာပင်	po. pa. la bin
sorbier (m)	ရာအန်ပင်	ra an bin
saule (m)	မိုးမဝပင်	mou: ma. ga. bin
aune (m)	အိုလ်ဒါပင်	oun da bin
hêtre (m)	ယင်းသစ်	jin: dhi'
orme (m)	အမ်ပင်	an bin
frêne (m)	အက်ရှ်အပင်	e' sh apin
marronnier (m)	သစ်အယ်ပင်	thi' e
magnolia (m)	တတိုင်းမွေးပင်	ta tain: hmwei: bin
palmier (m)	ထန်းပင်	htan: bin
cyprès (m)	စိုက်ပရက်စ်ပင်	sai' pa. je's pin
palétuvier (m)	လမုပင်	la. mu. bin
baobab (m)	ကန္နရပေါက်ပင်တစ်မျိုး	kan ta ja. bau' bin di' chju:
eucalyptus (m)	ယူကလစ်ပင်	ju kali' pin
séquoia (m)	ဆီကွိုင်လာပင်	hsi gwou la pin

187. Les arbustes

buisson (m)	ချုံပုတ်	choun bou'
arbrisseau (m)	ချုံ	choun

vigne (f)	စပျစ်	zabji'
vigne (f) (vignoble)	စပျစ်ခြံ	zabji' chan
framboise (f)	ရတ်စဘယ်ရီ	re' sa be ji
cassis (m)	ဘလက်ကားရန့်	ba. le' ka: jan.
groseille (f) rouge	အနီရောင်ဘယ်ရီသီး	ani jaun be ji dhi:
groseille (f) verte	ကုလားဆီးဖြူပင်	kala: zi: hpju pin
acacia (m)	အကေရှားပင်	akei sha: bin:
berbéris (m)	ဘားဘယ်ရီပင်	ba: be' ji bin
jasmin (m)	စံပယ်ပင်	san be bin
genévrier (m)	ဂျူနီပါပင်	gju ni ba bin
rosier (m)	နှင်းဆီချုံ	hnin: zi gjun
églantier (m)	တောရိုင်းနှင်းဆီပင်	to: ein: hnin: zi bin

188. Les champignons

champignon (m)	မှို	hmou
champignon (m) comestible	စားသုံးနိုင်သောမှို	sa: dhoun: nein dho: hmou
champignon (m) vénéneux	အဆိပ်ရှိသောမှို	ahsei shi. de. hmou
chapeau (m)	မှိုပွင့်	hmou bwin.
pied (m)	မှိုခြေထောက်	hmou gjei dau'
cèpe (m)	မှိုခြင်ထောင်	hmou gjin daun
bolet (m) orangé	ထိပ်အဝါရောင်ရှိသောမှို	htei' awa jaun shi. de. hmou
bolet (m) bai	ခြေထောက်ရှည်မှိုတစ်မျိုး	chei htau' shi hmou di' mjou:
girolle (f)	ချန်တရယ်မှို	chan ta. je hmou
russule (f)	ရှာ့ဆယ်လာမှို	ja. ze la hmou
morille (f)	ထိပ်လုံးသောမှို တစ်မျိုး	htei' loun: dho: hmou di' mjou:
amanite (f) tue-mouches	အနီရောင်ရှိသော မှိုတစ်မျိုး	ani jaun shi. dho: hmou di' mjou:
oronge (f) verte	ဒက်ကဲ့ပ်မှို	de' ke. p hmou

189. Les fruits. Les baies

fruit (m)	အသီး	athi:
fruits (m pl)	အသီးများ	athi: mja:
pomme (f)	ပန်းသီး	pan: dhi:
poire (f)	သစ်တော်သီး	thi' to dhi:
prune (f)	ဆီးသီး	hsi: dhi:
fraise (f)	စတော်ဘယ်ရီသီး	sato be ri dhi:
cerise (f)	ချယ်ရီချဉ်သီး	che ji gjin dhi:
merise (f)	ချယ်ရီချိုသီး	che ji gjou dhi:
raisin (m)	စပျစ်သီး	zabji' thi:
framboise (f)	ရတ်စဘယ်ရီ	re' sa be ji
cassis (m)	ဘလက်ကားရန့်	ba. le' ka: jan.

groseille (f) rouge	အနီရောင်ဘယ်ရှိသီး	ani jaun be ji dhi:
groseille (f) verte	ကလားဆီးဖျူ	ka. la: his: hpju
canneberge (f)	ကရမ်ဘယ်ရ	ka. jan be ji

orange (f)	လိမ္မော်သီး	limmo dhi:
mandarine (f)	ဂျားလိမ္မော်သီး	pja: lein mo dhi:
ananas (m)	နာနတ်သီး	na na' dhi:
banane (f)	ငှက်ပျောသီး	hnge' pjo: dhi:
datte (f)	စွန်ပလွံသီး	sun palun dhi:

citron (m)	သံပုရိုသီး	than bu. jou dhi:
abricot (m)	တရုတ်ဆီးသီး	jau' hsi: dhi:
pêche (f)	မက်မွန်သီး	me' mwan dhi:
kiwi (m)	ကီဝီသီး	ki wi dhi
pamplemousse (m)	ဂရိတ်ဖရုသီး	ga. ri' hpa. ju dhi:

baie (f)	ဘယ်ရီသီး	be ji dhi:
baies (f pl)	ဘယ်ရီသီးများ	be ji dhi: mja:
airelle (f) rouge	အနီရောင်ဘယ်ရီသီးတစ်မျိုး	ani jaun be ji dhi: di: mjou:
fraise (f) des bois	စတော်ဘယ်ရရိုင်း	sato be ri jain:
myrtille (f)	ဘီလ်ဘယ်ရီအသီး	bi' l be ji athi:

---

190. Les fleurs. Les plantes

| fleur (f) | ပန်း | pan: |
| bouquet (m) | ပန်းစည်း | pan: ze: |

rose (f)	နှင်းဆီပန်း	hnin: zi ban:
tulipe (f)	ကျူးလစ်ပန်း	kju: li' pan:
oeillet (m)	ဇော်မွှားပန်း	zo hmwa: bin:
glaïeul (m)	သစ္စာပန်း	thi' sa ban:

bleuet (m)	အပြာရောင်တောပန်းတစ်မျိုး	apja jaun dho ban: da' mjou:
campanule (f)	ခေါင်းရန့်အပြာပန်း	gaun: jan: apja ban:
dent-de-lion (f)	တောပန်းအဝါတစ်မျိုး	to: ban: awa ti' mjou:
marguerite (f)	မေမြို့ပန်း	mei. mjou. ban:

aloès (m)	ရှားစောင်းလက်ပတ်ပင်	sha: zaun: le' pa' pin
cactus (m)	ရှားစောင်းပင်	sha: zaun: bin
ficus (m)	ရော်ဘာပင်	jo ba bin

lis (m)	နှင်းပန်း	hnin: ban:
géranium (m)	ကြွေပန်းတစ်မျိုး	kjwei ban: da' mjou:
jacinthe (f)	ဗေဒါပန်း	bei da ba:

mimosa (m)	ထိကရုံးကြီးပင်	hti. ga. joun: gji: bin
jonquille (f)	နားစီဆက်စ်ပင်	na: zi ze's pin
capucine (f)	တောင်ကြာကလေး	taun gja galei:

orchidée (f)	သစ်ခွပင်	thi' khwa. bin
pivoine (f)	စန္ဒပန်း	san dapan:
violette (f)	ဗိုင်အိုးလက်	bain: ou le'
pensée (f)	ပေါင်ဒါပန်း	paun da ban:
myosotis (m)	ခင်မမေ့ပန်း	khin ma. mei. pan:

pâquerette (f)	ဒေစိပန်း	dei zi bin
coquelicot (m)	ဘိန်းပင်	bin: bin
chanvre (m)	ဆေးခြောက်ပင်	hsei: chau' pin
menthe (f)	ပူစီနံ	pu zi nan
muguet (m)	နင်းပန်းတစ်မျိုး	hnin: ban: di' mjou:
perce-neige (f)	နင်းခေါင်းလောင်းပန်း	hnin: gaun: laun: ban:
ortie (f)	ဖက်ယားပင်	hpe' ja: bin
oseille (f)	မှော်ချဉ်ပင်	hmjo gji bin
nénuphar (m)	ကြာ	kja
fougère (f)	ဖန်းပင်	hpan: bin
lichen (m)	သစ်ကပ်မှော်	thi' ka' hmo
serre (f) tropicale	ဖန်လုံအိမ်	hpan ain
gazon (m)	မြက်ခင်း	mje' khin:
parterre (m) de fleurs	ပန်းစိုက်ခင်း	pan: zai' khan:
plante (f)	အပင်	apin
herbe (f)	မြက်	mje'
brin (m) d'herbe	ရွက်ချွန်း	jwe' chun:
feuille (f)	အရွက်	ajwa'
pétale (m)	ပွင့်ချပ်	pwin: gja'
tige (f)	ပင်စည်	pin ze
tubercule (m)	ဥမြစ်	u. mi'
pousse (f)	အစို့အညှောက်	asou./a hnjau'
épine (f)	ဆူး	hsu:
fleurir (vi)	ပွင့်သည်	pwin: de
se faner (vp)	ညှိုးနွမ်းသည်	hnjou: nun: de
odeur (f)	အနံ့	anan.
couper (vt)	ရိတ်သည်	jei' te
cueillir (fleurs)	ခူးသည်	khu: de

191. Les céréales

grains (m pl)	နံစားပင်တို့၏ အစေ့အဆံ	hnan za: bin dou. i. asei. ahsan
céréales (f pl) (plantes)	ကောက်ပဲသီးနံ	kau' pe: dhi: nan
épi (m)	အနံ	ahnan
blé (m)	ဂျုံ	gja. mei: ka:
seigle (m)	ဂျုံရိုင်း	gjoun jain:
avoine (f)	မျင်းစားဂျုံ	mjin: za: gjoun
millet (m)	ကောက်ပဲသီးနံပင်	kau' pe: dhi: nan bin
orge (f)	မုယောစပါး	mu. jo za. ba:
maïs (m)	ပြောင်းဖူး	pjaun: bu:
riz (m)	ဆန်စပါး	hsan zaba
sarrasin (m)	ပန်းဂျုံ	pan: gjun
pois (m)	ပဲစေ့	pe: zei.
haricot (m)	ဝိုလ်စားပဲ	bou za: be:

soja (m)	ပဲပုပ်ပဲ	pe: bou' pe
lentille (f)	ပဲနီကလေး	pe: ni ga. lei:
fèves (f pl)	ပဲအမျိုးမျိုး	pe: amjou: mjou:

LA GÉOGRAPHIE RÉGIONALE

Les pays du monde. Les nationalités

192. La politique. Le gouvernement. Partie 1

politique (f)	နိုင်ငံရေး	nain ngan jei:
politique (adj)	နိုင်ငံရေးနှင့်ဆိုင်သော	nain ngan jei: hnin. zain de
homme (m) politique	နိုင်ငံရေးသမား	nain ngan jei: dhama:
état (m)	နိုင်ငံ	nain ngan
citoyen (m)	နိုင်ငံသား	nain ngan dha:
citoyenneté (f)	နိုင်ငံသားအဖြစ်	nain ngan dha: ahpji'
armoiries (f pl) nationales	နိုင်ငံတော်တံဆိပ်	nain ngan da dan zei'
hymne (m) national	နိုင်ငံတော်သီချင်း	nain ngan do dhi gjin:
gouvernement (m)	အစိုးရ	asou: ja. hpja' te.
chef (m) d'état	နိုင်ငံခေါင်းဆောင်	nain ngan gaun zaun
parlement (m)	ပါလီမန်	pa li man
parti (m)	ပါတီ	pa ti
capitalisme (m)	အရင်းရှင်ဝါဒ	ajin: hjin wa da.
capitaliste (adj)	အရင်းရှင်	ajin: shin
socialisme (m)	ဆိုရှယ်လစ်ဝါဒ	hsou she la' wa da.
socialiste (adj)	ဆိုရှယ်လစ်	hsou she la'
communisme (m)	ကွန်မြူနစ်ဝါဒ	kun mu ni' wa da.
communiste (adj)	ကွန်မြူနစ်	kun mu ni'
communiste (m)	ကွန်မြူနစ်ဝါဒပုံကြည်သူ	kun mu ni' wa da. joun kji dhu
démocratie (f)	ဒီမိုကရေစီဝါဒ	di mou ka jei zi wa da.
démocrate (m)	ဒီမိုကရေစီယုံကြည်သူ	di mou ka jei zi joun gji dhu
démocratique (adj)	ဒီမိုကရေစီနှင့်ဆိုင်သော	di mou ka jei zi hnin zain de.
parti (m) démocratique	ဒီမိုကရေစီပါတီ	di mou ka jei zi pa ti
libéral (m)	လစ်ဘရယ်	li' ba. je
libéral (adj)	လစ်ဘရယ်နှင့်ဆိုင်သော	li' ba. je hnin. zain de.
conservateur (m)	ကွန်ဆာဝေးတစ်လိုလားသူ	kun sa bei: ti' lou la: dhu:
conservateur (adj)	ကွန်ဆာဝေးတစ်နှင့်ဆိုင်သော	kun sa bei: ti' hnin. zain de.
république (f)	သမ္မတနိုင်ငံ	thamada. nain ngan
républicain (m)	သမ္မတစနစ်လိုလားသူ	thamada. zani' lou la: dhu
parti (m) républicain	သမ္မတစနစ်လိုလားသော	thamada. zani' lou la: de.
élections (f pl)	ရွေးကောက်ပွဲ	jwei: kau' pwe:
élire (vt)	မဲပေးရွေးရှယ်သည်	me: bei: jwei: gje de

| électeur (m) | မဲဆန္ဒရှင် | me: hsan da. shin |
| campagne (f) électorale | မဲဆွယ်ပွဲ | me: hswe bwe: |

vote (m)	ဆန္ဒမဲပေးခြင်း	hsan da. me: pwei: gjin
voter (vi)	ဆန္ဒမဲပေးသည်	hsan da. me: pwei: de
droit (m) de vote	ဆန္ဒမဲပေးရွင့်	hsan da. me: khwin.

candidat (m)	ကိုယ်စားလှယ်လောင်း	kou za: hle laun:
poser sa candidature	ရွေးကောက်ပွဲဝင်သည်	jwei: kau' pwe: win de
campagne (f)	လုပ်ဆောင်မှုများ	lou' zaun hmu. mja:

| d'opposition (adj) | အတိုက်အခံဖြစ်သော | atoi' akhan hpja' tho: |
| opposition (f) | အတိုက်အခံပါတီ | atoi' akhan ba di |

visite (f)	အလည်အပတ်	ale apa'
visite (f) officielle	တရားဝင်အလည်အပတ်	taja: win alei apa'
international (adj)	အပြည်ပြည်ဆိုင်ရာဖြစ်သော	apji pji zain ja bja' de.

| négociations (f pl) | ဆွေးနွေးပွဲ | hswe: nwe: bwe: |
| négocier (vi) | ဆွေးနွေးသည် | hswe: nwe: de |

193. La politique. Le gouvernement. Partie 2

| société (f) | လူထု | lu du |
| constitution (f) | ဖွဲ့စည်းပုံအခြေ စိုပုဒ်ဒ | hpwe. zi: boun akhei gan u. ba. dei |

| pouvoir (m) | အာဏာ | a na |
| corruption (f) | ခြစားမှု | cha. za: hmu. |

| loi (f) | ဥပဒေ | u. ba. dei |
| légal (adj) | တရားဥပဒေဘောင် တွင်းဖြစ်သော | taja: u ba dei baun twin: bji' te. |

| justice (f) | တရားမျှတခြင်း | taja: hmja. ta. gjin: |
| juste (adj) | တရားမျှတသော | taja: hmja. ta. de. |

comité (m)	ကော်မတီ	ko ma. din
projet (m) de loi	ဥပဒေကြမ်း	u. ba. dei gjan:
budget (m)	ဘတ်ဂျက်	ba' gje'
politique (f)	မူဝါဒ	mu wa da.
réforme (f)	ပြုပြင်ပြောင်းလဲမှု	pju. bjin bjaun: le: hmu.
radical (adj)	အစွန်းရောက်သော	aswan: jau' de.

puissance (f)	အား	a:
puissant (adj)	အင်အားကြီးသော	in a: kji: de.
partisan (m)	ထောက်ခံအားပေးသူ	htau' khan a: bei: dhu
influence (f)	သြဇာ	o: za

régime (m)	အစိုးရစနစ်	asou: ja. za. na'
conflit (m)	အငြင်းပွားမှု	anjin: bwa: hmu.
complot (m)	လျှို့ဝှက်ပူးပေါင်း ကြံစည်ချက်	shou. hwe' pu: baun: kjan ze gje'
provocation (f)	ရန်စခြင်း	jan za gjin:
renverser (le régime)	ဖြုတ်ချသည်	hpjou' cha. de

181

renversement (m) ဖြုတ်ချရြင်း hpjou' cha. chin:
révolution (f) တော်လှန်ရေး to hlan jei:

coup (m) d'État အာဏာသိမ်းခြင်း a na thein: gjin:
coup (m) d'État militaire လက်နက်နှင့် အာဏာသိမ်းခြင်း le' ne' hnin.a na dhain: gjin:

crise (f) အခက်အခဲကာလ akhe' akhe: ga la.
baisse (f) économique စီးပွါးရေးကျဆင်းခြင်း si: bwa: jei: gja zin: gjin:
manifestant (m) ဆန္ဒပြသူ hsan da. bja dhu
manifestation (f) ဆန္ဒပြပွဲ hsan da. bja bwe:
loi (f) martiale စစ်အာဏာအနေ si' achei anei
base (f) militaire စစ်စခန်း si' sakhan

stabilité (f) တည်ငြိမ်မှု ti njein hnu
stable (adj) တည်ငြိမ်သော ti njein de.

exploitation (f) ခေါင်းပုံဖြတ်ခြင်း gaun: boun bja' chin:
exploiter (vt) ခေါင်းပုံဖြတ်သည် gaun: boun bja' te

racisme (m) လူမျိုးကြီးဝါဒ lu mjou: gji: wa da.
raciste (m) လူမျိုးရေးခွဲခြားသူ lu mjou: jei: gwe: gjal dhu
fascisme (m) ဖက်ဆစ်ဝါဒ hpe' hsi' wa da.
fasciste (m) ဖက်ဆစ်ဝါဒီ hpe' hsi' wa di

194. Les différents pays du monde. Divers

étranger (m) နိုင်ငံခြားသား nain ngan gja: dha:
étranger (adj) နိုင်ငံခြားနှင့်ဆိုင်သော nain ngan gja: hnin. zain de.
à l'étranger (adv) နိုင်ငံရပ်ခြား nain ngan ja' cha:

émigré (m) အခြားနိုင်ငံတွင် apja: nain ngan dwin
အခြေချသူ agjei gja dhu
émigration (f) အခြားနိုင်ငံတွင် apja: nain ngan dwin
အခြေချခြင်း agjei gja gjin:
émigrer (vi) အခြားနိုင်ငံတွင် apja: nain ngan dwin
အခြေချသည် agjei gja de

Ouest (m) အနောက်အရပ် anau' aja'
Est (m) အရှေ့အရပ် ashei. aja'
Extrême Orient (m) အရှေ့ဖျား ashei. bja:

civilisation (f) လူ့နေမှုစနစ် lu nei hma za ni'
ထွန်းကားခြင်း htun: ga: gjin:
humanité (f) လူသားခြင်းစာနာမှု lu dha: gjin: za na hmu
monde (m) ကမ္ဘာ ga ba
paix (f) ငြိမ်းချမ်းရေး njein: gjan: jei:
mondial (adj) ကမ္ဘာတဝှမ်းဖြစ်နေသော ga ba ta khwin hpji' nei de.

patrie (f) မွေးရပ်မြေ mwei: ja' mjei
peuple (m) ပြည်သူလူထု pji dhu lu du.
population (f) လူဦးရေ lu u: ei
gens (m pl) လူများ lu mja:
nation (f) လူမျိုး lu mjou:
génération (f) မျိုးဆက် mjou: ze'

territoire (m)	နယ်မြေ	ne mjei
région (f)	အပိုင်း	apain:
état (m) (partie du pays)	ပြည်နယ်	pji ne

tradition (f)	အစဉ်အလာ	asin ala
coutume (f)	ဓလေ့	da lei.
écologie (f)	ဂေဟဗေဒ	gei ha. bei da.

indien (m)	အိန္ဒိယလူမျိုး	indi. ja thu amjou:
bohémien (m)	ဂျစ်ပစီ	gji' pa. si
bohémienne (f)	ဂျစ်ပစီမိန်းကလေး	gji' pa. si min: ga. lei
bohémien (adj)	ဂျစ်ပစီနှင့်ဆိုင်သော	gji' pa. si hnin. zain de.

empire (m)	အင်ပါယာ	in pa jaa
colonie (f)	ကိုလိုနီ	kou lou ni
esclavage (m)	ကျွန်ဘဝ	kjun: ba. wa.
invasion (f)	ကျူးကျော်ခြင်း	kju: gjo gjin:
famine (f)	ငတ်မွတ်ခြင်းသော	nga' mwa' khin: dhei:

195. Les groupes religieux. Les confessions

| religion (f) | ဘာသာအယူဝါဒ | ba dha alu wa da. |
| religieux (adj) | ဘာသာရေးကိုင်းရှိုင်းသော | ba dha jei: gain: shin: de. |

foi (f)	ယုံကြည်ကိုးကွယ်မှု	joun kji gou: gwe hmu.
croire (en Dieu)	ယုံကြည်ကိုးကွယ်သည်	joun kji gou: gwe de
croyant (m)	ယုံကြည်ကိုးကွယ်သူ	joun kji gou: gwe dhu

| athéisme (m) | ဖန်ဆင်းရှင်ဘုရား
မဲ့ဝါဒ | hpan zin: shin bu ja:
me. wa da. |
| athée (m) | ဖန်ဆင်းရှင်ဘုရား
မဲ့ဝါဒ | hpan zin: shin bu ja:
me. wa di |

christianisme (m)	ခရစ်ယာန်ဘာသာ	khari' jan ba dha
chrétien (m)	ခရစ်ယာန်	khari' jan
chrétien (adj)	ခရစ်ယာန်နှင့်ဆိုင်သော	khari' jan hnin. zain de

catholicisme (m)	ရိုမန်ကတ်သလစ်ဝါဒ	jou man ga' tha. li' wa da.
catholique (m)	ကတ်သလစ်ဂိုဏ်းဝင်	ka' tha li' goun: win
catholique (adj)	ကတ်သလစ်နှင့်ဆိုင်သော	ka' tha li' hnin zein de

protestantisme (m)	ပရိုတက်စတင့်ဝါဒ	pa. jou te' sa tin. wa da.
Église (f) protestante	ပရိုတက်စတင့်အသင်းတော်	pa. jou te' sa tin athin: do
protestant (m)	ပရိုတက်စတင့်ဂိုဏ်းဝင်	pa. jou te' sa tin gain: win

Orthodoxie (f)	အော်သိုဒေါ့ဝါဒ	o dhou do. athin wa da.
Église (f) orthodoxe	အော်သိုဒေါ့အသင်းတော်	o dhou do. athin: do
orthodoxe (m)	အော်သိုဒေါ့နှင့်ဆိုင်သော	o dhou do. athin: de.

Presbytérianisme (m)	ပရက်စ်ဘိုင်တီးရီးယန်းဝါဒ	pa. je's bain di: ji: jan: wa da.
Église (f) presbytérienne	ပရက်စ်ဘိုင်တီးရီး ယန်းအသင်းတော်	pa. je's bain di: ji: jan athin: do
presbytérien (m)	ပရက်စ်ဘိုင်တီးရီး ယန်းဂိုဏ်းဝင်	pa. je's bain di: ji: jan: gain: win

Église (f) luthérienne	လူသာရင်ဝါဒ	lu dha jin wa da.
luthérien (m)	လူသာရင်ဂိုက်းဝင်	lu dha jin gain: win
Baptisme (m)	နှစ်ခြင်းအသင်းတော်	hni' chin: a thin: do
baptiste (m)	နှစ်ခြင်းဂိုက်းဝင်	hni' chin: gain: win
Église (f) anglicane	အင်္ဂလိကန်အသင်းတော်	angga. li kan - athin: do
anglican (m)	အင်္ဂလိကန်ဂိုက်းဝင်	angga. li kan gain win
Mormonisme (m)	မောမောန်ဝါဒ	mo maun wa da.
mormon (m)	မော်မောန်ဂိုက်းဝင်	mo maun gain: win
judaïsme (m)	ဂျူးဘာသာ	gju: ba dha
juif (m)	ဂျူးဘာသာဝင်	gju: ba dha win
Bouddhisme (m)	ဗုဒ္ဓဘာသာ	bou' da. ba dha
bouddhiste (m)	ဗုဒ္ဓဘာသာဝင်	bou' da. ba dha win
hindouisme (m)	ဟိန္ဒူဘာသာ	hin du ba dha
hindouiste (m)	ဟိန္ဒူဘာသာဝင်	hin du ba dha win
islam (m)	အစ္စလမ်ဘာသာ	a' sa. lan ba dha
musulman (m)	မွတ်စလင်ဘာသာဝင်	mu' sa lin ba dha win
musulman (adj)	မွတ်စလင်နှင့်ဆိုင်သော	mu' sa lin hnin. zain de.
Chiisme (m)	ရှီးအိုက်အစ္စလာမ်ဂိုက်း	shi: ai' asa. lan gain:
chiite (m)	ရှီးအိုက်ထောက်ခံသူ	shi: ai' htau' khan dhu
Sunnisme (m)	စွန်နီအစ္စလာမ်ဂိုက်း	sun ni i' sa lan gain:
sunnite (m)	စွန်နီထောက်ခံသူ	sun ni dau' khan dhu

196. Les principales religions. Le clergé

prêtre (m)	ခရစ်ယာန်ဘုန်းကြီး	khari' jan boun: gji:
Pape (m)	ပုပ်ရဟန်းမင်းကြီး	pou' ja. han: min: gji:
moine (m)	ဘုန်းကြီး	hpoun: gji:
bonne sœur (f)	သီလရှင်	thi la shin
pasteur (m)	သင်းအုပ်ဆရာ	thin: ou' zaja
abbé (m)	ကျောင်းထိုင်ဆရာတော်	kjaun: dain zaja do
vicaire (m)	ဗိကာဘုန်းတော်ကြီး	bi ka boun: do kji:
évêque (m)	ဘစ်ရှော့ပ်ဘုန်းကြီး	ba' shau' hpoun: gja:
cardinal (m)	ကာဒီနယ်ဘုန်းကြီး	ka di ne boun: gji:
prédicateur (m)	ခရစ်ယာန်တရားဟောဆရာ	khari' jan da. ja ho: zaja
sermon (m)	တရားဟောခြင်း	taja ho: gjin:
paroissiens (m pl)	အသင်းတော်နှင့်သက်	athin: do hnin. dha'
	ဆိုင်သူများ	hsain: dhu mja:
croyant (m)	ယုံကြည်ကိုးကွယ်သူ	joun kji gou: gwe dhu
athée (m)	ဖန်ဆင်းရှင်မရှိ	hpan zin: shin ma. shi.
	ယုံကြည်သူ	joun gji dhu

197. La foi. Le Christianisme. L'Islam

Adam	အာဒံ	adan
Ève	ဝ	ei wa.
Dieu (m)	ဘုရား	hpaja:
le Seigneur	ဘုရားသခင်	hpaja: dha gin
le Tout-Puissant	ထာဝရဘုရားသခင်	hta wa. ja. bu. ja: dha. gin
péché (m)	အပြစ်	apja'
pécher (vi)	မကောင်းမှုပြုသည်	ma. gaun: hmu. bju. de
pécheur (m)	မကောင်းမှုပြုလုပ်သူ	ma. gaun: hmu. bju. lou' thu
pécheresse (f)	မကောင်းမှုပြုလုပ်သူ	ma. gaun: hmu. bju. lou' thu
enfer (m)	ငရဲ	nga. je:
paradis (m)	ကောင်းကင်ဘုံ	kaun: gin boun
Jésus	ယေရှု	jei shu
Jésus Christ	ယေရှုခရစ်တော်	jei shu khari' to
le Saint-Esprit	သန့်ရှင်းသောဝိညာဉ်တော်	than. shin: dho: bein njin do
le Sauveur	ကယ်တင်ရှင်သခင်	ke din shin dhakhin
la Sainte Vierge	ဘုရားသခင်၏ မိခင်အပျိုစင်မာရိ	hpaja: dha gin i. amjou za' ma ji.
le Diable	မကောင်းဆိုးဝါး	ma. gaun: zou: wa:
diabolique (adj)	မကောင်းဆိုးဝါး နှင့်ဆိုင်သော	ma. gaun: zou: wa: hnin. zain de.
Satan	စာတန်မာရ်နတ်	hsa tan ma na'
satanique (adj)	စေတန်မာရ်နတ်ဖြစ်သော	sei tan man na' hpji' te.
ange (m)	ဘုရားသခင်၏တမန်	hpaja: dha gin i. da man
ange (m) gardien	ကိုယ်စောင့်ကောင်းကင်တမန်	kou zaun. kan: kin da. man
angélique (adj)	အပြစ်ကင်းစင်သော	apja' kin: zin de.
apôtre (m)	တမန်တော်	taman do
archange (m)	ကောင်းကင်တမန်မင်း	kaun: gin da. man min:
antéchrist (m)	အန္တိခရစ်-ခရစ်တော် ကိုဆန့်ကျင်သူ	anti khari' - khari' to kou zin. kjin dhu
Église (f)	အသင်းတော်	athin: do
Bible (f)	ခရစ်ယာန်သမ္မာကျမ်းစာ	khari' jan dhan ma gjan: za
biblique (adj)	သမ္မာကျမ်းလာ	than ma gjan: la
Ancien Testament (m)	ဓမ္မဟောင်းကျမ်း	dama. hain gjan:
Nouveau Testament (m)	ဓမ္မသစ်ကျမ်း	dama. dha' kjan:
Évangile (m)	ခရစ်ဝင်ကျမ်း	khari' win gjan:
Sainte Écriture (f)	သန့်ရှင်းမြင့်မြတ် သောသမ္မာကျမ်းစာ	than. shin: mjin. mja' te. than ma gjan: za
Cieux (m pl)	ကောင်းကင်ဘုံ	kaun: gin boun
commandement (m)	ကျင့်စောင့်ရမည့် ပညတ်တရား	kjin. zain. ja. mji. ba. nja' ta ja:
prophète (m)	ပရောဖက်	pa. jo. hpe'
prophétie (f)	ကြိုတင်ဟောကိန်း	kjou din ho: kein:

Allah	အလ္လာဟ်	al la'
Mahomet	မိုဟာမက်	mou ha ma'
le Coran	ကိုရန်ကျမ်း	kou jan kjein:

mosquée (f)	ဗလီ	bali
mulla (m)	ဗလီဆရာ	bali zaja
prière (f)	ဆုတောင်းစကား	hsu. daun: zaga:
prier (~ Dieu)	ရှိခိုးသည်	shi. gou: de

pèlerinage (m)	ဘုရားဖူးခရီး	hpaja: hpu: ga ji:
pèlerin (m)	ဘုရားဖူး	hpaja: hpu:
La Mecque	မက္ကာမြို့	me' ka mjou.

église (f)	ခရစ်ယာန်ဘုရားကျောင်း	khari' jan bu. ja: gjaun:
temple (m)	ဘုရားကျောင်း	hpaja: gjaun:
cathédrale (f)	ဘုရားရှိခိုးကျောင်းတော်	hpaja: gjaun: do:
gothique (adj)	ဂေါသစ်စ် ဗိသုကာဖြစ်သော	go. dhi' kh bi. dhou ka bji' de
synagogue (f)	ဂျူးဘုရားရှိခိုးကျောင်း	gju: bou ja: shi. gou: kjaun:
mosquée (f)	ဗလီ	bali

chapelle (f)	ဝတ်ပြုရာတောင်းရာနေရာ	wa' pju. u. daun: ja nei ja
abbaye (f)	ခရစ်ယာန်ကျောင်းတိုက်	khari' jan gjaun: dai'
couvent (m)	သီလရှင်ကျောင်း	thi la shin kjaun:
monastère (m)	ဘုန်းကြီးကျောင်း	hpoun: gji: gjaun:

cloche (f)	ခေါင်းလောင်း	gaun: laun:
clocher (m)	ခေါင်းလောင်းစင်	gaun: laun: zin
sonner (vi)	တီးသည်	ti: de

croix (f)	လက်ဝါးကပ်တိုင်	le' wa: ka' tain
coupole (f)	လိပ်ပုံးပုံအမိုး	lei' khoun: boun amou:
icône (f)	ခရစ်ယာန်သူတော်စင်ပုံ	khari' jan dhu do zin boun

âme (f)	အသက်ဝိညာဉ်	athe'
sort (m) (destin)	ကံတရား	kan daja:
mal (m)	အဆိုး	ahsou:
bien (m)	ကောင်းမှု	kaun: hma.

vampire (m)	သွေးစုပ်ဖုတ်ကောင်	thwei: zou' hpou' kaun
sorcière (f)	စုန်းမ	soun: ma.
démon (m)	နတ်ဆိုး	na' hsou:
esprit (m)	ဝိညာဉ်	wi. njan

| rachat (m) | အပြစ်မှကယ်နှုတ် ခံရခြင်း | apja' hma. ge hnou' knan ja. gjin: |
| racheter (pécheur) | အပြစ်မှကယ်နှုတ်သည် | apja' hma. ge nou' te |

office (m), messe (f)	အသင်းတော်ဝတ်ပြုစည်းဝေး	athin: do wu' pju zi: wei:
dire la messe	ဝတ်ပြုသည်	wa' pju. de
confession (f)	ဝန်ခံခြင်း	wun khan gjin:
se confesser (vp)	အပြစ်ဝန်ခံသည်	apja' wun gan de

saint (m)	သူတော်စင်	thu do zin
sacré (adj)	မြင့်မြတ်သော	mjin. mja' te.
l'eau bénite	သန့်ရှင်းမြင့်မြတ်သောရေ	than. shin: mjin. mja' te. jei
rite (m)	ထုံးတမ်းဓလေ့	htoun: dan: dalei.

rituel (adj)	ထုံးတမ်းဓလေ့ဖြစ်သော	htoun: dan: dalei. bji' te.
sacrifice (m)	ယဇ်ပူဇော်ခြင်း	ji' pu zo gjin:
superstition (f)	အယူသီးခြင်း	aju dhi: gjin:
superstitieux (adj)	အယူသီးသော	aju dhi: de
vie (f) après la mort	တမလွန်	tamalun
vie (f) éternelle	ထာဝရ ရှင်သန်	hta wa. ja. shin dhan
	ခြင်းဘဝ	gjin: ba. wa.

DIVERS

aide (f)	အကူအညီ	aku anji
arrêt (m) (pause)	ရပ်နားခြင်း	ja' na: gjin:
balance (f)	ဟန်ချက်ညီမျှမှု	han gje' nji hma. hmu.
barrière (f)	အတားအဆီး	ata: ahsi:
base (f)	အခြေခံ	achei khan
catégorie (f)	အမျိုးအစား	amjou: asa:
cause (f)	အကြောင်း	akjaun:
choix (m)	ရွေးချယ်မှု	jwei: che hmu.
chose (f) (objet)	ပစ္စည်း	pji' si:
coïncidence (f)	တိုက်ဆိုင်မှု	tai' hsain hmu.
comparaison (f)	နိုင်းယှဉ်ခြင်း	hnain: shin gjin:
compensation (f)	လျော်ကြေး	jo kjei:
confortable (adj)	သက်သောင့်သက်သာရှိသော	the' thaun. dhe' tha shi. de
croissance (f)	ကြီးထွားမှု	kji: htwa: hmu.
début (m)	အစ	asa.
degré (m) (~ de liberté)	အတိုင်းအတာ	atain: ata
développement (m)	ဖွံ့ဖြိုးတိုးတက်မှု	hpjun. bjou: dou: de' hmu.
différence (f)	ကွာဟချက်	kwa ha. che'
d'urgence (adv)	အမြန်	aman
effet (m)	အကျိုးဆက်	akjou: amja' hse'
effort (m)	အားထုတ်ကြိုးပမ်းမှု	a: htou' kjou: ban: hmu.
élément (m)	အစိတ်အပိုင်း	asei' apain:
exemple (m)	နမူနာ	na. mu na
fait (m)	အချက်အလက်	ache' ale'
faute, erreur (f)	အမှား	ahma:
fin (f)	အဆုံး	ahsoun:
fond (m) (arrière-plan)	နောက်ခံ	nau' khan
forme (f)	ပုံသဏ္ဍာန်	poun thadan
fréquent (adj)	မကြာခဏဖြစ်သော	ma. gja gan bji' de.
genre (m) (type, sorte)	အမျိုးအစား	amjou: asa:
idéal (m)	စံပြ	san bja.
labyrinthe (m)	ဝင်္ကပါ	win gaba
mode (m) (méthode)	နည်းလမ်း	ne: lan:
moment (m)	အရိုက်	akhai'
objet (m)	အရာ	aja
obstacle (m)	အဟန့်အတား	ahan. ata:
original (m)	မူရင်း	mu jin:
part (f)	အ‌ပိုင်း	apain:
particule (f)	အမှုန်	ahmoun.

pause (f)	ရပ်ခြင်း	ja' chin:
position (f)	နေရာ	nei ja
principe (m)	အခြေခံသဘောတရား	achei khan dha. bo da. ja:
problème (m)	ပြဿနာ	pjadhana
processus (m)	ဖြစ်စဉ်	hpji' sin

progrès (m)	တိုးတက်မှု	tou: te'
propriété (f) (qualité)	အရည်အချင်း	aji achin:
réaction (f)	တုံ့ပြန်မှု	toun. bjan hmu
risque (m)	စွန့်စားခြင်း	sun. za: gjin:
secret (m)	လျှို့ဝှက်ချက်	shou. hwe' che'

série (f)	အစဉ်	asin
situation (f)	အခြေအနေ	achei anei
solution (f)	ဖြေရှင်းချက်	hpjei shin: gje'
standard (adj)	စံဖြစ်သော	san bji' te.
standard (m)	စံ	san

style (m)	ပုံစံ	poun zan
système (m)	စနစ်	sani'
tableau (m) (grille)	ဇယား	za ja:
tempo (m)	အရှိန်	ashein

terme (m)	ဝေါဟာရ	wo: ha ra.
tour (m) (attends ton ~)	အလှည့်	ahle.
type (m) (~ de sport)	အမျိုးအစား	amjou: asa:
urgent (adj)	အမြန်လိုသော	aman lou de.

utilité (f)	အကျိုး	akjou:
vérité (f)	အမှန်တရား	ahman da ja:
version (f)	အမျိုးကွဲ	amjou: asa: gwe:
zone (f)	ဇုန်	zoun